萬 事 亨 通
만사형통

交對朋友, 事就成了!

JIAO DUI PENG YOU SHI JIU CHENG LE by 李維文 LI WEI WEN
Copyright ⓒ 2014 by LI WEI WEN
All rights reserved.

Korean translation copyright ⓒ 2018 by RH KOREA CO.,Ltd.
Korean language edition arranged with China South Booky Culture Media Co., LTD.
through ERIC YANG AGENCY.

운을 부르는 성공의 법칙

萬　事　亨　通

만사형통

리웨이원 지음 | 하진이 옮김

알에이치코리아

성공을 일으키는 보이지 않는 힘

나는 10년 가까운 시간을 들여 최근 500년 동안의 세계 역사를 엄밀히 조사했다. 군사, 정치, 경제, 금융, 기타 모든 중요한 분야를 포함해서 각 분야마다 한 시대를 호령한 인물들에 대한 통계를 냈다. 뉴턴에서 록펠러, 밴더빌트Vanderbilts 가문에서 로스차일드 가문에 이르기까지, 그리고 중국의 정재계 인사들을 대상으로 그들이 성공을 이룬 배후를 살펴보면서 탁월한 능력과 천부적인 자질, 그리고 천재일우의 기회 이외에 인맥의 그림자가 있다는 사실을 발견했다.

전 세계 위대한 인물들의 성공 배경은 우리에게 한 가지 사실을 알려준다. 즉, 고급 인맥그룹을 보유하면 다음과 같이 다방면에서 협력과 보살핌을 받을 수 있다.

첫째, 나날이 치열해지는 시장 경쟁 속 무수히 많은 경쟁자 사이에서 두각을 나타낼 수 있다.

둘째, 막연함 속에서 고군분투하는 시간을 단축시켜준다. 일반 사람들은 10년에서 20년의 준비 기간이 필요하지만, 당신은 하룻밤 사이에 성공을 거둘 수 있다.

셋째, 일을 망쳤을 때 즉시 강력한 비호를 받을 수 있다. 성공의 관건은 인생에 가장 '중요한 인물'을 만나고, 고급 인맥그룹 안에 들어가느냐 여부에 있다. 때문에 먼저 좋은 인맥그룹과 좋은 친구를 찾아서 자신의 진영을 만들어야 한다. 그다음 자신의 능력을 펼칠 수 있는 발전 노선을 선택해야 한다.

그렇다면 우리에게 어떤 그룹이 가장 중요한 걸까? 어떻게 해야 그룹 사회에서 우위를 차지할 수 있을까? 당신이 친구나 친척의 지지에 의존하든 혹은 MBA의 CEO 과정을 밟든 무작정 '관계'에만 의존할 수 없다. 새로운 신뢰를 쌓고 자신의 가치를 널리 알려야 한다.

그룹은 사람들 간의 공동이익 관계를 공고히 하고, 집단적으로 경쟁상대에 대적할 수 있게 해준다. 이것이 바로 인맥의 실체이자 경쟁의 본질이다.

정치그룹

권력 분배는 각종 이익집단의 타협과 교환의 결과다. 정객의 '인맥'은 본질상 자신을 위해 성숙되고 안정한 권력그룹을 선택하는 것이다. 이러한 선택은 자신의 미래 전망을 결정한다.

투자그룹

투자자에게 광범위한 인맥 네트워크가 없다면 그 어떤 투자도 할 수가 없다. 반드시 효과적인 인맥을 통해 가장 진실한 정보를 파악해야만 성공적인 투자를 할 수 있기 때문이다. 그룹은 1차적인 정보를 제공한다. 그룹이 없으면 당신은 소중한 정보를 얻을 수도 없고 정확한 판단을 내릴 수도 없다.

각종 그룹의 집합

정계든 비즈니스계든 당신이 무슨 일에 종사하던 간에 다양한 그룹이 필요하다. 자신의 그룹 안에서만 맴돌아서는 안 된다. 기업가는 가난한 사람들의 마음을 헤아릴 수 있어야 하고, 부자는 대중들이 무슨 생각을 하는지 알아야 하며, 상사는 부하직원을 이해할 수 있고, 직원은 사장의 심리를 분석할 수 있어야 한다. 다른 그룹의 사람들을 이해할 수 있어야만 그들이 무엇을 필요로 하는지를 알 수 있고, 보다 많은 정보를 얻을 수 있다.

우리는 어떻게 하면 당신의 친구들이 당신만을 도울 수 있는 인맥으로 구축될지를 연구했다. 보다 높은 곳으로 올라가려는 사람일수록 인맥의 도움이 필요하고, 그만큼 인맥에 대한 의존성이 높다. 이것이 바로 성공의 가장 큰 비밀이자 인류가 끊임없이 얻고자 하는 관계의 힘이다.

단언컨대, '중요한 관계'와 '강력한 중개'의 힘이 없었다면, 위대한 성공은 일어나지 못했을 것이다. 모두 수많은 이들의 존경과 추앙을 받은 천재였지만 그룹과 인맥의 영향에서 벗어나지 못했다.

혼자만의 힘으로 이루어낸 기적은 이 세상 어디에도 없다. 당신 역시 자신의 인생에 그러한 기적이 일어날 것이라는 헛된 꿈을 꿔서는 안 된다.

목차

제2부 전술 ━━━

제 1 부

전략

제1장

성공의 후원자

남들보다 일찍 성공하고 싶다면
단순히 야심이나 능력만으로는 부족하다.
누가 당신에게 큰 도움을 줄 수 있는지 찾아라.
그가 당신의 능력을 인정하고 당신을 위해
흔쾌히 발 벗고 나서줄 사람이다.
도움을 받을 수 있다면 혼자서 애써
고생할 필요 없이 단번에 날아오를 수 있다.

1

모든 성공스토리에
드러나지 않은 비밀

성공 뒤에 숨어 있는 진정한 가치

창업을 해서 성공한 사업가가 되거나, 혹은 크나큰 성취를 꿈꾸는 사람들은 성공스토리에 대단히 관심이 많다.

"마윈馬雲(중국 최대 전자상거래 업체 알리바바의 회장－옮긴이)은 맨손으로 사업을 일으켜 자수성가한 사람이다. 그의 말솜씨는 얼마나 빼어난지 모른다. 나도 그 사람처럼 그 어떤 위기 앞에서도 침착한 사람이 되고 싶다."

"나에게 마쓰시타 고노스케松下幸之助(마쓰시타 전기산업 창업자－옮긴이)가 가진 장점의 10분의 1만 있어도 내 속에 있는 무궁무진한 잠재력을 모조리 발휘할 수 있을 텐데⋯⋯ 그럼 제2의 '마쓰시타 전기

산업'을 일궈낼 수 있을 텐데 말이야!"

사람들은 미래를 꿈꿀 때면 알 수 없는 흥분과 열정에 휩쓸리곤 한다. 불타오르는 의욕과 자신감으로 단숨에 그 꿈을 이룰 수 있을 것처럼 말이다. 특히 위대한 업적을 쌓은 인물들의 일대기를 접하고 난 뒤에는 그에 대한 존경심과 감동을 쏟아내기 일쑤다.

우리는 대부분 성공한 사람들을 신줏단지 모시듯 섬기며 그들이 걸었던 길을 그대로 따라가려 애쓴다. 그래서 성공한 사람들의 '영광' 뒤에는 그 영광을 흠모하고 추앙하는 현상이 나타나기 마련이다. 그러한 추종자들의 수요에 부응이라도 하듯 자신의 성공스토리를 과시하는 강좌가 넘쳐나기 일쑤다. 이들은 도시를 순회하며 강의를 하고, 성공스토리를 엮은 자서전을 출간하여 어떻게 하면 자신처럼 성공할 수 있는지 알려준다. 그들의 인생은 끊임없이 언론 매체를 통해 반복적으로 대중 앞에 노출되면서, 결국 사회적 명사로 자리매김한다. 그들이 자부심에 넘치는 모습으로 그동안 고군분투하며 헤쳐온 역경과 성공의 어려움을 강연할 때면 열정에 가득 찬 수많은 젊은 세대들은 감동에 빠진다.

하지만 여기서 나는 잔인하지만 한 가지 충고를 하고 싶다. 만일 당신이 추앙해 마지않는 성공가들처럼 과감하게 직장을 때려치우고 창업의 길로 들어선다면, 그것은 곧 야수가 망망대해와 같은 생면부지의 초원을 향해 미친 듯이 돌격하는 것과 마찬가지다. 십중팔구 머나먼 강가에 처박혀 죽거나 아니면 훨씬 포악한 맹수에게 잡아먹히고 말 것이다. 그리고 당신은 실패 속에서 기대와 전혀 다른 결론을 얻게 될 것이고, 자신이 얼마나 순진하고 어리석었는지 가슴을

치고 후회할 것이다. 왜냐하면 성공은 이들이 말하는 것처럼 간단하지 않기 때문이다. 아마도 성공한 명사들 중에 자신이 성공을 할 수 있었던 진짜 비밀을 말해준 사람은 아무도 없다. 아니 설사 당신과 성공의 경험을 공유하고 싶더라도 그들은 무의식적으로 진상을 숨길 수밖에 없었을 것이다.

혼자만의 힘으로는 성공할 수 없다

이는 수만 명의 우수 기업가를 대상으로 조사해서 얻은 통계 수치다. 조사에 참여한 기업가들은 유럽, 미국, 일본, 한국, 남아프리카 등 168개 국가에서 에너지, 금융, 광고 등 수백여 개의 업종에 종사하는 세계적 기업의 창립자, CEO, 고위급 임원이며, 물론 중소기업 사장들도 포함되었다.

사실 2퍼센트는 매우 실망스러운 확률로서 아마 모두 깜짝 놀랐을 것이다! 하지만 그나마 2퍼센트의 확률 안에 포함된 사람들도 비록 맨손으로 시작했지만 사업을 일구는 과정에서 꾸준히 인맥을 쌓고 그 인맥을 날개 삼아 비상했다. 반면에 나머지 98퍼센트의 성공한 기업가들은 처음부터 인맥의 힘을 빌려 창업을 했다. 비록 그들이 자수성가했다고 말할지라도 실상은 그렇지 않다는 것을 명심하라.

그들은 창업의 출발선에서부터 인맥의 힘을 빌려 점차 그 범위를 넓히면서 사업에 필요한 '무기'를 장착하고, 속도를 내줄 '자동차'에 기름을 채웠다!

예컨대, 사업에 도움을 받을 수 있는 지식계, 기술계, 금융계의 인맥을 쌓아놓은 것이다. 그래서 문제에 부딪힐 때마다 그들의 도움으로 난관을 헤쳐나갔고, 자금이 필요할 때는 손쉽게 자금을 조달할 수 있었다.

사실 사회적 성공을 거두는 것은 결코 쉬운 일이 아니다. '주식의 신'이라 불리는 워런 버핏도 풍부한 자금과 인맥이 있었기에 거래처의 특별한 관심 속에서 우선적인 협력 목표가 될 수 있었다. 그에게는 두터운 인맥과 명성이 있었기에 사람들이 흔쾌히 거금을 내주었고, 손쉽게 큰 이윤을 얻을 수 있었다. 대형 투자은행 살로몬 브라더스Salomon Brothers의 거래에도 이면에는 인맥이 자리 잡고 있었다. 한마디로 그것은 감정의 거래로서 엄격한 의미의 상업적 거래는 아니었다.

이처럼 모두가 눈독을 들이는 안정적인 투자라고 해도 문제가 생기기 마련이다. 오늘날과 같은 복잡한 시대에 투자로 돈을 벌어들이는 일은 결코 녹록한 일이 아니다. 한 사람의 판단력과 결단력이 성공에 미치는 역할은 때로는 1퍼센트도 차지하지 못할 때가 있다. 단순히 지력智力만으로 승부를 걸기에는 이 세상에 총명하고 뛰어난 사람들이 너무 많다. 성공에서 그 사람의 지력이 차지하는 부분은 우리가 생각하는 것만큼 크지 않다. 그보다는 우리의 운명이 다른 사람의 손에 좌지우지 되는 경우가 훨씬 많다. 그것은 당신의 적수가 당신을 위해 양보하거나 혹은 허리를 굽혀 당신을 도와줄지 여부에 달려 있다.

그러므로 성공가들의 자서전을 읽고 그의 노하우를 따라 하겠다는 허황된 생각은 버려야 한다. 그러한 책들은 화려한 미사여구로 포장만 했을 뿐 실제적으로 당신에게 도움이 될 그 어떤 중요한 사실도 알려주지 않는다. 앞서 말했듯이, 성공가들이 누리는 영광 뒤에 숨은 비밀은 대부분 능력이 아니라 인맥과 그룹이다.

우리는 절대로 이 사실을 등한시해서는 안 된다. 성공은 혼자만의 힘으로 이루는 것이 아니라 여러 성공가들의 힘을 빌려 이루는 것이라는 사실을 말이다.

워런 버핏은 "성공한 사람들과 동료가 되어야만 당신도 성공할 수 있다"고 말했다. 모래밭에서는 설사 당신이 금가루라고 해도 결국에는 모래와 같은 신세가 되고 만다. 반면에 당신이 보잘 것 없는 모래알이더라도 금가루 속에 있으면 온몸에 금가루가 묻어 금덩이보다 더 반짝반짝 빛을 낼 수 있다.

인맥은 부의 날개다

유럽 역사상 가장 신비로운 베일에 싸인 금융제국을 건설한 가문이 있다. 바로 로스차일드 가다. 로스차일드 가는 한때 유럽 전체의 화폐와 금융시장을 장악했다. 전해 오는 이야기에 따르면, 이 가문은 영국, 프랑스, 독일의 금융역사를 쥐락펴락했으며, 심지어 미국 금융 시스템과 정치적 지형에도 매우 지대한 영향을 미쳤다. 이러한 사실에 사람들은 한 가문이 그처럼 엄청난 경영능력을 발휘한 것에 놀라움을 금치 못한다.

하지만 이보다 더 흥미로운 것은 로스차일드 가의 인맥경영과 이익공유 그룹을 구축한 능력이다. 2004년 영국 정부의 3G 이동통신 사업자 공개입찰이 진행되었을 때, 융자 자문을 맡은 회사도 바로 로스차일드 가였다. 하지만 《월스트리트저널》에서는 그와 같은 소식을 전혀 찾아볼 수가 없었는데, 이것이 바로 그 가문이 융성한 원인이기도 하다.

로스차일드 가 창업자 마이어 암셸 로스차일드Mayer Amschel Rothschld는 열세 살 때 오펜하이버라는 유대계 은행에서 사환으로 처음 일을 시작했다. 그의 인생 첫걸음이었지만 정작 그가 자수성가를 하게 된 계기는 따로 있었다. 당시 유럽 각국 귀족들 사이에서는 오래된 주화를 수집하는 취미생활이 유행이었다. 중국의 상류사회 사람들이 유명 작가의 그림이나 골동품을 수집하는 것처럼 말이다.

사람들은 그러한 취미생활을 비웃었지만 마이어는 오히려 기회로 삼아 골동품 사업에 뛰어들었다. 그는 오래된 주화에 대한 상세한 설명을 덧붙인 가이드북을 직접 만들어 유럽 각국 왕실의 귀족들에게 보냈다. 풍부한 이윤을 얻을 수 있는 왕실 공급상이 되기 위해서였다.

그리고 마침내 그의 모험은 성공을 거두었다. 유럽의 갑부 가운데 하나이자 군수품 사업을 하고 있던 헤센 공작이 마이어에게 기회의 문을 열어준 것이다. 마이어는 헤센 공작의 환심을 사기 위해 자신이 그동안 수집했던 진귀한 고대 휘장과 주화를 거의 공짜로 갖다 바쳤다. 이는 그야말로 정성이 가득 담긴 출세 수완이었다. 마이어는 헤센 공작을 위해 각종 주화를 수집하고 고객들을 소개해서 이윤을 얻게 도왔다. 물론 그러한 노력 덕분에 마이어는 놀라운 대가를 얻을 수 있었다. 상류층 사람들과 인맥을 쌓고, 또 돈벌이 기회가 밀물처럼 들어온 것이다. 이는 훗날 로스차일드 가의 기본 전략이 되었다.

그들은 돈과 노력을 오로지 귀족이나 대금융가처럼 거대한 잠재적 이득이 있는 사람들에게 집중적으로 쏟아부었다. 그들과 관계를 구축하기 위해 정보를 수집하고, 열정적인 서비스를 제공하며 아낌없이 희생했다. 그리고 쌍방 간에 돈독한 관계가 형성된 이후에는 그들로부터 보다 많은 이익을 얻어냈다.

금융제국을 건설한 로스차일드 가의 찬란한 영광을 결정지어준 것은, 뛰어난 경영능력도, 뭇사람들의 선망을 받은 인격적 매력도 아니었다. 바로 강력한 정치적 자본과 복잡하게 얽혀 있는 귀족, 재벌들과의 인맥이었다. 로스차일드 가는 중요한 인물들과 성공적으로 인맥을 쌓고 그 범위를 지속적으로 넓혀감으로써 정계, 재계 중요 인사와 긴밀한 관계를 유지할 수 있었다.

능력, 인맥, 그리고 기회

능력이 보장되지 않는다면 제아무리 넓은 인맥을 보유하고 있어도 성공을 거두기 힘들다. 하지만 능력이 당신의 미래를 결정한다기보다는 기회가 당신의 능력을 펼칠 수 있는 무대를 만들어준다고 할 수 있다. 그리고 그 중요한 기회를 만들어주는 것이 바로 인맥이다.

아마 능력지상주의자들은 전통적인 인식에 얽매인 채 내 말에 적잖은 의구심을 품을 것이다. 그렇다면 내 주변의 이야기를 사례로 들어보겠다.

10여 년 동안 협력사를 운영한 부스터 씨는 과거 '70일만의 성공'이라는 기적을 일궈낸 사람이다. 불과 두 달 만에 땡전 한 푼 없는 노숙자 신세에서 대부호로 화려하게 변신한 것이다.

크리스마스가 막 지날 무렵, 부스터 씨는 로스앤젤레스의 '하수도 마을'(로스앤젤레스의 실업자들이 자주 가는 곳)을 맴도는 실업자 떠돌이였지만, 불과 수십 일만에 월가의 주요 고객이 되었다.

얼핏 듣기엔 도무지 믿기지 않는 말이다. 어제까지만 해도 땡전 한 푼 없던 가난뱅이가 하루아침에 백만장자가 되었다는 말을 어떻게 믿을 수 있겠는가? 아마도 우울증에 시달리다 남의 집 금고를 도둑질한 것은 아닌지, 복권에 당첨되어 일확천금을 얻은 것은 아닌지 의구심을 품는 이도 많을 것이다.

부스터 씨는 특별한 데라곤 없는 지극히 평범한 사람이었다. 그는 남들보다 뛰어난 면도 없고, 창의적인 두뇌도 없었다. 그저 고정적인 직업 없이 정부 보조금으로 간신히 생계를 유지하면서 로스앤젤레스 거리를 떠돌아다녔다. 사실 그는 3, 4년의 시간을 일련의 시장조사에 쏟아부었지만, 그다지 놀란 만한 성과를 거두지 못했다. 그럼에도 그는 날마다 묵묵히 자신의 일에 최선을 다했다.

당신이 그를 본다면, 특별한 능력이 있는 사람이라고는 생각지 못할 것이다. 기껏 해봤자 신규 업종의 조사원 노릇이나 할 법한 위인이라는 인상을 받을 것이다. 아니 어쩌면 마피아 일원이라고 여길지도 모른다. 하지만 정작 그의 집안 배경을 알게 되면 당신의 생각은 단번에 바뀔 것이다.

사실 부스터 씨의 매형은 골드만삭스의 해외투자 부서의 고위급 임원이었으며, 그의 사촌은 자산운용회사 블랙스톤에서 일하고 있었다.

《워싱턴포스트》의 경제면에 금융계의 신성 부스터 씨의 이야기가 소개되자 수많은 젊은이가 일제히 술렁였다. 부스터 씨가 시대를 혁신하거나, 혹은 업계를 변혁할 수 있는 아이디어를 내어 투자업계를 뒤흔든 것은 아닌지 저마다 온갖 추측을 쏟아냈다. 하지만 경험이 풍부한 매스컴 관계자나 노련한 월가 사람들은 그저 미소만 지을 뿐이었다. 수년 전부터 그들 업종의 고위 관계자들 사이에서는 이미 부스터 씨의 명성이 널리 퍼져 있었기 때문이다.

월가의 똑똑한 사람들은 부스터 씨의 집안이나 인맥에 대해 훤히 꿰뚫고 있었다. 그저 순박한 사람들만이 부스터 씨가 오롯이 혼자만의 힘으로 신화와 같은 기적을 만들어냈다고 믿었다.

성공을 일군 새로운 인물이 나타났을 때 우리가 보는 것은 그가 남들에게 보여주고자 하는 모습일 뿐이다.

- **맨손으로 자수성가했다.** 가난한 집안에서 태어나 어릴 때부터 숱한 고난과 역경을 겪었지만 단 한 번도 포기한 적이 없다.
- **돈도 기회도 없었다.** 심지어 한때는 지인들의 도움으로 간신히 생계를 꾸리기도 했고, 직장을 잃고 방황도 했으며, 결혼생활도 불행했지만 나에게는 강한 의지력이 있었다.
- **과감하게 모험에 도전했다.** 남들은 엄두도 내지 못하는 무모한 계획

을 세웠고, 그것을 통해 나의 용기와 능력을 증명했다. 때문에 당신들은 그런 나의 과감한 도전과 용기를 마땅히 칭송하고 숭배해야 한다.

- **오롯이 나 혼자만의 힘으로 성공을 일구었다.** 때문에 이러한 나의 장점을 널리 알리고 당신들이 나의 발자취를 따라오도록 이끌어야 한다.

이러한 논리대로라면, 이 지구상에는 당신의 인생 멘토가 되어 줄 사람이 수백, 수천 명에 달할 것이다. 그들은 모두 철두철미한 관리 능력과 하늘을 찌를 듯한 의지력, 그리고 웅대한 포부를 지니고 있다. 그러나 막상 그들을 포장하고 있는 화려한 베일을 벗겨보면 그들이 외치던 것과는 다른 실체를 발견하게 될 것이다. 그들이 크나큰 성공을 거두고 위대한 인물이 될 수 있었던 것은, 그들이 무언가를 했기 때문이 아니라 '무언가의 도움'을 받았기 때문이다.

당신이 성공가들의 비밀을 이해한다면 이 책의 다음 내용들은 더 큰 가치로 다가오게 될 것이다.

2

나의 성공에 참여할 사람은
누구인가

진정한 성공의 비결

유명인들의 자서전이나 혹은 신문, 잡지에 실린 성공스토리를 보았을 때, 우리는 자연스레 그들을 존경하고 숭배하는 마음이 든다. 또 다른 한편으로는 자신의 단점이나 부족한 점을 되돌아보기도 한다. 그러면서도 정작 중요한 문제는 도외시하기 일쑤다. 그들이 성공을 거두는 데 관건이 된 진정한 힘은 무엇이었을까?

성공가들은 자신들의 성공에 극적인 이미지를 부여하기 위해 종종 이런 표현을 한다.

나는 온갖 역경 속에서 고군분투하며 남들은 상상도 할 수 없는 노력을 기울였다. 나의 모든 성공은 안목과 능력 덕분이다.

반면에 그들의 특수한 인맥은 쉽게 드러내지 않는다.

그것은 마치 아름다운 여성들이 어떤 기능성 화장품을 쓰는지, 또 성형을 했는지 등을 주위 사람들에게 감추는 것과 마찬가지다. 그러한 비밀은 자신의 단짝 친구와만 공유한다. 그러한 사실을 까맣게 모르는 당신은 그저 아름다운 그녀의 미모를 보며 감탄을 한다. 그야말로 어리석은 실수가 아닐 수 없다.

평범한 사람들은 알 수 없는 '인맥'의 가치

칭화靑華대학교에서 강연할 당시 '세계 최고의 갑부'가 화제에 오른 적이 있다. 이때 상하이에서 온 학생이 우리의 토론에 함께 참여했는데, 그는 빌 게이츠가 세계 최고의 갑부가 된 원인을 분석해서 설명했다. 그의 관점을 나는 이미 훤히 꿰뚫고 있었지만, 일말의 의구심조차 없이 확신에 가득 찬 표정으로 자신의 분석을 믿는 그의 모습에 나는 놀라지 않을 수 없었다.

"제가 생각하기에 빌 게이츠는 세계 IT산업의 가능성을 누구보다 먼저 파악할 수 있었고, 또 컴퓨터에 대한 지식과 집착이 있었습니다. 이러한 것들 덕분에 그는 자신의 목표를 위해 끝까지 돌진할 수 있었지요. 저도 그의 성공 과정을 그대로 따를 계획입니다. 언젠가는 빌 게이츠처럼 큰 성공을 거둘 것입니다. 하늘은 뜻 있는 사람을 저

버리지 않거든요."

나는 먼저 그의 생각을 칭찬했다. 신념이 있고 운명을 개척하려는 강인한 태도는 우리 모두가 마땅히 가져야 할 품성이니까. 하지만 나는 이어서 물었다.

"그럼 마이크로소프트가 성장하는 데 인맥은 얼마나 큰 역할을 한 것 같은가?"

청년은 일말의 망설임도 없이 이렇게 대답했다.

"무슨 말씀을 하시는 건지 저도 잘 압니다! 빌 게이츠의 어머니와 그의 동업자들을 말씀하시는 거지요? 하지만 빌 게이츠의 성공에 그들은 큰 도움이 되지 않았다고 생각합니다. 아니 거의 아무런 영향도 미치지 못했어요. 이 세상에 권력자와 인맥을 쌓은 이들의 성공스토리는 부지기수입니다. 중국인은 특히나 인맥을 중시하지 않습니까? 그럼에도 마지막에 성공을 거둔 사람은 특출한 능력을 가진 소수에 불과합니다. 빌 게이츠도 남들보다 탁월한 능력이 있었기에 성공한 것입니다."

물론 틀린 말은 아니다. 그의 견해도 일종의 관점이니 말이다. 사실상 성공학 분야에서 세계가 좀더 단순하고 정직하게 변하기를 바라는 사람들에게는 주류를 이루는 견해이기도 하다. 그 청년의 말마따나 수많은 사람이 인맥을 보유하고 있지만, 마지막에 성공을 거두는 이는 극소수에 불과하다. 그리고 그 성공을 거머쥔 이들은 인맥에 기대는 것을 혐오할 만큼 싫어하고 대신 능력을 숭배한다. 정작 '능력' 그 자체가 인맥자원을 쌓고, 그 자원을 이용하고 통합할 줄 아는 능력을 포함하고 있다는 사실은 외면한 채 말이다.

청년은 내가 자신의 견해를 칭찬하며 공감해주기를 바랐다. 하지만 나는 그에게 어쩌면 충격이 될 수도 있는 대답을 했다.

"만일 자네가 인맥이 있는데도 끝내 성공을 거두지 못한다면, 그것은 자네의 인맥이 그다지 쓸모가 없어서 자네 능력을 최대한 발휘하도록 도와주지 못했다는 방증이 될 걸세!"

빌 게이츠의 인맥자원은 매우 풍부했을 뿐만 아니라, 그의 성공에 핵심이 되는 역할을 했다.

빌 게이츠는 스무 살의 나이에 마이크로소프트를 세우고 얼마 지나지 않아 큰 계약을 달성했다. 바로 당시 세계 최고의 컴퓨터 회사 IBM과 체결한 계약이었다.

모두가 알고 있는 이야기이지만 여기서 한 번 더 되짚고 넘어가고 싶다. 당시 대학생의 신분이었던 빌 게이츠는 어떻게 해서 그렇게 크나큰 계약을 달성할 수 있었을까?

그 계약을 성사시키는 데 중개인 역할을 한 사람이 있었는데, 다름 아닌 그의 어머니였다. 또 다른 계약 역시 빌 게이츠가 부모님의 인맥을 빌려 교통부서를 주관하는 정부 담당자로부터 얻어낸 것이었다. 그의 동업자이자 친구였던 앨런은 날마다 동분서주하며 회사 제품을 홍보하러 다니느라 정신이 없었다. 그는 전통적인 영업 방식으로 오롯이 자신의 능력 하나만을 믿고 계약을 따려고 애를 썼지만 별다른 성과를 내지 못했다. 빌 게이츠가 집안의 인맥을 이용해 수월하게 회사에 큰 이익을 가져온 것과는 큰 차이가 있었다. 빌 게이츠가 강의 시간표 편성 프로그램을 개발했을 때, 그의 첫 번째 고객은 자신이 다니던 학교의 강의 시간표를 프로그래밍하는 일이었고,

두 번째 업무는 워싱턴 대학교 실험학교의 학적 관리 소프트웨어를 설계하는 일이었다. 그가 두 번째 일감을 얻는 데는 워싱턴 대학교 학생관리협회 회원이었던 누나의 도움이 있어서 가능했다. 게다가 당시 그의 어머니는 워싱턴 대학교의 이사장이었다.

동시에 폴 앨런과 스티브 팔머도 게이츠의 중요한 동업자였다. 그들은 마이크로소프트를 위해 자신의 재능은 물론 인맥자원까지 모조리 활용했다. 일본시장을 개척하는 과정에서 일본인 친구의 도움으로 시장의 특성을 파악했고, 일본시장을 겨냥한 퍼스널 컴퓨터 프로그램을 개발하여 성공적으로 일본에 진출할 수 있었다.

빌 게이츠의 뒤에는 눈에 보이지 않는 곳에서 도움을 베푼 '중개인'들이 있었다. 모든 성공의 뒤에는 한 명 혹은 여러 명의 '침묵의 조력자'가 있다. 그들은 보이지 않는 곳에서 묵묵히 그 사람의 성장과 발전을 도와준다. 먼 길을 돌아가지 않도록 지름길을 제시해주고, 돌부리에 걸려 넘어지지 않도록 도와준다. 또한 노련한 경험과 인맥을 통해 성공을 향한 많은 출구와 가능성을 제공한다. 후원자들이 열어주는 출구와 가능성은 모두 소중한 기회가 된다.

그러한 이들은 당신의 동업자일수도 있고, 친척, 지인, 조수 혹은 직원일 수도 있으며, 당신의 친구일수도 있다. 대부분 그들은 당신의 뒤에서 모습을 드러내지 않고 조용히 움직이지만 발휘하는 역량은 실로 거대하다. 그들은 자금이나 업무, 인맥, 혹은 정신적으로 당신에게 든든한 도움과 지원을 베풀며 격려가 되어준다. 덕분에 당신은 남들보다 20년은 더 빨리 성공을 쟁취할 수 있다.

위에서 말한 상하이의 청년처럼 나의 생각에 찬성하지 않는 사람이 또 있었다. 워싱턴 대학교에 써니라는 여학생이 나에게 이런 말을 했었다.

"나는 예술을 사랑합니다. 그 누구도 따를 수 없는 풍부한 감성세포와 본질을 파악하는 능력을 가지고 있지요. 나는 누구나 자신의 행동에 책임을 져야 한다고 생각합니다. 타인이 그 사람의 인생에 관여하는 부분은 지극히 일부분에 지나지 않아요. 오로지 자신의 능력과 노력을 100퍼센트 발휘한다면 다른 사람의 도움 없이도 경쟁에서 승자가 될 수 있어요."

참으로 올바르고 자신감 넘치는 견해다. 하지만 정작 현실에서는 전혀 통하지 않는 황당한 생각에 지나지 않다. 하지만 나는 그녀의 자신감을 잔인하게 짓밟고 싶지 않았다. 자신감으로 충만한 미래에 대한 동경을 지켜줄 필요가 있었으니까.

그녀가 꿈꾸는 세계는 정직한 게임 규칙이 지켜지는 경기장에 비유할 수 있다. 선수들은 누구나 자신의 실력으로 적진을 돌파하여 상대편의 골문에 슈팅을 한다. 그녀의 세계에서 심판은 사적인 감정으로 편파판정을 하지 않는 절대적으로 공정한 사람이다.

하지만 이것은 그저 아름다운 희망사항에 지나지 않다. 물론 일부 성공가들은 자신들이 정직하고 공정한 방법으로, 오로지 능력만으로 성공을 이뤘다고 강조한다. 하지만 사실상 그들은 자신의 성과를 부풀리고 과장했을 뿐, 실제 다른 사람들로부터 받은 도움이나 혹은 그 도움으로 게임 규칙이 자신에게 유리하게 바뀌었다는 사실을 잠시 잊었을 뿐이다. 자신이 성공을 거두는 데 큰 역할을 한 인맥의 존재를 잠시 잊거나, 혹은 그의 든든한 뒷심이 되어준 배경을 일부러

들먹이지 않은 것뿐이다.

현실에서는 당신에게 뛰어난 능력과 좋은 아이디어가 있어 성공 가능성이 크다고 하더라도, 당신의 능력을 인정하고 올바른 방향을 제시해줄 후원자를 찾아야 한다. 그렇지 않으면 당신은 어두컴컴한 미로에서 출구를 못 찾고 헤매기 십상이다. 설사 미로를 빠져나온다고 해도, 성공한 사람이 10만 명 중에 한 명밖에 되지 않는 치열한 경쟁사회에서 당신이 성공의 보좌에 앉을 수 있는 가능성은 매우 희박하다.

당신의 능력을 알아줄 후원자가 필요하다

프랑스 유명 소설가 기 드 모파상은 수많은 문학 애호가들의 우상이다. 19세기 대표적 현실주의 작가로서 그의 〈비곗덩어리〉, 〈두 친구〉, 〈목걸이〉 등 수많은 작품은 지금까지도 많은 독자에게 널리 읽히고 있다. 그의 작품에 묘사된 이야기는 당시의 사회상을 생생하게 보여준다.

아마 이런 질문을 던지는 사람도 있을 것이다.

"위대한 작가들도 인맥의 도움을 받아 성공한 것입니까?"

그렇다! 비록 당신이 숭배해 마지않던 위대한 작가들에 대한 좋은 이미지가 크게 훼손될 수 있고, 또 작가를 꿈꾸는 당신의 꿈이 깨질 수도 있지만 그건 사실이다. 문학의 거장 귀스타브 플로베르의 적극적인 추천이 없었다면 모파상은 아마도 말단 공무원으로 평생을 살았을 것이다. 설사 작가의 길을 포기하지 않았더라도 숱한 고난을 겪었을 것이며, 지금과 같은 명성은 얻지 못했을 것이다.

모파상의 성장 과정은 결코 순조롭지 못했다. 모파상은 어린시절 절도죄로 퇴학을 당했다. 그의 어머니는 아들이 목사가 되기를 바랐지만 모파상은 다른 꿈이 있었다. 그는 자신의 인생을 걸고 사업을 일으키고 싶었다. 주말마다 교회에서 신도들에게 설교를 하며 지난 일주일 동안 저지른 죄를 하느님 앞에 참회하고, 다음 한 주 동안에도 많은 돈을 벌 수 있도록 기도하게 하는 일 따위는 그저 고리타분하기만 했다.

프로이센-프랑스 전쟁이 끝나고, 모파상은 군대에 입대하여 파리로 와서 해군과 교육부에서 공무원으로 일했다. 이 기간에 그는 어머니의 친구를 찾아갔는데, 이때 그의 인생에 귀인을 만났다. 바로 당대 유명 작가 플로베르였던 것이다. 모파상은 그해 플로베르의 제자가 되었다.

플로베르는 모파상에게 위대한 작가가 될 수 있는 세 가지 원칙을 알려주었다. 바로 관찰하고, 또 관찰하고, 또 다시 관찰하는 것이었다. 날카로운 분석과 조언을 해주는 스승 플로베르와의 친밀한 관계는 여느 문학청년들로서는 평생에 한 번 얻을까 말까 하는 소중한 기회였다.

모파상은 서른 살의 나이에 단편소설 〈비곗덩어리〉를 발표했다. 이때부터 모파상은 프랑스 문단에 정식으로 자리매김할 수 있었다. 그로부터 3년 뒤 모파상은 다시 《여자의 일생》을 발표하면서 세계적인 베스트셀러 작가가 되었다.

사람들은 누구나 비슷한 꿈을 갖고 목표를 향해 전진한다. 성공이라는 목표까지 놓인 외나무다리에 수많은 사람이 우르르 몰려들어 저마다 재능을 뽐내지만 정작 외나무다리를 건너 성공에 도달하는 사람은 극히 드물다.

남들보다 일찍 성공하고 싶다면 단순히 야심이나 능력만으로는 부족하다. 당신에게 큰 도움을 줄 수 있는 귀인을 찾아야 한다. 당신의 능력을 인정하고 당신을 위해 흔쾌히 발 벗고 나서줄 사람이 필요하다. 귀인의 도움을 받을 수 있다면 혼자서 애써 고생할 필요 없이 단번에 날아오를 수 있다.

그들이 당신의 운명을 바꾼다

1978년 어느 날, 열두 살의 타이슨은 타이론학교로 강제로 보내졌다. 이 특수학교는 대부분 불우한 가정의 문제학생들을 교화하는 곳이었다. 말이 학교지 그야말로 강제 노역소였다. 이 학교에 들어온 학생들은 '불량품' 딱지가 붙여진 것이나 매한가지였기에 그들의 미래는 암흑 그 자체였다.

타이론학교에서도 타이슨은 나쁜 성격을 고치지 못했다. 그는 걸핏하면 화를 냈고, 힘으로 주변 사람들을 제압했다. 일단 싸움이 벌어지면 공격성으로 가득 차 상대방이 곤죽이 되도록 패기 일쑤였다. 이에 크게 실망한 그의 선생님은 타이슨이 성인이 되면 밤 골목의 제왕이 될 거라면서 그럴 바에는 차라리 지금 감옥에 집어넣는 것이

낮다고 공공연하게 말하고 다녔다. 결국 타이슨은 다음 해에 소년원으로 보내졌다.

어느 날, 타이슨은 한 소년과 싸움을 벌였다. 이때 소년원의 권투 트레이너였던 스튜어트가 마침 그 자리를 지나가고 있었다. 스튜어트는 두 소년의 싸움을 말리려고 다가갔다가 타이슨의 싸움 실력에 매료당하고 말았다. 타이슨이 강력한 주먹으로 상대의 턱을 가격했을 때 스튜어트는 자신도 모르게 이렇게 외쳤다.

"정말 아름다운 펀치구나!"

스튜어트는 한때 권투선수로서 미국 아마추어 복싱 골든 글로브스 대회에서 우승을 차지한 적이 있었다. 그는 자신이 권투 챔피언의 꿈을 접어야 한다고 느꼈을 즈음, 청소년 권투선수 양성에 관심을 갖기 시작했다.

타이슨을 본 스튜어트는 보물을 발견한 기분이었다. 그는 곧바로 달려가 싸움을 말리며 흥분된 어조로 타이슨에게 말했다.

"이처럼 단단한 주먹을 가지다니, 참으로 좋은 재능이다. 내가 너에게 권투를 가르쳐주고 싶은데, 배울 거냐?"

타이슨은 스튜어트를 힐끔 쳐다보며 의아한 표정으로 말했다.

"난 주먹싸움에 이미 도가 텄는데, 뭘 또 배워요?"

그러자 스튜어트가 이렇게 설명했다.

"싸움이 아니라 권투를 가르쳐주겠다는 뜻이다. 싸움은 너의 인생을 망치지만 권투는 장래 너의 직업이 될 수 있어. 알리를 아느냐? 알리는 권투 챔피언으로 흑인들의 자랑이다. 너도 성실하게 권투를 배운다면 훗날 챔피언이 될 수 있다. 나를 믿어라, 넌 훗날 최고의 권투 챔피언이 될 거야!"

이때부터 타이슨의 권투 인생이 시작되었다. 이는 그의 인생의 가장 큰 변곡점이 되었다. 스튜어트는 뛰어난 트레이너로서 타이슨의 진정한 '후원자'였다. 타이슨은 일련의 전문적인 훈련을 거치면서 놀라운 두각을 나타냈다. 같이 권투를 배우던 아이들을 하나둘씩 쓰러뜨리더니 급기야 소년원에서 가장 강한 권투선수가 되었다.

1979년 이른 봄의 어느 날, 스튜어트는 커스 다마토에게 타이슨을 추천했다. 마침 좋은 선수감을 찾고 있던 다마토는 스튜어트의 말을 듣자마자 크게 기뻐하며 이렇게 말했다.

"당장에 그 아이를 데려오게. 내가 직접 테스트해보고 나서 결정하겠네."

다마토 면전에서 스튜어트는 직접 타이슨과 시합을 겨뤘다. 타이슨이 자신의 실력을 십분 발휘하여 기회를 거머쥘 수 있도록 하기 위해서였다. 과연 타이슨은 잽싼 몸놀림으로 이리저리 몸을 피하거나 강력한 펀치를 날리며 자신의 실력을 유감없이 발휘했다. 타이슨의 실력에 다마토는 크게 기뻐하며 탄사를 내뱉었다.

"자네가 진짜 천재를 발견할 줄은 내 미처 몰랐네!"

다마토는 타이슨을 흔쾌히 받아들여 양자로 삼아 신원보증인이 되어줬다. 덕분에 타이슨은 소년원을 나와 그의 두 번째 '후원자'인 다마토와 함께 살게 되었다. 다마토는 타이슨을 학교에도 보내고 권투도 가르치면서 친자식처럼 대했다. 그러나 도무지 공부에는 젬병이었던 타이슨은 학교에서 말썽을 일으키기 일쑤였다. 다마토는 할 수 없이 타이슨에게 학교를 그만두도록 하는 대신 집에서 가정교사에게 공부를 배우도록 했다.

뿐만 아니라 다마토는 최고의 기량을 가진 코치를 데려다 타이슨이 최고의 환경에서 기량을 연마할 수 있도록 도왔다. 소년원에서는 결코 얻을 수 없는 절호의 기회였다.

열다섯 살이 되었을 때, 타이슨은 전미 청소년 권투대회에서 우승을 차지했다. 그리고 열여덟 살이 되던 해 프로 무대에 데뷔했다. 그리고 1987년 타이슨은 마침내 알리의 뒤를 이어 세계 3대 복싱연맹 챔피언 자리에 오르며 '3관왕'을 달성했다.

만일 타이슨에게 바비 스튜어트와 커스 다마토가 없었다면 그의 인생은 어땠을까? 타이슨은 과연 세계 최고의 헤비급 챔피언이 될 수 있었을까?

인생에 관건이 되는 중요 인물은 당신의 운명을 바꾼다. 뿐만 아니라, 그가 수십 년 동안 쌓아놓은 모든 자원을 아낌없이 내주어 당신이 좀더 수월하게 보다 나은 세계로 나아갈 수 있도록 도와준다.

어떻게 세상을 움직을 수 있을까

타이슨의 이야기를 들려줄 때면, 대부분의 사람들은 놀라거나 혹은 대수롭지 않다는 반응을 보인다. 그들 대부분은 창업을 준비하고 있는 중이지만, 정작 자신을 도와줄 사람을 찾을 생각을 하지 않는다. 물론 그들은 타이슨이 어떻게 성공을 이루었는지 잘 알고 있다. 하지만 문제는 '알고 있다'고 해서 그것을 '믿는 것'은 아니며, 또 '믿는다'고 해서 이를 '실행'에 옮기지는 않는다는 사실이다.

이런 말을 하는 사람들이 많다.

"저는 시장조사도 완벽하게 마치고 모든 만반의 준비를 갖췄습니다. 이제 사업에 성공하느냐 실패하느냐는 오로지 내 손에 달렸는데, 구태여 다른 사람의 도움이 필요하겠습니까?"

"배경이나 인맥의 중요성은 저도 잘 알고 있지만 그러한 것들에 내 인생을 맡기고 싶지 않아요. 나는 내 힘으로 성공하고 싶지 다른 사람의 도움은 필요 없습니다."

"나는 내 힘으로 기적을 만들어내고 싶습니다!"

하지만 현실은 매우 잔혹하다. 이처럼 호기롭게 말하던 이들은 불과 수개월 만에 관점이 바뀌기 마련이다. 그들은 다시 나를 찾아와 후원자를 찾는 비결이나, 혹은 인맥을 이용해 사업의 돌파구를 마련할 수 있는 방법을 간절히 묻곤 한다. 왜냐하면 막다른 골목에 몰려 자신을 위기에서 구출해줄 사람이 필요하기 때문이다. 예컨대 빌 게이츠의 어머니나 워런 버핏의 아버지가 했던 것처럼 말이다.

진짜 문제점이 무엇인지를 정확하게 깨닫는다면 해결 방법은 훨씬 수월해진다. 그렇지 않으면 제자리걸음만 할 뿐 막다른 골목에서 영원히 빠져나올 수 없다!

나는 그들에게 이렇게 말한다.

"이미 과거에 당신은 중요한 인맥을 만난 적이 있을 것이다. 그들은 당신 주위에 있었는데, 당신에게는 그들을 붙잡을 마음의 준비나 결심이 없었기에 모두 그냥 지나치고 말았다."

그렇다면 당신을 이끌어줄 사람은 어디 있을까? 당신은 얼마나 많은 후원의 기회를 그대로 지나친 걸까?

지금 당장 자신을 되돌아보라. 당신의 인생을 바꿔줄 최고의 기회를 이대로 스쳐 지나가서는 안 된다. 서둘러 그들의 뒤를 쫓아가 옷소매를 붙들고 말하라.

"나는 이처럼 보잘 것 없으니 제발 나 좀 도와주세요!"

그들에게 당신의 가치와 역량을 내보여주고 모든 것을 바칠 수 있는 성의를 보여라!

의구심에 빠지거나 방향을 잃었을 때는 당신의 문제점이 무엇인지 살펴야 한다. 자신을 되돌아보는 것은 매우 중요하다.

지금 당장 행동에 옮겨야 한다! 창문을 활짝 열고 외부세계의 정보에 귀를 기울여야 한다. 그들은 당신을 기다려주지 않는다. 그들에게는 당신을 기다려줄 의무도 없고, 또 당신을 도와줄 마음도 없다. 당신이 직접 찾아나서야 한다.

3

'프리패스'를 가진 인물

인맥의 알고리즘

인맥의 '고리'가 일단 연결이 되면 그 뒤는 일사천리로 놀라운 효
과를 발휘한다. 우리가 미로에 갇혔을 때 눈앞의 담장을 뚫고 단숨
에 출구까지 나아가는 것처럼 말이다.

이는 영리한 사업가들이 중개인과 돈독한 친분관계를 맺는 원인
이기도 하다. 중개인들은 당신을 위해 '입장권'을 제공한다. 그들은
당신에게 없는 인맥과 루트가 있어서 당신이 보다 빨리 목표에 도달
할 수 있도록 사다리가 되어준다.

미국에서 '입장권'을 제공해주는 사람들은 주로 정객과 사업가들
사이에서 활약한다. 그들은 일종의 루트와 권력을 가지고 있거나, 혹

은 고객을 위해 유권자를 끌어 모아 유리한 여론을 만들어준다. 워싱턴과 뉴욕 두 곳에 세워진 우리 본사의 주요 업무는 정객들에게 서비스를 제공하는 것이었는데, 여러 해 동안 눈부신 성과를 달성했다.

새뮤얼 P. 헌팅턴은 그의 저서 《쉽지 않은 선택: 개발도상국에서 정치 참여》에서 정치브로커라고 불리는 그룹에 대해 언급했다. 우리는 수많은 루트를 통해 정치브로커라는 개념을 이해할 수 있다. 하지만 나는 헌팅턴의 요약을 인용하여 정치브로커가 인맥 분야에서 발휘하는 영향력을 자주 설명한다.

시골이나 낙후지역에는 땡전 한 푼 없는 가련한 무산계급들이 있다. 사실상 이들은 사회 참여와 정치 참여에서 배제되었다. 때문에 그들은 지역의 특권자를 제도 및 기타 정부 부처와 그들을 연결해주는 매개체로 삼을 수밖에 없다.

그렇다면 브로커가 그들 중간에서 하는 일은 무엇일까? 브로커는 개인과 지역의 문제를 정부 당국에 설명하고 도움을 요청하며 정부 부처와 지역민 사이에서 놀라운 힘을 발휘한다. 또한 이들은 자신들을 '좋은 사람'으로 꾸며 명성을 쌓으려고 한다. 가령 일상생활에서는 지역민들의 구세주 역할을 하며 감동을 주고, 정부의 후원을 끌어내 지역민들이 혜택을 누릴 수 있도록 돕는다. 개개인의 고민을 해결해줄 뿐만 아니라 지역의 전체 이익도 도모한다.

무궁무진한 능력을 가진 정치브로커

부르키는 자타가 공인하는 프랑스 대통령의 재물신이었다. 얼핏 들으면 과장이 심한 표현 같지만 실제로 그는 프랑스 대통령의 호주머니를 두둑하게 채워주었다. 프랑스 정객들의 예금인출기나 다름 없었던 아프리카 국가에서는 그 역할이 자못 컸다. 아프리카 소국이 선진국으로부터 외교적, 군사적 원조를 얻을 수 있도록 도와준 것이다.

부르키는 아프리카 세네갈에서 레바논 출신 이민가정의 자녀로 태어났다. 가난했지만 그는 유명 학교에서 공부를 했는데, 이때 그의 동창이었던 사람이 바로 프랑스 드골 대통령의 심복이자 프랑스 정부 식민지 정책의 기획자였던 자크 푸카Jacques Foccart 였다.

푸카의 정책은 부르키에게 일생일대의 기회를 가져다주었다. 푸카는 지금까지도 시행되고 있는 외교 책략을 기획했다. 즉, 아프리카 국가의 자원을 통제하기 위해 신뢰할 수 있는 아프리카 정치인을 '2차 세계대전' 이후 독립한 14개 아프리카 국가의 수반으로 세우고, 그들에게 외교적, 군사적 원조를 제공하면서 그 나라의 자연자원을 장악한 것이다.

이러한 정책 덕분에 부르키는 성공적으로 정계 무대에 모습을 드러냈다. 그는 변호사이자 프랑스 대통령의 개인 보좌관 신분으로 아프리카 정객들과 프랑스 정부 간의 '중개자' 역할을 수행했다.

심지어 그는 시라크 대통령이 자신이 보는 앞에서 돈을 세었다고 말하기도 했다.

과연 사실일까? 최소한 고위급 정치 인맥그룹 내에서 이는 결코 놀라운 일이 아니다. 부르키는 '인맥 중개자' 역할을 성공적으로 수행했다. 아프리카의 돈을 유럽 각국의 정객들 수중에 넣어주고 대신 모종의 '유리한' 외교 정책을 아프리카 국가에 가져다줄 수 있는 사람은 오직 그밖에 없었다.

갈림길에서 안내판 역할을 해줄 사람

물론 '입장권'은 공짜로 얻을 수 있는 것이 아니지만, 때로는 수많은 '입장권'을 획득했을 때 막상 어느 길로 가야 할지 방향을 잃어버릴 때가 있다. 그 '입장권'을 얻기 위해 수많은 노력과 희생을 치렀는데도, 막상 던지는 족족 물속에 빠지는 돌멩이처럼 그 어떤 수익도 얻지 못할 때가 있다. 하지만 걱정할 필요 없다. 당신이 쏟아부었던 '투자'는 생각지도 못한 곳에서 갑절의 수익으로 되돌아오기 마련이니까.

사업의 귀재 도널드 트럼프는 오롯이 자신의 인맥에 기대 성공을 거둔 케이스다. 트럼프 빌딩에서부터 미스유니버스대회 개최, 그리고 초일류 급의 골프클럽, 그가 진행하던 리얼리티 프로그램 〈어프렌티스〉에 이르기까지 트럼프가 손을 대는 것마다 이슈가 되었다. 그의 인기는 사담 후세인 전 이라크 대통령이 감옥에 갇혔을 때 미국 정부에 트럼프를 배심원단에 포함시켜달라고 요청했을 정도다.

세계 각국의 테러리스트마저도 트럼프를 동경했던 것이다. 어떻게 하면 그를 협박하고 납치할 수 있을까 고민하는 것이 아니라, 어떻게 하면 트럼프를 한 번 만날 수 있을까 하고 말이다.

그렇다면 트럼프는 어떻게 해서 뭇사람들의 동경과 명성을 거머쥘 수 있었을까?

4년 동안의 대학생활 중 트럼프는 여름방학 때마다 아버지가 관리하는 회사에서 일을 도왔다. 여기서 우리가 주목해야 할 점은 그의 아버지가 대단한 성공가였다는 사실이다. 트럼프가 획득한 첫 번째 입장권은 바로 그의 아버지가 준 것이었다.

대학 졸업 후 트럼프는 아버지가 세운 부동산 회사에 입사하여 자신의 사업을 시작했다. 그러나 이는 그가 원하는 일이 아니었다. 트럼프는 지방의 소도시에서 한가롭게 지내는 것보다는 화려하고 번잡한 도시를 좋아했다. 그래서 그는 맨해튼을 오가며 그의 인맥을 넓혔다. 맨해튼의 상류사회에서 활약하며 부와 권세를 가진 유명 인사와 관계를 돈독히 해 부동산 사업을 크게 일으키는 데 발판이 되어줄 인맥을 쌓은 것이다.

1974년, 트럼프에게 첫 번째 기회가 찾아왔다. 맨해튼의 펜실베이니아 철도회사가 파산을 선고한 것이다. 트럼프는 흥분한 나머지 의자를 박차고 일어나 즉각 그 부지를 사겠다고 선포했다. 동시에 자신의 인맥을 총동원하여 이곳에 시립회의센터를 설립할 것을 정부에 건의했다. 그의 적극적인 로비활동 덕분에 뉴욕 시 정부의 승인을 얻을 수 있었다.

1975년, 트럼프는 100만 달러로 뉴욕 중앙역 부근의 낡은 호텔을 매입했다. 비록 보잘 것 없는 허름한 호텔이었지만 그의 눈에는 잠재적 사업성이 뛰어난 보물로 보였다. 그 후 5년 동안의 준비 끝에 트럼프는 정부를 설득하여 40년간의 감세 혜택을 얻고, 대출 수속도 순조롭게 해결했다. 또한 직접 건설 시공을 감독하여 마침내 1980년 그랜드하얏트호텔을 완공했다. 이는 트럼프의 부동산 사업에 매우 중요한 이정표가 되었다.

트럼프는 막대한 돈을 들여 유명한 건축 설계사를 초빙하여 호텔의 외관을 세련되고 아름답게 디자인했다. 그의 아낌없는 투자는 시장에서의 대성공으로 이어졌다. 호텔을 찾는 고객들의 발걸음은 끊이질 않았다. 그랜드하얏트호텔의 성공으로 트럼프는 탁월한 경영 능력을 세계에 과시했다.

여기서 주목해야 할 점은, 트럼프는 정계의 인맥을 십분 활용하여 정부에 로비활동을 펼치면서 그의 사업에 유리한 정부 정책을 이끌어냈다는 사실이다. 불과 서른네 살의 나이에 그는 뉴욕 시의 내로라하는 유명 인사가 되었는데, 이는 순전히 물불을 가리지 않는 그의 열정과 두터운 인맥 덕분이었다.

그 후 트럼프는 뉴욕 맨해튼의 상업 지구에 70층 높이의 고급 주상복합 트럼프타워를 세웠다. 고수익자를 겨냥해 넓고 쾌적한 사무실과 명품 상가, 고급 아파트를 제공함으로써 무수히 많은 장기 투숙객을 유치하는 데 성공했다. 그를 갑부로 만들어준 이 사업의 성공 뒤에도 역시 인맥이 자리 잡고 있었다.

그의 거침없는 행보는 여기서 멈추지 않았다. 트럼프는 자신의 상업계 인맥의 힘을 빌려 투자 범위를 부동산 이외의 업종으로 점차 확대하기 시작했다. 해상 운수업을 경영하거나, 프로 축구팀을 운영하는 등 거의 모든 사업 분야로 확대되었다.

오랜 기간 쌓은 정재계의 두터운 인맥이 있었기에 트럼프는 들어가지 못할 '방'이 없었고, 또 해결하지 못할 '문제'가 없었다. 그만큼 그의 신용도는 매우 높았다. 사람들은 트럼프가 마음만 먹으면 성공시키지 못하는 사업이 없다고 믿었으며, 심지어 은행들도 트럼프가 요구하면 언제든지 수천만 달러에 달하는 대출을 흔쾌히 승인했다.

중요한 것은 야심과 꿈이 아니라 정상에 오르는 과정이다. 갈림길에서 당신에게 올바른 방향을 알려줄 사람이 있는가? 당신은 눈앞에 놓인 수많은 난관을 어떻게 헤쳐나갈 것인가? 성공에 이르기까지 탄탄대로만이 놓여 있을 것이라고 장담할 수 있는가?

이것이 바로 모두가 갈망해 마지않는 '입장권'의 궁극적인 가치다.

업계의 인프라는 어떻게 만들어야 할까

모두가 알다시피, 타이완에서 왕융칭王永慶은 워런 버핏에 버금가는 명성을 가진 기업가다. 타이완 사람들 중에는 카네기가 누구고, 피터 린치가 어떻게 돈을 벌었는지 모르는 이는 있어도, 왕융칭을 모르는 이는 없다.

언젠가 타이베이에 갔을 때 나는 호텔 지배인에게 이런 질문을 던졌다.

"사회적 가치관이 무엇입니까?"

그는 일말의 주저함도 없이 이렇게 대답했다.

"누구에게나 평등한 기회가 주어지는 것이지요!"

그는 대답을 하고 나서 멋쩍은 듯 웃음을 터트렸다. 나는 비록 그와 함께 웃었지만 그의 말이 전 세계 사람들이 흔히 쓰는 형식적인 말이라는 것을 잘 알고 있다. 예컨대, 왕융칭은 '누구에게나 주어지는 평등한 기회' 덕분에 성공한 것이 아니라, 누군가가 그에게만 기회를 줬기에 성공할 수 있었다.

그의 사업 발전 과정을 살펴보면, 매번 그가 갈림길에 놓일 때마다 인맥관계가 매우 지대한 영향을 미쳤다는 사실을 알 수 있다.

1950년대, 미국의 원조로 타이완은 플라스틱 산업을 발전시키기 시작했다. 신흥 업종이 탄생하자 수많은 사람이 돈다발을 들고 앞서거니 뒤서거니 투자를 했다.

이때 왕융칭 역시 플라스틱 산업에 뛰어들었다. 하지만 당시 왕융칭은 플라스틱의 '플' 자도 모르는 문외한이었다. 그것은 마치 주식에 대해 일자무식인 사람이 무작정 증권거래소에서 주식 투자를 하는 것과 매한가지였다. 그렇다면 플라스틱 업종에 대해서는 일자무식이었던 왕융칭은 어떻게 그 업종에서 성공을 거두는 '입장권'을 거머쥘 수 있었을까?

1953년, 타이완에 '경제안정위원회'라는 기구가 설립되었다. 설립자는 인중룽尹仲容으로, 그는 유리, 방직, 인조섬유, 플라스틱 원료, 시멘트 등의 건설 계획 입안을 책임지고 있었다. 동시에 미국이 원조하는 자금을 기획, 운용하는 책임도 맡았다. 당시 이제 막 플라스틱 업종에 뛰어든 왕융칭은 비록 사업 준비를 하고 있었지만 막상 어디서부터 손을 대야 할지, 또 타이완 정부에서 추진하는 플라스틱 산업 정책은 무엇인지 잘 알지 못하는 상태였다.

만일 당신이 이제 막 투자를 하려는 왕융칭이었다면 어땠을까? 아마도 이런 생각을 할 것이다.

"한치 앞도 내다볼 수 없는 암흑이나 마찬가지인데, 나 스스로 무덤을 파는 것 아닌가?"

그러나 문제를 해결해줄 '중요 인물'이 나타났다. 당시 왕융칭에게는 사업상 막역하게 지내는 자오팅전趙廷箴이라는 친구가 있었다. 두 사람은 사적으로도 매우 돈독한 관계였는데, 한때 자오팅전이 사업 위기에 처했을 때 왕융칭이 돈을 빌려줘서 위기를 넘긴 적이 있었다. 이 일을 계기로 자오팅전은 왕융칭을 신의가 있는 좋은 사업가로 여기며 친구처럼 지냈다.

두 사람 모두 제조업에 종사하고 있었기에 이는 서로 협력할 수 있는 토대가 되었다. 자오팅전은 왕융칭을 찾아와 논의 끝에 한 가지 제안을 했다. 시멘트 업종에 투자하자는 것이었다. 그러나 막상 사업 신청서를 제출하러 정부 주관부서를 찾아갔을 때 이미 시멘트와 타이어 업종의 사업권이 다른 기업가의 수중으로 넘어갔다는 사실을 알게 되었다. 자오팅전과 왕융칭은 돈과 능력, 포부를 가진 사업가였지만 여느 보통사람처럼 정보력이나 인맥이 부족했던 것이다.

이후 두 사람은 모든 방법을 총동원하여 간신히 인중룽尹仲容을 만날 기회를 얻어냈다. 인중룽은 자신의 부하직원을 통해 두 사람에게 플라스틱 산업의 투자 계획을 설명해주었다. 그리고 직접 두 사람을 만나 플라스틱 업종의 미래 전망과 미국 방면의 원조금, 그리고 정부의 우대 정책을 자세히 소개했다.

그제야 왕융칭은 플라스틱 산업의 투자에 대한 확신이 생겼다. 이어서 자오팅전과 공동출자를 단행하며 그의 사업 생애에 가장 중요한 첫발을 내딛게 되었다. 두말 할 나위 없이 인중룽은 왕융칭에게 '입장권'을 제공한 대인물이 된 것이다.

그렇다면 '입장권'은 어떻게 해야 얻을 수 있는 걸까? 이는 모두가 궁금해 하는 문제다.

물론 당신에게 성공의 '입장권'을 제공해줄 사람은 거리에서 쉽게 마주칠 수 없다. 그들은 '아주 높은 곳'에 있기 때문에 누구나 그의 관심을 받을 수 없다. 당신 앞에 놓인 걸림돌을 없애줄 후원자가 필요하다면 엄격한 과정을 통해 '선발'해야 한다.

첫째, 그들은 일정한 권력을 갖고 있어야 한다. 정치적 인물이나 상업계의 원로가 아니라 무수히 많은 자원을 직접 주무르고 당신의 운명과 직접적인 관계가 있어야 한다.

둘째, 그들은 당신의 능력을 긍정적으로 인정해주는 사람이어야 한다. 최소한 당신에게 선입견이나 편견이 있어서는 안 된다. 이것은 당신의 개인적 이미지와 노력 여하에 달려 있다. 만일 당신이 "나는 기회를 잡기 위해 노력하거나 모든 것을 희생하는 사람이 아니다!" 라고 말한다면, 당신에게는 더 이상 희망이 없다. 설사 당신에게 '입장권'을 주려고 해도 당신의 진면목을 알게 되거나, 혹은 보다 강력한 경쟁자가 나타난다면 그 입장권은 다른 사람의 몫이 되고 말 것이다!

마지막으로, 중량급의 인물과 교분을 나눌 기회가 없다면, 그 주변의 사람을 공략해야 한다. 왕융칭이 인중룽의 주변 사람을 통해 그와의 면담을 성사시킨 것처럼 말이다. 중간에 있는 사람을 발판으로 삼아 중량급의 인물과 인맥을 쌓는 것은 흔히 볼 수 있는 인맥 공략 방법이기도 하다.

4

내부가격이 성공의 규모를
결정한다

내부가격과 '내부관계'

　내부가격이 무엇인지 모두 잘 알고 있을 것이다. 예컨대, 두 사람
이 똑같은 상점에서 똑같은 물건을 샀는데, 당신은 100원을 냈고, 다
른 사람은 80원을 냈다. 만일 마트에서 한두 가지 생활용품을 구매
한 것이라면 남보다 20원을 더 주고 산 것에 당신은 그다지 개의치
않을 것이다. 어차피 크게 손해 보는 일도 아닐 테니 말이다. 그러나
회사와 회사의 거래라면 문제가 달라진다.

　예를 들어, 당신이 A라는 회사를 차렸고, 당신의 경쟁상대는 B라
는 회사를 차렸다고 가정해보자. 두 회사는 비슷한 시기에 설립되었
고, 투자자금도 비슷하며, 동일 업종으로 경영 방침도 비슷하다. 아

무튼 똑같은 출발선에서 시작했지만 똑같은 제품 1만 개를 구매하는데, 위와 같이 가격에 차이가 났다면 어떨까? 이는 곧 당신은 물건 한 개당 100원의 원가로 총 100만 원을 지불해야 하지만, 당신의 경쟁상대는 80원의 원가에 총 80만 원만 지불하게 되는 셈이다.

이런 상황하에 당신의 경쟁상대는 이윤 창출과 판매가에서 모두 우위를 차지하게 된다. 그는 판매가를 낮출 수 있고, 또 당신이 벌어들인 수익에 버금가는 이윤을 창출할 수 있다.

이런 일이 생기고 나면 당신은 아마 분통을 터트리며 도대체 어찌된 영문인지 원인을 밝히려 들 것이다. 그리고 이내 그 이유를 알게 될 것이다. 즉, 상대방은 공급상과의 오랜 교분을 통해 상호이익이라는 묵약 아래 내부가격에 물건을 공급받는 혜택을 쟁취했다는 사실을 말이다.

당신이나 상대방 모두 똑같은 노력을 기울이고, 능력도 비슷하다. 상대방이 야근할 때 당신도 야근했으며, 상대방이 치밀한 준비를 할 때 당신도 고생을 마다하지 않고 준비했다. 이처럼 똑같은 노력을 기울였지만 경쟁상대인 B회사는 1년 만에 크게 성장하여 자본금을 늘리면서 업계에 안정적으로 자리매김하게 될 것이다. 반면에 당신의 A회사는 반년도 지나지 않아 점차 부채가 쌓여 결국 파산하게 될 것이다.

이것이 바로 내부가격이다. 내부가격의 진정한 함의는 '내부관계'다. 인맥을 통해 최적화된 협력 관계를 구축하고 가격과 판매 루트의 이점을 상호 공유하며 강력한 연합을 구축함으로써 자신들의 경쟁상대를 위협하고, 또 업종을 독점하고 통제하는 것이다.

만일 당신이 제품의 생산과 공급망을 모두 아우르는 인맥그룹을 보유하고 있다면, 당신은 가격과 원가에서 경쟁상대를 누를 수 있는 자본을 가진 셈이다. 이로써 상대방은 엄두도 못 내는 이익 창출을 수월하게 이룰 수 있다.

동일한 제품을 두고 경쟁가격상 이점은 어떻게 구현되는 것일까? 일반적으로 제품 가격이 동종 제품보다 싸다면, 그 상품은 높은 경쟁력을 구비하게 된다. 가격이 낮다는 것은 생산원가가 다른 제품보다 저렴하다는 뜻이며, 이는 출발선상에서 당신의 이점이 될 수 있다. 저렴한 원가는 최고의 살상력을 가진 무기니까 말이다.

만일 당신이 내부가격의 이점을 획득할 수 있다면, 시장경쟁에서 당신의 회사와 사업이 성공할 수 있는 강력한 발판을 얻게 된다.

5

성공으로 이끌어 줄
10인을 찾아라

당신과 특권층 사이의 연결고리

인맥경영에 대해 구체적으로 논하는 데 있어 탁상공론은 무의미하다. 사람들에게는 저마다 인맥자원을 넓히는 방법이 있다. 그러나 일반적으로 이들이 가장 먼저 생각하는 것은 어떻게 자신의 인맥그룹을 만드느냐다.

인맥그룹을 만들 때 없어서는 안 될 꼭 필요한 열 종류의 사람이 있다. 그들과 인맥그룹을 형성하면 일상생활이나 업무에 많은 도움을 받을 수 있어 삶이 한결 수월해진다.

이들이 제공해주는 것은 중요한 기회이기도 하고, 실제적인 수요가 될 수도 있다. 나는 이런 종류의 능력을 '특권층 사이의 연결고리'

를 제공해준다고 정의한다. 그들은 내부관계를 통해 당신이 일반적인 '시장루트'를 통해서는 처리할 수 없는 일을 해결해준다.

예컨대, 당신의 고객이 어느 유명 스타의 콘서트 티켓 네 장이 필요하다며 티켓 판매 관계자와 긴급하게 연결시켜줄 것을 원한다고 가정해보자. 티켓 판매처에서는 모두 매진됐다고 말한다. 당신의 보너스와 미래가 그 네 장의 티켓에 달려 있는데 말이다! 당신으로서는 반드시 그 일을 성사시켜야 하는데 어떻게 할 것인가?

만일 고객에게 티켓을 구해줄 방법이 있다면 당신은 그들에게 '만능 해결사'라는 인상을 심어줄 수 있으며, 고객과의 관계나 협력관계도 한층 돈독해질 것이다. 반면에 당신이 해내지 못했을 경우, 당신은 만능 해결사의 능력도 없을뿐더러, 그 방면에는 인맥이 없다는 사실이 드러나 고객을 크게 실망시키게 된다. 사실상 전 세계 사람들은 잘 알고 있을 것이다. 콘서트든 스포츠 경기든 티켓이 완전히 동이 나는 '매진'이 실상은 공공연한 거짓말이라는 사실을 말이다. 당신이 원하기만 하면 누군가는 가장 좋은 좌석의 티켓을 구해다 줄 것이다. 문제는 그러려면 당신에게 그 방면의 인맥이 있어야 하며, 누구를 찾아가야 도움을 받을 수 있는지 잘 알고 있어야 한다.

가장 필요할 때 당신에게 기회를 제공해줄 수 있는 사람, 이것이 당신이 맨 먼저 찾아야 할 인맥이다. 그들은 당신이 어떤 직업에 종사하든, 어느 나라에 있든 반드시 필요한 인맥이다. 그들의 가치는 누구나 잘 알고 있고, 또 누구나 원하는 인맥자원이다.

여행 관련 인사

고객이 당신에게 여행과 관련한 일을 부탁했다고 가정해보자. 사실 이는 성공가들이 가장 많이 하는 부탁이기도 하다. 그들은 세계 곳곳으로 여행을 가거나 휴가를 떠난다. 때로는 값싼 티켓을 원하기도 하고, 좀더 좋은 서비스를 제공받고 싶기도 하며, 여행 목적지에 관한 특별한 정보를 필요로 하기도 한다. 문제는 그들에게는 이러한 잡다한 일을 처리할 시간도 마음의 여유도 없다는 사실이다. 그들에게는 모든 '준비 업무'를 대신해줄 사람이 필요하다. 당신은 그런 방면의 인맥이 있는가?

사실 여행 업종으로 인맥을 갖고 있는 사람은 그리 많지 않다. 대다수 사람은 다른 사람들이 자신을 위해 편의를 제공해주기 바라면서도 정작 그러한 능력이 있는 사람과 친구로 사귀는 일에 소홀히 한다.

만일 당신이 주로 집에 틀어박혀 지내는 편이라면 생각지도 못한 부탁에 지금쯤 등줄기에 식은땀을 흘리며 쩔쩔 맬 것이다. 어쩌면 부리나케 휴대폰의 주소록을 뒤지거나, 혹은 책상 서랍 깊숙이 처박아놓은 명함집을 뒤져볼지도 모른다. 하지만 그중에서 가장 '가치' 있는 정보라고는 교외에 위치한 맛집의 빛바랜 명함 한 장이 고작일 것이다.

당신에게 여행 관련 부탁을 한 그 고객과 앞으로도 유쾌하게 협력 관계를 지속할 수 있을 거라고 생각하는가? 분명 그렇지 않을 것이다. 당신은 분명 지난 수년 동안 여행사 쪽에 인맥 하나 쌓아놓지 않왔다는 사실에 가슴을 치고 후회할 것이다! 누렇게 빛이 바랜 맛집 명함을 갈기갈기 찢어버리고 당신의 머리를 쥐어박고 싶은 충동에 사로잡힐 것이다!

나는 미국에서 지낼 때 각 주의 여행사에 자주 연락을 하며 도움을 필요로 하는 고객들을 위해 최대한의 편의를 제공해주었다. 덕분에 고객들의 호감을 살 수 있었고, 회사 업무도 매우 순조로웠으며, 나의 인맥자원을 한층 공고하게 만드는 데 많은 도움이 되었다. 뿐만 아니라 '글로벌 해결사'라는 별명까지 얻었다. 고객들은 내가 세계 곳곳의 친구들과 인맥을 쌓고 있어서 언제든지 최고의 도움을 베풀어줄 수 있는 해결사로 여겼다.

급할 때 가장 필요로 하는 도움을 주는 것만큼 가치가 큰 도움은 없다. 도움을 필요로 하는 여행자들에게 당신의 도움은 그야말로 눈 속에 있는 사람에게 땔감을 준 것마냥 더할 나위 없이 소중할 것이다. 왜냐하면 일반적으로 사람들은 여행 중에, 특히 낯선 외국에서 절박한 순간에 도움을 받았을 때 쉽게 그 기억을 잊지 못한다. 항상 가슴에 새기고 언젠가 기회가 생기면 꼭 보답하겠노라고 다짐하기 마련이다. 그렇게 잠재의식 속에 그때의 기억이 새겨지게 되고, 그 사람을 중요한 사람으로 각인하게 된다.

헤드헌터 매니저

당신이 새로운 일자리를 찾으러 나서지 않는 이상, 아마도 이 부류의 사람들과는 접촉할 기회가 거의 없을 것이다. 그러나 중요한 것은 지금의 당신이 아니라, 지금과는 다른 상황에 놓였거나 아니면 보다 발전된 미래의 당신이다. 만일 지금처럼 말단직원으로 평생을 살고 싶지 않다면 마땅히 모든 수단과 방법을 동원해서 이 부류의 사람들과 인맥을 쌓아야 한다. 우리는 그 누구도 자신의 미래를 내다보거나 확신할 수 없다. 때문에 지금 당신이 안정적인 직장생활을 하고 있더라도 그들과 친분관계를 쌓는 것이 좋다. 언젠가는 분명 그들의 인맥이 필요한 순간이 올 테니 말이다.

자신의 회사가 영원히 파산하지 않을 것이라고 장담하는 사람은 없다. 또한 지금의 직장생활이 제아무리 만족스럽고 편안하다고 하더라도 이 회사에 사직서를 쓸 일은 절대로 없을 거라고 단언할 수 있는 사람도 없다.

실업의 위기는 누구에게나 존재한다. 설사 당신이 작업 현장의 인부이거나, 혹은 고위급 임원일지라도 예외는 아니다. 목마른 사람이 우물을 파는 법이다. 헤드헌터 회사와 인맥을 유지하고 있다는 것은 곧 당신의 전문적인 개인 가치를 홍보할 수 있는 플랫폼을 보유하고 있다는 것을 의미한다. 그들은 마치 꽃을 찾아다니는 꿀벌처럼 당신의 가치를 한껏 멋있게 포장하여 여러 곳으로 가져가 홍보를 해줄 것이다. 헤드헌터 회사의 귀빈이 되는 것은 곧 당신의 신분과 지위를 의미한다. 당신에게는 보다 높은 고위 그룹으로 진입할 수 있는 자격이 있다는 것을 의미한다.

그러므로 헤드헌터 회사의 매니저가 전화를 걸어왔을 때는 당신이 지금의 직장에 만족을 하든 그렇지 않든 서둘러 전화를 끊지 말아야 한다. 대신 예의바르게 이렇게 말하라.

"지금 당장은 이직할 계획이 없지만, 이렇게 전화로 찾아주셔서 감사합니다. 한 번 시간 내서 식사라도 하며 이야기 좀 나누고 싶은데, 연락처 좀 남겨주시겠습니까?"

헤드헌터 회사의 매니저와 친분을 쌓게 되면 좋으면 좋았지 해가 될 일은 전혀 없다!

은행과 융자 관련 인사

당신이 지금 당장 필요하든 필요하지 않든 당신에게 있어 은행의 역할은 점차 커질 것이다. 사업에 투자하는 것은 둘째 치고, 사소하게 집을 장만하거나, 혹은 자동차를 장만할 때 우리는 은행 쪽의 인맥이 필요하다. 물론 사업에 투자하는 사람에게 은행이나 기타 융자 루트는 절대 없어서는 안 될 필수적인 요소다. 그들에게 은행 관계자와의 인맥은 그야말로 하늘에서 내려온 보물과도 같을 것이다.

대다수 사람들은 은행 관계자와 인맥을 쌓는 데 소홀히 한다. 하지만 일단 자금 운용에 문제가 생기면, 그때는 발등에 불이 떨어진 것 마냥 그제야 존재의 중요성을 실감한다. 그러므로 지금 당장 당신에게 필요하든 필요하지 않든, 유비무환의 마음으로 은행 관계자와 인맥을 쌓아야 한다. 아무런 준비도 안 된 상태에서 막상 '소나기'가 쏟아지게 되면, 그제야 허겁지겁 수화기를 들지만 정작 도움을 구할 만한 사람을 찾지 못해 낙심하게 될 것이다.

"은행을 좋아 합니까?"

누군가 이런 질문을 했을 때, 아마도 당신은 짜증을 내며 이렇게 말할 것이다.

"자기들 잇속만 챙기는 은행은 말만 들어도 분통이 터집니다. 신용카드 연회비는 꼬박꼬박 떼가면서 혜택은 보잘 것 없고, 게다가 허구한 날 보험에 가입하라는 등 귀찮게 전화만 걸어오니 말입니다!"

하지만 내가 조언하건대, 그러한 당신의 태도부터 바꾸는 것이 좋다. 보험 가입을 권유하는 홍보 전화는 무시해도 좋다. 하지만 '은행'과 '대출' 관련한 전화는 가족을 대하듯 부드럽고 친절하게 받아야 한다. 언젠가는 그들의 도움이 필요할 날이 있을 테니 말이다!

정부 공무원

정부와의 관계를 유지하는 데서 공무원 혹은 경찰들과의 인맥은 결코 소홀히 해서는 안 된다. 이는 누구에게나 필요한 인맥이며, 인맥경영에서 최우선적인 위치에 있다.

언젠가 이제 막 창업에 뛰어든 청년에게 이런 질문을 한 적이 있다.

"자네는 정부 관계자와 인맥을 쌓고 있나?"

청년은 노골적이다시피 경멸에 찬 표정으로 이렇게 대답했다.

"저는 제 힘으로 성공할 겁니다. 정부 쪽의 배경이나 인맥 따위는 필요 없습니다."

이처럼 모종의 '청렴'이나 '결백'을 위해 처음부터 정부 관계자와는 선을 긋는 사람들이 많다. 하지만 막상 그들의 도움이 필요할 때는 도움을 받지 못해서 위기에 빠지고 그대로 주저앉을 가능성이 크다.

정부 관계자와의 인맥은 단순히 '큰 사업'에만 국한되지 않는다. 크게는 투자나 회사 경영에서부터 작게는 일상생활의 사소한 민원에 이르기까지 이들의 인맥이 꼭 필요하며, 이들 덕분에 당신은 '안도감'을 느낄 수 있다.

'유명 인사'라고 불리는 사람

'유명 인사'라고 해서 높은 지위와 권력을 가진 사람만을 의미하는 것은 아니다. 그들은 전국적인 혹은 세계적인 유명 인사 일수도 있고, 또는 오랜 기간 자원봉사로 주민들의 존경과 사랑을 받는 아파트 부녀회장일수도 있다. 물론 오바마, 마윈, 런던시장, 워싱턴 D.C 의원일 수도 있다. 혹은 나일 수도 있고, 내가 살고 있는 지역의 행정 수반일수도 있으며, 혹은 서예 솜씨가 뛰어나고 잡다한 상식이 많기로 소문난 그의 보좌관일수도 있다.

우리에게 중요한 것은 그들이 누구냐가 아니라, 어떻게 하면 그들과 친분을 쌓느냐다.

이른바 유명 인사와는 가까워지기가 힘들다고 고민을 털어놓는 사람들이 많다.

"저렇게 눈도 높고 업무도 바쁜 사람이 우리와 상대할 시간이라도 있겠어요? 설사 시간이 있다 해도 나 같은 사람은 거들떠보지도 않겠지요! 저 사람은 우리와는 전혀 다른 세상 사람이잖아요!"

이처럼 두려움과 열등감에 사로잡힌 채 적극적으로 다가갈 엄두조차 내지 못한다. 하지만 유명 인사에게 다가가기조차 못한다면 그들의 그룹에 들어가는 일은커녕 친분조차 쌓기 힘들다.

사실 이 문제를 해결하는 방법은 매우 다양하다. 심리적으로 진정한 유명 인사는 거만하지 않다. 상대방이 파파라치나 혹은 불순한 의도를 가진 사람이 아니라면 그 누구에게도 친근하게 대한다. 거만하고 위세부리기 좋아하는 가짜 유명 인사를 제외하고는 대부분 친화적이고 겸허하다. 적절한 시기만 잘 선택한다면 당신은 그들과 교류할 수 있는 기회를 얻을 수 있다.

유명 인사들은 당신이 상상한 것보다 훨씬 쉽게 다가갈 수 있다. 그들에게는 개인 변호사, 주치의, 회계사, 친척 혹은 자주 가는 단골 가게가 있다. 일부 사람들은 매니저나 전문 코치, 비서도 있다.

여기에서 좋은 아이디어가 떠오르지 않는가? 그렇다. 당신은 유명 인사의 주변 인물들과 먼저 친분을 쌓고 이들을 매개로 삼는다면 당신이 원하는 유명 인사와 오랫동안 유지될 수 있는 인맥통로를 구축할 수 있다.

금융 설계사와 재테크 전문가

우리는 반드시 여러 명의 금융 설계사나 재테크 전문가와 인맥을 쌓아야 한다. 그들은 당신에게 돈을 어디에 투자해야 하는지 방법을 알려줄 것이다.

현실에서, 어쩌면 당신은 결과가 나온 뒤에야 당신의 투자가 옳았는지 실패했는지를 알게 될 것이다. 하지만 결과가 나왔을 때는 이미 모든 것이 늦다. 당신도 언제까지 투자 실수로 목돈을 잃고 상심에 빠지는 일을 반복할 수 없지 않겠는가? 그러므로 금융 설계사나 재테크 전문가와 인맥을 쌓을 기회가 생기면 절대로 기회를 놓치지 말고 그들과 친분을 쌓아라.

변호사

당신은 심성이 선량하고 좀체 시시비비에 얽매이는 일도 없고, 또 주변 사람들 그 누구에게도 잘못을 저지르지 않는 사람일지 모른다. 하지만 이 세상은 너무 복잡하고 우리가 상상하지 못한 별의별 종류의 사람들이 있으며, 언제든지 그런 사람들과 맞부딪칠 일이 생길 수 있다. 그로 인해 소송에 휘말리거나 혹은 권리를 침해당할 수도 있다. 이때는 변호사의 존재가 얼마나 중요한지 새삼 깨닫게 될 것이다.

만일 당신이 변호사와 인맥을 쌓는다면, 일상생활이나 회사생활에서도 불필요한 잡음을 피할 수 있다. 이런 사람들과의 인맥이 당신을 보호해주는 이상 그 어떤 '골치 아픈 일'도 감히 당신을 건드리지 못할 것이다.

각종 수리기사

우수하고 성실한 수리기사와 인맥을 쌓아놓으면 일상생활에서 얼마나 유익한 도움을 받게 될지 모른다. 가령 당신의 자동차가 고장나거나 혹은 TV 수신 상태가 고르지 못하거나, 집의 하수관이 막히거나, 현관 자물쇠가 열리지 않을 때 언제든지 그들의 도움을 받을수 있다.

당신이 전화를 하면 언제든지 재깍 달려와 저렴한 가격에 수리를 해줄 수 있는 사람을 알고 있다면 그들과 돈독한 관계를 맺도록 하라. 이들과의 친분을 우습게 여긴다면, 한밤중 집의 전기가 나가 암흑으로 뒤덮인 방 한 가운데서 당신은 그제야 그들의 중요성을 실감하게 될 것이다. 혹은 값비싼 수리 비용을 지불하고 나서야 그동안 그들이 매우 저렴한 가격에 당신에게 양질의 서비스를 제공했다는 사실을 알게 될 것이다.

어쩌면 당신은 "도처에 널린 것이 서비스 기사 아닌가? 그에 상응하는 돈만 지불하면 언제든지 쉽게 부를 수 있으니, 전문적인 서비스 기사에게 맡기는 것이 훨씬 간편하다"라고 말할 수도 있다. 하지만 그러한 서비스 기사는 비용도 비쌀 뿐만 아니라 적잖은 불쾌감과 짜증을 겪게 할 수도 있다. 그들은 시간을 잘 안 지키기 일쑤고, 부르는 게 값일 때가 많다.

언론 매체 관련 인사

마지막으로 당신에게 묻고 싶다. 당신에게는 언론 매체에 인맥이 있는가? 당신은 그들에게 환영받는 인사인가? 혹은 당신의 주소록에 기자들의 전화번호가 있는가?

당신이 언젠가 논문을 발표했다든가, 혹은 인터넷 매체에 실은 글이 메인 페이지에 올라왔다든가, 아니면 당신의 블로그에 관심을 갖는 기자가 많다며, 이러한 것들이 곧 언론 매체에 인맥이 있는 것이나 다름없다고 말하지 마라.

내가 말하고자 하는 언론 매체의 인맥은 가장 중요한 순간에 당신에게 도움을 줄 수 있는 홍보 자원을 의미한다. 당신이 곤경에 처했을 때 억울함을 널리 알려주거나, 반대로 당신이 승승장구할 때 당신의 성과를 널리 알려줄 '펜대' 말이다.

이 방면의 인맥을 쌓으려면, 먼저 일반 기자와 친분을 쌓아야 한다. 물론 유명 언론사의 편집장이나 혹은 투자가와 친분이 있다면 그보다 더 좋을 수는 없다. 당신이 스캔들에 휘말리거나 혹은 신제품을 출시했을 때 그들은 당신을 대신해서 깔끔하게 일을 처리해줄 것이다. 그들은 펜대를 굴리는 것으로 생계를 도모하기 때문에 전문성이 높아서 당신을 위해 좋은 이미지를 만들어줄 수 있다. 혹은 제품의 성능을 보다 좋게 홍보해 시장 개척에 이점을 제공해줄 것이다.

물론 그러기 위해서는 그에 합당한 비용을 지불해야 한다. 중요한 것은, 언제든지 그들의 힘을 빌려 다른 사람은 통과하지 못하는 문을 당신은 통과할 수 있다는 사실이다! 그러므로 먼저 그들이 필요로 하는 것을 제공해주고, 그다음에 당신이 필요로 하는 것을 얻어야 한다. 이렇게 서로의 수요를 만족시켜주는 것이 바로 인맥의 실체다!

6

상대의 마음속에 들어가는 법

상대가 원하는 화제 선택

어쩌면 당신은 모든 사람이 두려워하는 권세를 가진 권력자인지도 모른다. 예컨대 당신이 회사의 고위급 임원이거나, 혹은 정부 부처의 장관이라면 어떨까? 아마 모두 싫든 좋든 당신의 이야기에 귀를 기울일 것이다. 하지만 만일 당신이 오로지 혼자만의 관심사에 대해서만 떠든다면? 아마 모두 그저 흥미진진한 듯 듣는 시늉만 할뿐 실상은 한 귀로 듣고 한 귀로 흘리기에 그 누구도 당신의 이야기에 진지하게 귀를 기울이지 않을 것이다.

화제를 선택할 때는 상대방이 당신의 이야기에 주입당하거나 명령, 혹은 조종을 받는 듯한 느낌을 줘서는 안 된다. 만일 상대방이 그러한 느낌을 받게 되면 당신이 제아무리 심혈을 기울여도 관계를 형성하기가 힘들다. 교류나 소통을 할 때 우리가 가장 먼저 고려해야 할 요소가 바로 화제의 선택이다. 일반적으로 대화를 나눌 때 화제는 가장 직접적으로 상대방의 마음을 편안하게도 또 불편하게도 만든다. 그래서 우수한 영업사원은 상대방을 가장 편안하고 즐겁게 해주는 화제에서부터 대화를 시작한다.

　가장 보편적인 대화방식은 이렇다. 처음 이야기를 꺼내는 사람이 화제를 선택하고, 그다음에는 쌍방 혹은 여러 사람이 그 화제를 중심으로 각자의 의견을 내놓는다. 그리고 다시 천천히 다른 화제로 대화가 옮겨진다. 이때 선택한 화제가 상대방의 관심을 불러일으킨다면 대화는 순조롭게 이뤄진다. 반면에 당신이 부적합한 화제를 선택했다면 상대방의 흥미는 물론이거니와 반응조차도 이끌어내기 힘들어져 대화는 이내 끝나고 말 것이다.

　어떤 모임에서도 환영받지 못하는 일련의 화제가 있다. 자신하고만 관련된 화제, 이야기를 나눌 때 오로지 자신의 생활과 관련된 이야기만 꺼내는 사람이 있다. 그런 사람은 오로지 자기 자신에게만 관심이 있는 매우 이기적이고 자기애*에 빠진 사람이다. 어쩌면 처음에는 모두 그 사람의 이야기에 흥미를 갖고 귀를 기울일 것이다. 그러나 시간이 지나면 이내 흥미를 잃고 피하기 시작한다. 이처럼 자기 이야기만 늘어놓는 사람은 사교 장소에서 환영받지 못한다. 그 누구도 가까이 가려 하지 않기에 외톨이가 되기 십상이다.

　금기시된 화제, 가령 부부관계나 가족 간의 갈등, 숨기고 싶은 지병 등이 있다. 예컨대, 자신의 경제적 상황 등을 남에게 알리고 싶지 않는 사람이 있다. 그들에게는 경제적 상황과 관련된 이야기는 금기다. 스스로 남들의 입방아에 오르내리며 비웃음의 대상이 되고 싶지 않는 이상 그런 이야기를 화제에 올리고 싶어 하지 않는다. 때문에 이때는 상대방의 경제적 상황과 관련된 화제는 피해야 한다. 반면 상대방이 먼저 말을 꺼낸다면 허심탄회하게 귀를 기울이거나 조언을 해주는 것이 좋다.

그밖에도 대화를 지속할 수 없는 형식적인 화제도 있고, 때로는 상대방에게 대꾸할 여지를 주지 않는 말도 있다. 가령 '오늘 날씨 어떻습니까?' 같은 말이다. 만일 당신이 그런 화제를 입에 올린다면 상대방이 딱히 대화를 이어가지 못하는 모습을 보게 될 것이다.

주변 사람들이 당신과 이야기 나누기를 원하지 않을 때는 당시 스스로를 되돌아볼 필요가 있다. 혹시 무슨 말실수를 했는지, 혹은 상대방을 따분하게 만들거나 굳이 언급할 가치가 없는 일들을 화제에 올렸는지 검토해야 한다.

일주일을 기한으로 잡아서 당신이 주위 사람들과 이야기를 나눌 때 화제가 되었던 내용을 기억나는 대로 적어본 뒤 통계를 내보아라. 만일 똑같은 화제가 반복해서 올라왔다면 그 횟수를 기록하라. 그렇게 하면 당신이 선택한 화제의 목록을 만들 수 있다. 그다음에는 반복적으로 입에 올린 화제를 체크한 뒤 당신 자신에게 다음의 질문을 하라.

- 만일 다른 사람이 나에게 이러한 화제로 이야기를 했다면 나는 귀를 기울이겠는가?

• 듣고 싶지 않다면 그 이유는 무엇인가?

그렇다면 사람들과 이야기를 나눌 때 어떠한 화제를 선택해야 할까? 어떻게 하면 상대방이 당신의 이야기에 귀를 기울이고 마음을 열까?

가장 보편적으로 효과적인 화제는 상대방의 고생담에 귀를 기울이며 격려하는 것이다. 만일 잘 모르거나, 혹은 낯선 사람과 교제할 때는 상대방이 무엇을 필요로 하는지를 먼저 이해해야 한다. 상대방 역시 자신이 원하는 것을 말하고자 할 것이다. 이때 가장 좋은 방법은 상대방에게서 그의 인생에서 가장 힘들었던 시기의 이야기를 듣는 것이다. 다시 말해서, 상대방의 지난 과거를 화제로 끌어내야 한다.

부유한 사람이나 혹은 성공한 사람들은 공통된 버릇이 있다. 바로 자신이 어떻게 난관을 헤치고 지금의 자리에 섰는지 고생담을 늘어놓는 것을 즐기는 것이다. 이때는 진지한 청중이 되어 그의 말에 귀를 기울이는 것이 좋다. 때때로 감탄사를 늘어놓고, 엄지손가락을 치켜세우며 이렇게 말해주는 것이다.

"정말 대단합니다, 그 고생을 다하고 지금의 자리에 오른 당신이 참으로 존경스럽습니다."

상대방이 자신의 고생담을 들려줄 때는 그에 대해 자세히 알 수 있는 절호의 기회이기도 하다. 그의 이야기를 통해 그가 어떻게 사업을 시작하고, 또 지금은 어떤 상태에 있는지, 그가 그처럼 고군분투한 목적이 무엇인지, 가족들과의 관계, 가정과 아이들의 현황은 어떠한지에 대해 자세히 알 수 있는 좋은 기회다.

당신은 그의 고생담을 통해 상대방에 대한 자세한 정보를 얻고, 또 그가 어떤 유형의 사람인지 판단할 수 있다. 그러면 상대방과 관계를 돈독하게 할 수 있는 적합한 교류 방식을 찾을 수 있다. 그렇게 해서 심도 있는 대화를 나누다 보면 상대방에 대해 완전히 파악할 수 있을뿐더러, 두 사람 사이의 심리적인 거리를 좁히고, 상호 신뢰의 기반 위에서 감정이입을 할 수 있다. 이것이 바로 인간관계를 성공적으로 만드는 시작이다.

대부분의 사람은 이익으로 사람들의 환심을 사려고 한다. '이로운점'을 제공하여 상대방의 마음을 움직이려고만 할 뿐 상대방을 설득하는 과정에는 소홀하다. 이익 이외의 요소는 무시하기 일쑤다. 인맥경영에서 실패한 사람은 잘 알지 못한다. 비록 이익이 인맥경영에서 매우 중요하며, 사람들은 누구나 인맥을 통해 실질적인 이익을 얻으려고 하지만, 그러기 전에 먼저 따뜻한 정과 이성적인 방식으로 포장해야 한다는 사실을 말이다. 노골적인 이익만으로 상대방의 환심을 사는 것은 사람과 사람의 관계를 실리의 함정 속에 빠뜨리는 것이나 매한가지다.

제2장

성공에 익숙한
그룹으로 들어가라

만일 당신이 자신의 인맥이 형편없다고,
혹은 사업 여건이 여의치 않다고 탄식한다면
스스로를 되돌아보고 그 원인을 찾아보라.
아마 한 가지 사실을 깨닫게 될 것이다.
실력자가 자신에게 무엇을 원하는지를
제대로 파악하지 못해 그들의 기대치에
부응하지 못했다는 사실 말이다. 그것이 바로
당신의 사업이 승승장구하지 못하는 이유다.

1

상대가 필요한 것부터
먼저 갖춰라

사람은 누구나 필요로 하는 것이 있다

사람들은 저마다 흥미를 느끼는 것도, 좋아하는 것도, 싫어하는 것도 제각각이다. 당신이 누군가의 욕구나 흥미를 충족시켜준다면 상대방도 똑같은 방식으로 당신에게 보답할 것이다.

일반적으로 사람은 '감정에 따라 행동'한다. 때문에 당신이 좋은 인맥과의 소통에서 상대방에게 최고의 점수를 얻고 싶다면 반드시 쌍방 간 감정의 교량을 세워야 한다. 상대방이 무엇에 흥미를 느끼는지를 알아내고 그것으로 그 사람의 관심을 이끌어내야 한다. 또한, 남들은 잘 모르는 상대방의 장점을 간파하여 최대한 부각시키며 상대방의 호감을 사고, 그가 원하는 것을 충족시킨 다음에 당신이 필요로 하는 것을 얻어야 한다.

물론 그 반대도 가능하다. 성공한 사람들은 다른 사람의 요구를 쉽게 거절하지 못한다. 그들은 정확한 관찰력과 시의적절한 행동으로 당신이 필요로 하는 것을 채워준다. 그들의 말이나 행동은 당신이 원하는 것을 정확하게 충족시켜줄 것이다. 왜냐하면 성공가들은 사람들이 보통 자신이 좋아하는 방식대로 상대방이 따라주기를 바란다는 것을 잘 알고 있기 때문이다.

당신 역시 조리 있게 설명하며 상대방의 흥미를 끈다면, 상대의 마음을 움직일 수 있다. 상대방은 당신의 건의나 요구사항을 각별하게 여길 뿐만 아니라, 당신을 중요한 인맥자원으로 여기게 될 것이다.

언젠가 나는 여러 명의 인맥을 거친 끝에 내가 찾고 있던 고객과 친분을 만들 기회를 얻었다. 그런데 마지막 관문에서 그만 길이 막히고 말았다. 모든 수단과 방법을 동원했는데도 그 고객과 직접 만날 기회를 만들지 못한 것이다.

이때 나에게 두 가지의 선택이 있었다. 하나는 고객을 포기하는 것이었다. 나와 회사에 큰 이익을 가져다줄 계약을 성사시켜줄 수 있는 고객이지만 지금 상태로는 만나지도 못하고 시간만 낭비하는 꼴이니 일찌감치 포기하는 것이 나을 것 같았다. 또 하나는 계속해서 노력하여 고객을 설득해 계약을 따내는 것이었다.

결국 나는 끝까지 도전하기로 결심했다. 결과가 어떻게 되든 한번 더 도전하고 싶었다. 마침 그때 나는 고객카드에 없는 매우 중요한 정보를 알게 되었다. 그 고객이 최근 들어 꽃을 가꾸는 데 관심이 생겨 전국 각지의 유명한 꽃을 수집한다는 것이었다. 특히나 희귀

품종을 즐겨 수집하고 있었다.

이 정보를 얻게 되었을 때 나는 하늘에서 보물이 떨어진 기분이었다. 나는 즉시 홍콩과 마카오의 화원이란 화원은 모조리 찾아다녔다. 심지어 선전心數과 광저우廣州의 화원도 샅샅이 뒤진 끝에 마침내 희귀종의 군자란을 구할 수 있었다. 그 군자란을 갖고 고객을 찾아가자 그는 크게 기뻐하며 나를 환대했다. 그리고 나는 순조롭게 중요한 계약 한 건을 성사시킬 수 있었다.

상대방이 '좋아하는 것'을 간파하라

상대방이 당신을 좋아하거나, 혹은 호감을 느끼도록 만드는 가장 효과적인 방법은 상대방에게 당신을 이해시키는 것이 아니다. 먼저 그 사람이 좋아하는 것을 간파하고, 그것을 매개로 대화의 화제를 이끌어나가거나 혹은 함께 공유하는 것이다.

고객에게 제품을 홍보하거나 혹은 상사와 소통을 할 때, 아마도 당신은 자신이 하고 싶은 말을 하기보다는 상대방이 듣기 좋아하는 말로 먼저 대화를 시작할 것이다. 그다음에는 당신의 생각을 포장하여 상대방이 듣기 좋은 형식으로 전달할 것이다. 이것은 기본적인 대화의 원칙이기도 하다. 이때 고객이 원하는 것이 무엇인지, 상사가 바라는 것이 무엇인지를 먼저 알아야 한다. 그리고 그들이 '원하는 것'을 매개로 삼아 소통 전략을 짜서 점진적으로 목표를 실현해나가야 한다. 고객을 보자마자 다짜고짜 제품을 홍보한다거나, 혹은 상급

자에게 당신의 요구사항을 늘어놓으며 받아줄 것을 강요해서는 안
된다.

식당 경영에 관심이 많아 목돈을 투자하여 식당을 연 친구가 있었
다. 하지만 그의 식당은 좀체 손님의 관심을 끌지 못해 파리만 날리
기 일쑤였다. 그 때문에 식당 운영이 어려워지자 친구는 나를 찾아
와 좋은 해결책이 없는지 물었다. 무릇 소비자의 심리를 정확히 파
악해야만 장사에 성공할 수 있기에 나는 그에게 심리학 교수를 소개
해주었다.

교수는 친구의 식당을 둘러본 뒤 이렇게 말했다.

"식당 명칭을 '다섯 동그라미 식당'으로 바꾸고, 간판에 동그라미
여섯 개만 그려 넣으면 됩니다."

친구는 영문을 몰라 어리둥절했지만 교수가 시키는 대로 따라 했다.

그로부터 며칠 뒤 이상한 일이 생겼다. 아침에 식당 문이 열리기
도 전에 길을 지나던 사람들이 식당 앞에 삼삼오오 몰려들어 간판을
쳐다보며 수군거리고 있었다. 심지어 유리문 사이로 식당 안을 이리
저리 살펴보는 이도 있었다. 정오가 되어 식당 문이 열리자 밖에서
기다리고 있던 사람들이 앞다퉈 들어왔다. 그들이 목적은 단 하나였
다. 친구에게 간판에 동그라미 하나가 더 그려졌다고 알려주기 위해
서였다.

그들은 득의양양한 표정을 짓고 있었는데, 자신들의 총명함과 뛰
어난 관찰력에 매우 만족스러운 표정이었다. 이때 주방 안에서 먹음
직스러운 음식 냄새가 풍겨나왔다. 그제야 그들은 식당 안의 고급스
럽고 품격 있는 인테리어와 웨이터의 세련된 서비스에 주목하게 되

었고, 들어온 김에 점심식사를 하고 가기로 결정했다.

계산을 하고 식당을 떠날 때는 모두 이렇게 말했다.

"이처럼 근사한 식당이 있다는 것을 왜 예전에는 몰랐지?"

얼마 지나지 않아 식당은 근방에 소문이 퍼지면서 날마다 손님들이 문전성시를 이루는 맛집이 되었다.

심리학 교수는 남의 단점이나 결함을 꼬집기 좋아하는 사람들의 본성에 착안하여 친구에게 그런 제안을 했던 것이다. 일부러 간판을 틀리게 만들어 잘못된 것을 꼬집기 좋아하는 사람들의 심리에 부응함으로써 손님들의 주의를 끌었고, 덕분에 돈을 벌게 된 것이다.

여기서 반드시 주의해야 할 점은, 상대방에게 순수하고 올바른 동기를 부여해서 긍정적인 흥미를 충족시키도록 유도해야 한다는 점이다. 만일 불순한 의도를 가지고 나쁜 쪽으로 유도한다면 결국에는 정반대의 효과를 얻게 된다.

소통을 할 때 상대방이 좋아하는 것을 간파하는 것은 인맥을 개선하거나 혹은 새로운 인맥을 쌓는 데 가장 좋은 윤활제가 된다. 특히 난처한 상황에 처했을 때 상대방이 좋아하는 것을 잘 간파하면 손쉽게 인맥을 쌓거나 혹은 개선할 수 있어서 상대방이 당신의 가치를 인정하고 심리적으로 공감할 수 있게 만들 수 있다.

적절한 사탕발림이 필요하다

대부분의 사람은 남들이 자신을 칭찬해주는 걸 좋아한다. 때문에 인간관계에서 적절한 사탕발림은 필수 요건이라고 할 수 있다. 상대방에게 아첨을 늘어놓으려면 먼저 그 사람이 원하는 것을 알아낸 뒤 그의 장점을 칭찬하고, 그의 '성취'를 인정하고 높이 평가하라. 그러면 상대방의 관심을 받을 수 있고, 호감도 얻을 수 있다.

당신의 상사는 조급하고 괴팍한 성격의 사람일수 있다. 걸핏하면 화를 내서 여차하면 잘못 걸려 호되게 욕을 먹기도 한다. 헌데 우연히 동료를 통해 상사가 문학 애호가라는 정보를 얻었다. 그렇다면 《호밀밭의 파수꾼》혹은《백 년 동안의 고독》과 같은 명작을 화제로 삼아 상사의 허영심과 과시욕을 충족시킬 수 있다.

언젠가 창장실업 그룹에서 행사를 여는데, 당시 영업부 부장이 나의 동료 샤오왕小王에게 행사 기획 책임을 맡겼다. 샤오왕은 자신의 능력을 대외적으로 과시할 수 있는 기회가 생기자 뛸 듯이 기뻐했다. 하지만 다음 날 문제가 생겼다. 샤오왕은 자신의 경험에 비추어 이번 행사를 성공적으로 치르는 것은 그야말로 누워서 떡먹기나 다름없었다. 하지만 한 가지 난제가 있었다. 행사 경비가 턱없이 부족한 것이다.

샤오왕은 나를 찾아와 말했다.

"선배, 어떻게 하면 부장님한테 좀더 많은 경비를 얻어낼 수 있을까요?"

나는 웃으며 말했다.

"글쎄, 꽤나 어려운 문제인데, 부장님이 워낙 구두쇠라서 말이야!"

샤오왕은 한숨을 내쉬며 말했다.

"어려운 문제라는 것을 잘 아니까 선배님을 찾아온 거죠. 평소 부장님은 선배 말을 잘 듣잖아요."

샤오왕은 자신에게 해결책을 제시해줄 인맥으로 나를 찾아왔다. 그는 용건을 꺼내기 전에 나를 추켜세우며 기분을 우쭐하게 만들었다. 나는 그 의도를 훤히 꿰뚫고 있었지만 그의 사탕발림에 기분이 매우 좋아졌다.

"부장님이 골프광이잖아. 그런데 요즘 업무가 바빠서 한동안 골프를 치지 못했어. 그러니까 골프로 공략해봐."

샤오왕은 즉시 주말에 시간을 잡았다. 쥬룽九龍의 한 골프클럽 사장과 절친한 사이였던 샤오왕은 거의 공짜로 라운딩을 예약했을 뿐만 아니라 회원카드도 두 장이나 얻을 수 있었다. 부장은 그날의 라운딩에 크게 만족해했으며, 샤오왕은 예산 부족 문제를 수월하게 해결했다.

적절한 사탕발림에도 몇 가지 주의할 점이 있다. 가령 고객이나 상사의 성적 능력에 찬사를 보내서는 안 된다. 그것은 상대방이 여색을 밝힌다고 비아냥대는 것과 다름없기 때문이다. 또한 사소한 것을 크게 부풀려 찬사를 늘어놔서도 안 된다. 상대방은 자질구레한 것까지 신경 쓰지 않을 테니 말이다. 엉뚱한 것을 사탕발림의 소재로 삼을 경우 정반대의 결과를 얻을 수도 있다는 사실을 잊지 말아야 한다.

상대방을 추켜세우며 비위를 맞추는 것은 상대방의 마음의 벽을 허무는 것이 목표다. 또한 그것은 인간관계를 처리하는 좋은 방법이기도 하다. 만일 당신이 자신의 인맥이 형편없다고 혹은 사업 여건이 여의치 않다고 탄식한다면, 당신 자신을 되돌아보고 그 원인을

찾아보라. 아마 한 가지 사실을 깨닫게 될 것이다. 실력자나 후원자
가 당신에게 무엇을 원하는지를 제대로 파악하지 못해 그들의 기대
에 부응하지 못했다는 사실 말이다. 그것이 바로 당신의 사업이 승
승장구하지 못하는 이유다.

2

진심을 알아차려야 한다

항상 상대방보다 먼저 생각하라

항상 이런 궁리를 해야 한다.

"그는 지금 무슨 생각을 하고 있을까?" 혹은 "그는 지금 무엇을 필요로 할까?"

하지만 그보다 중요한 것은 상대방의 마음을 꿰뚫어 보고 이해할 수 있어야 한다. 그래야만 인맥 앞에 놓인 걸림돌을 없애고 서로의 가치관을 인정할 수 있다. 강자가 당신의 가치관을 인정하게 하는 것은 결코 쉬운 일이 아니다. 하지만 그중에도 비교적 간단하고 직접적인 방법은 그와 함께 정신적인 소통을 이루며 중요한 정보를 얻는 것이다.

'마음의 투시'의 본질은 다음과 같다.

- 상대방의 가치관과 종교, 삶의 목표를 이해하고 인정한다.
- 상대방의 사고방식과 습관, 그리고 인생을 대하는 태도를 명확하게 인식한다.
- 상대방의 내면의 세계로 들어가 그의 인정을 받는다.

대부분의 성공가들은 자신이 무슨 생각을 하고 있는지 남들이 알기를 원한다. "저런 평범한 사람들이 내가 무슨 생각을 하는지 알 리가 없지"라는 자만으로 가득하지만, 그래도 한편으로는 누군가가 자신의 생각을 읽어주기 원한다. 바꿔 말해서, 성공가는 누군가가 자신의 마음을 읽어내면 잠재의식 속에서 자신도 모르게 그 사람을 '자기사람'으로 여긴다.

언젠가 캘리포니아 전기회사의 사장 클레이모어와 함께 골프를 친 적이 있다. 그때 클레이모어는 회사의 영업부 책임자가 지난달에 사직서를 내서 현재 두 후보자 가운데 새로운 담당자를 뽑으려는 중이라고 했다. 영업부는 회사의 흥망성쇠와 직결될 만큼 매우 중요한 데다 고객을 직접 상대하는 부서이기 때문에 고객의 심리를 잘 파악하는 사람이 필요하다고 했다.

"그렇군요, 그럼 사장님께서는 이미 결정을 했습니까?"

내가 묻자 클레이모어는 대답 대신 저만큼 떨어진 곳에 있던 사람을 가리키며 큰 소리로 외쳤다.

"이보게 베이커, 빨리 오게."

후보자 중의 한 명이 베이커였던 것이다. 클레이모어는 부하를 테스트하는 데 내 조언이 필요한 눈치였다.

30미터 정도 떨어진 곳에 있던 베이커가 성큼성큼 걸어왔다. 깔끔한 옷차림에 겸손한 미소를 짓는 모습이 매우 예의바르고 친절해 보였다.

"내 골프채가 고장 나고 말았네, 베이커, 이것 좀 보게. 금이 가지 않았나? 오늘은 내가 여러모로 준비가 부실한 것 같네. 여기 리웨이원 선생에게도 계속 지고 있으니 말이야."

클레이모어가 매우 유감스러운 듯 말하고는 다시 몸을 돌려 나에게 말했다.

"오늘은 날씨도 그다지 좋은 것 같지 않아. 자네도 보게, 금방이라도 비가 올 것 같지 않나?"

나는 웃으며 대답했다.

"제가 잠깐 가서 기상예보 좀 확인하고 오겠습니다. 아침에 집을 나오면서 살펴본다는 것이 깜박 잊고 말았군요."

하지만 실상 지난 며칠 동안 비가 내리지 않았기에 그날도 비가 내릴 것 같지는 않았다. 이때 베이커는 여전히 골프채를 살펴보고 있었다. 그는 한참을 이리저리 살피다 이렇게 말했다.

"사장님, 걱정 마십시오. 골프장에 여러 브랜드의 골프채가 비치되어 있으니 제가 가서 새것으로 가져오겠습니다."

그러고는 캐디에게 손짓을 하더니 10분 뒤에 새로운 골프채를 가져왔다.

그로부터 3일 후 나는 클레이모어에게 전화를 걸어 영업부 책임자를 결정했느냐고 물었다.

"이미 결정했네."

"누구로 결정하셨습니까?"

클레이모어는 잠시 머뭇거리다 이렇게 대답했다.

"베이커는 아닐세."

이미 예측한 결과였다. 사실 그날 베이커를 불러 골프채와 날씨 이야기를 꺼낸 클레이모어의 속마음은 이랬다. 날씨는 핑계일 뿐 골프를 그만 치고 회사로 돌아가 업무나 처리해야겠다는 의미였다. 그런데 베이커는 골프채에 문제가 생겼다는 말만 들었을 뿐 날씨 이야기는 흘려들어 사장의 속마음을 알아채지 못했다. 이로 말미암아 사장의 마음도 제대로 읽어내지 못하는 눈치 없고 아둔한 부하직원이라는 인상을 심어주게 된 것이다.

만일 베이커가 사장이 아닌 고객을 응대하는 상황이었다면 어땠을까? 아마도 영업부 책임자로서는 절대로 범해서는 안 될 큰 실수를 저지르는 셈이 되었을 것이다.

상대방의 마음을 읽어낸다는 것은, 겉으로 드러나지 않는 속마음을 깨닫고 실제 의도를 파악하는 것이다. 이러한 소통 방식은 상대방의 마음을 헤아린 뒤 자신의 행동으로 협조를 제공함으로써 당신의 가치를 보여주는 것이다. 하지만 안타깝게도 대다수 사람들은 이 방면의 능력이 부족하다. 우리는 항상 자신의 입장이나 관점에서 상대방을 판단하는 반면에, 상대방의 입장에서 생각하고 그 사람의 진정한 의도를 헤아리는 것이 얼마나 중요한지를 잘 모른다.

상대방의 마음을 헤아려주는 친구가 되라

우리는 상대방의 마음을 잘 투시해야 할 뿐만 아니라, 상대방이 당신의 마음을 읽어내는 것도 잘 받아들일 수 있어야 한다. 다른 사람에게 정곡을 찌르는 날카로운 의견을 제시하거나, 그 사람의 의도를 명확하게 파악하는 것도 매우 중요하다. 하지만 동시에 다른 사람이 당신의 마음을 읽어내고 그와 같은 의견을 제시해줄 때도 이를 잘 수긍하고 서로 이해하며 지지할 수 있어야 한다.

상대방의 마음을 잘 읽고 매번 그의 의도에 맞게 일을 한다면, 당신은 쉽게 목적을 달성할 수 있다. '후원자'는 성심성의껏 당신을 위해 목표 조건에 부합되는 인물을 찾아주거나, 혹은 그 사람과 가까워질 수 있도록 도와준다. 가령 그 사람의 인맥 중에 당신의 목표 조건에 부합하는 사람이 두 명 있다면, 그는 보다 우수한 사람을 당신에게 소개해줄 것이다.

반면에 당신이 상대방의 마음을 잘 헤아리지 못하고 매번 상대의 의도와는 어긋나게 일을 처리한다고 가정해보자. 당신이 제아무리 심혈을 기울여도 시간만 낭비하는 일이 되고 말 것이다. 심지어 인맥을 넓힐 수 있는 기회마저 잃어버리게 된다.

오늘날 서비스업은 고객의 마음을 헤아리는 데 특별히 주의를 기울인다. 이는 인맥을 경영하는 방법과도 동일하다. 고객의 마음을 꿰뚫어보고 그가 어떤 제품을 좋아할지, 어떤 종류의 브랜드나 스타일의 옷을 선호하는지 파악해야만 고객의 수요를 충족시킬 수 있다.

상대의 의도를 먼저 파악하라

직장생활에서 우리의 가장 큰 인맥 목표는 바로 상사다. 바꿔 말해서, 상사는 당신 인생의 가장 중요한 인맥이다. 때문에 인맥경영에서 당신은 상사로부터 인정받고 관심받는 데 가장 큰 노력을 기울여야 한다. 그러기 위해서는 언제나 상사의 의도를 미리 파악하는 것이 중요하다.

상사의 동작 하나 말 한마디에는 대량의 유용한 정보가 담겨 있다. 상사의 사소한 동작 하나만으로도 그가 무슨 생각을 하고 있는지, 무엇을 원하는지를 예측하고 신속하게 그다음 행동을 위한 준비를 해야 한다.

탁월한 능력을 가진 상사는 똑같은 지시를 반복하며 시간을 낭비하지 않는다. 만일 그러한 특성을 이해하고 제때에 즉시 상사의 의도를 파악한다면 그것은 곧 당신이 매우 과감하고 뛰어난 부하직원이라는 사실을 의미한다. 당신은 상사로부터 호감을 얻게 되는 것은 물론, 매우 좋은 인맥을 확보할 수 있다.

싱가포르에 있을 때 회사 영업부 팀장이었던 커珂 선생이 그의 부하직원에게 영업부의 전년도 업무에 대한 총괄 보고서를 작성하라고 지시했다. 더불어 이렇게 당부했다.

"자세하게 작성해주면 좋겠네."

그녀는 수주일 만에 전년도 업무 보고서를 상세하게 작성하여 제출했다.

그러나 커 선생은 무려 1만 자에 달하는 보고서를 보고 고개를 흔들며 불만의 뜻을 표했다.

커 선생의 의도는 무엇이었을까? 그는 지난 1년 동안의 영업 실적을 총괄적으로 정리하라는 뜻이었지, 1년치 영업 관련 데이터를 모조리 뽑아서 작성하라는 뜻이 아니었다. 그런데 그녀는 상사의 의도를 정확히 파악하지 못한데다, 평소 상사의 업무 스타일도 제대로 파악하지 못했다. 그 결과 그녀는 지난 1년 동안 상사가 몇 차례 회의를 열었고, 또 출장은 몇 번 다녀왔는지, 그리고 고객들을 몇 차례 접대했는지 등등 자질구레한 일들까지 모조리 데이터를 뽑아서 보고서를 작성한 것이다.

그렇게 작성된 보고서를 보고 커 선생은 쓴웃음을 지으며 자신이 다시 보고서를 작성할 수밖에 없었다.

이와 같은 실수는 여느 회사의 직원들이 종종 저지르는 일이다. 사실 그녀는 상사의 의도를 파악할 마음도 없었으며, 사전에 판단하고 예측하는 능력도 떨어졌다. 그저 상사의 지시를 기계적으로 이해하고 실행할 뿐이었다.

상사를 대하는 데서 그의 마음을 이해하고 생각을 파악하는 일은 매우 중요하다. 상사의 배 속에 있는 회충이 되라는 말이 아니다. 최소한 상사가 무슨 생각을 하고 있는지, 무엇을 필요로 하는지를 사전에 예측할 수 있어야 한다는 뜻이다. 그렇지 않으면 당신은 상사의 신뢰를 받는 부하직원이 될 수 없다.

상사의 의도를 제대로 파악하려면 그가 지시를 내렸을 때, 만일 그 의도를 제대로 파악하기 힘들거나 혹은 실수를 하고 싶지 않다면 상사에게 다시금 정확히 확인해야 한다. 지나치게 조심스러워하며 상사의 지시를 확인하는 것을 꺼리다 모호하게 일을 처리해서는 안 된다. 잘못된 일처리는 제아무리 신속해도 결국에는 잘못된 결과를 가져와 당신만 곤란해질 뿐이다.

상사가 지시를 내릴 때 여러 번 반복해서 강조해야만 당신이 이해하고 깨닫는다면 당신은 상사에게 매우 나쁜 인상을 심어주게 된다. 상사가 부하직원에게 원하는 가장 기본적인 요구 조건은 바로 자신의 의도대로 신속하게 일을 처리하는 것이다. 상사의 생각을 미리 읽고, 지시가 내려졌을 때 규정된 시간 안에 최상의 품질로 임무를 완성할 수 있는 능력이 있어야 한다.

그러한 능력을 보여주지 못하면, 당신이 상사를 통해 특정 인물과 인맥을 맺거나 혹은 특정 사안을 해결하려고 할 때 도와주지 않는다. 겉으로는 도움을 주지 못해 미안해하는 표정을 짓고 있을 테지만, 마음속으로는 "꼴도 보기 싫으니 당장에 내 눈 앞에서 사라져"라고 외치고 있을 것이다.

3

망설이지 말고
자신의 속내를 표현하라

망설임은 단지 시간 낭비일 뿐이다

심리학적 관점에서 보면, 소통을 하는 과정에서 자신의 의견을 과감하게 표현함으로써 우리는 심리적 반작용을 겪게 된다. 즉, 우리가 약세 혹은 곤경에 처했을 때 스스로를 격려하는 과정에서 긍정적인 심리가 부정적인 마음을 대체하는 것이다.

사람은 누구나 자존심과 허영심을 지니고 있으며 남과의 승부를 즐긴다. 하지만 모종의 원인으로 긍정적인 심리가 억눌려지고 이로 말미암아 열등감에 휩싸여 진취성을 잃게 된다.

그러한 상태에 놓이면 인간관계에 많은 어려움을 겪을 수밖에 없다. 즉 당신이 소통할 때 심각한 자신감 부족 상태에 빠진다. "내가 저 사람을 잘 설득할 수 있을까?" 그리고 더 나아가서는 자신의 능력에 대한 의구심에 시달리게 된다. "나는 무능력하고 그 어떤 일도 제대로 하는 것이 없다", "제아무리 노력을 해도 결국 내 힘으로 해결할 수 있는 것은 없다"라고 여기게 되는 것이다.

소극적인 정서에 휩싸였을 때는 자신감을 불러일으켜 잠재력을 발휘해야 한다. 스스로를 격려하여 표현할 수 있는 용기를 끌어내야 한다. 일단 용감하게 표현하고 나면 그다음에는 표현할 내용을 만들어야 한다. 이것이 바로 강자의 마음을 움직일 수 있는 관건이 된다.

물론 당신이 과감하게 의견을 표현했을 때 항상 좋은 결과를 얻는 것도 아니고, 때로는 당신이 원하던 것과 정반대의 상황을 만들 수도 있다. 그러나 용감하게 표현하며 합리적인 요구를 했을 때 분명 긍정적인 결과를 얻게 될 것이다. 당신은 그 결과에서 교훈과 경험을 얻을 수 있다. 그다음에 유사한 상황이 생겼을 때는 좀더 능숙하게 대처할 수 있는 여유가 생긴다.

언젠가 태국의 고객 저쿤 씨를 만난 적이 있다. 당시 창장그룹은 방콕 최대의 유통사인 저쿤 씨의 회사를 통해 태국시장에 진출할 계획을 세우고 있었다. 그는 매우 영악한 사업가로서, 변덕쟁이인데다 원칙도 없고 그저 돈만 밝히는 사람이었다.

당시 나는 그의 성격을 정확히 파악하지도 못했고, 또 그가 나에게 어떤 반응을 보일지도 알 수 없었기에 어떻게 말을 꺼내야 할지 매우 난감했다. 그렇게 망설이는 동안 나는 수차례 기회를 놓쳤고, 하마터면 사업 협력 제안조차 못할 뻔했다. 처음 몇 차례 그와 인사를 나눴을 때 나는 날씨와 여행 이야기 외에는 그 어떤 가치 있는 대화도 나누지 못했다.

저쿤 씨는 여유롭기 그지없었지만 나는 걱정에 휩싸인 채 초조함에 가슴이 타들어가는 듯했다. 시간은 자꾸 흘러가는데 어떻게 손을 쓸 방법이 없었다.

이대로 그에게 사업 이야기를 꺼내지 못하면 나는 빈손으로 돌아가 회사 사람들에게 내가 '실패자'라는 사실을 털어놓을 수밖에 없었다. 방콕의 호텔 로비에서 나는 연거푸 담배 네 개비를 피우며 한참을 망설인 끝에 용기를 내 저쿤 씨에게 전화를 걸었다. 이번에는 더 이상 망설이지 않고 단도직입적으로 그에게 사업에 관한 이야기를 나누고 싶으니 시간을 내달라고 요청했다.

저쿤 씨는 담담한 어조로 대답했다.

"좋소, 그럼 내 회사로 오시오."

저쿤 씨는 처음부터 내가 찾아온 의도를 알고 있었고, 내가 사업 이야기를 꺼내기 기다리고 있었다. 그런데 나는 지레 겁을 먹고 여러 날 동안 시간만 허비하며 말을 꺼내지 못했던 것이다.

나는 택시를 타고 서둘러 약속 장소로 갔다. 마침내 그와 마주앉은 나는 형식적인 인사치레는 모두 생략했다. 더 이상 나에게 남은 시간이 없었기 때문이다. 나는 회사의 희망사항과 함께 최고의 조건을 제시했다. 나의 유일한 바람은 그가 최대한 빠른 시일 내에 확답을 주는 것이었다. 아니, 솔직히 말하면 그 자리에서 확답을 주기를 바랐다.

"지금 말입니까?"

저쿤은 눈을 내리깐 채 생각에 잠겼다. 이는 통상적인 사업상 관례에도 어긋난 요구였으니 못내 난감했을 것이다.

"한 시간 동안의 생각할 여유조차 줄 수 없나요?"

"정말 죄송합니다. 하지만 1분이라도 빨리 확답을 주십시오. 그렇지 않으면 저는 홍콩으로 돌아가 사직서를 내고 다른 사람을 다시 보내 저쿤 씨와 협상을 하도록 요청할 수밖에 없습니다. 그렇게 되면 저쿤 씨도 또다시 많은 시간을 낭비하게 될 겁니다."

그는 수심에 찬 표정으로 입을 굳게 다물었다. 나는 이처럼 심각한 고민에 빠진 CEO의 모습을 본 적이 없었다. 그는 마치 주가가 폭락하여 투자금을 모두 날리고 집에 있는 아내에게 어떻게 설명을 해야 할지 몰라 울상에 빠진 투자자처럼 보였다. 그렇게 1분이 지나자 그는 결심을 한 듯 탁자를 치며 말했다.

"좋소, 당신 회사의 조건을 받아들이겠소. 계약서나 준비하시오."

모든 계약을 끝내고 그의 사무실을 나오기까지는 불과 30분밖에 걸리지 않았다. 나 자신조차도 그저 어리둥절하기만 했다.

이처럼 간단한 일을 나는 왜 지난 며칠 동안 고민만 하며 망설이고 있었던 걸까? 정말이지 어리석은 겁쟁이었다"

언젠가 당신의 '인맥 목표'에게 용건을 꺼내지 못해 망설이고 또 그로 인해 절망을 느끼게 된다면, 나는 이렇게 조언해주고 싶다. 아마 당신은 그 용건을 말하고 결과를 얻는 일을 너무 어렵게 생각하고 있는 것일지도 모른다. 당신은 스스로 도저히 넘을 수 없는 허구의 장벽을 만들어놓고, 무의식적으로 자신은 저 장벽을 넘을 수 없다고 스스로에게 말하고 있는 것이나 다름없다. 실상 그러한 행동은 사업상의 기회를 놓치는 자살행위나 다름없다. 당신이 용기를 내서 합리적으로 설명할 수만 있다면 해결책은 생기기 마련이다.

요구할 일이 있으면 과감하게 말을 꺼내면 된다. 그 결과가 어떻게 되든 할 수 있는 데까지 최선을 다하면 되는 것이다.

이처럼 표현할 수 있는 용기를 내려면 당신의 결단력이 필요하다.

- 무의미한 망설임으로 시간을 낭비하면 안 된다.
- 당신의 판단력과 진심 어린 소통 능력을 믿어라.
- 발생 가능한 위기 및 예측할 수 없는 결과를 받아들일 마음의 준비를 해야 한다.

표현하는 내용을 선택하는 데는 그 사람의 논리력과 가치관이 반영된다.

- 표현하는 내용은 우선적으로 고려해야 할 문제로, 용기 이외에도 소통과 표현력이 필요하다.
- 내용을 표현하는 순서와 소통 방법을 선택하는 데는 그 사람의 가치관이 반영된다.
- 사전 준비가 매우 중요하다. 무모한 용기와 적절하지 못한 내용은 당신의 표현을 무가치하게 만든다. 이 과정에서 실수를 저지르면 십중팔구 거절을 당하거나 혹은 협상에서 난관에 부딪치기 십상이다.

4

자연스럽게 상대방의
이해를 얻는 법

자신을 보여주는 정확한 방법

'이해를 구하는 것'은 다른 사람과 소통 루트를 만드는 데 매우 필수적인 요소다. 사람과 사람의 관계에는 감정 이입의 비교가 필요하다. 당신뿐만 아니라 상대방도 당신에 대해 감정 이입을 할 수 있어야만 당신을 이해하고, 또 당신이 맞닥뜨린 문제를 발 벗고 나서서 도와줄 수 있다.

공공관계학에서 만일 자신의 처지와 상대방을 상대적으로 비교하여 상대방이 명확한 결과를 인지하게 됐을 때, 그 사람으로부터 필요한 동정심을 얻을 수 있다. 동시에 우리는 상대방이 난제에 직면했을 때 자신의 '업무 처리 능력'을 재빨리 발휘하여 상대방에게 당신의 존재감을 과시할 수 있다. 이는 당신이 단순히 성의를 보이는 것보다 더 큰 효과를 얻을 수 있다.

뛰어난 영업사원은 보다 많은 인센티브를 얻기 위해 당신에게 상품을 홍보한다. 이때 우리는 다른 브랜드의 동종 상품과 비교하여 마지막에 자신에게 수지타산이 맞는 제품을 구매하게 된다.

좋은 인맥을 쌓는 전략은 반드시 인맥경영에 조예가 깊거나, 혹은 심도 있는 연구를 해야만 짧은 시간에 간단한 방식으로 자신의 후원자를 찾을 수 있는 것이 아니다. 능숙하고 조리 있는 말솜씨로 상대방에게 깊은 인상을 심어주고 당신에게 호감을 가질 수 있도록 하여 인맥을 쌓는 것이다.

그러려면 우리는 두 가지 중요한 소질이 필요하다.

• 강력한 문제 해결 능력
• 격식있는 소통과 상호 이해

당신은 남들보다 뛰어난 견해와 아이디어를 가지고 있을 것이다. 남들이 문제를 해결하지 못해 골치를 썩고 있을 때, 당신은 이미 사물의 본질을 파악했다면, 당사자에게 어떻게 알려주겠는가? 여기에는 양호한 의지와 태도, 그리고 합리적인 방법이 필요하다. 당신은 선택 가능한 기회와 전망을 한데 결합하여 여러 가지 방안을 만들어내고, 이를 체계적으로 분석하여 당신이 생각해낸 방법과 의견을 적절하게 표현해야 한다. 그래서 상대방이 그중에 가장 좋은 방법을 선택하게 한다면 상대방으로부터 호감을 얻고 존재감도 과시할 수 있다.

효과적인 선택

당신이 반드시 기억해야 할 점은, 일부 인맥은 당신에게 정말로 이롭지 않을 수 있다는 사실이다. 과분하게 이득이 되는 인맥에는 종종 '위험'이 내재되어 있기 마련이다. 때문에 두 눈을 부릅뜨고 당신이 받아들일 수 있는 인맥을 판별해야 한다. 겉보기에는 '미래 전망'이 좋지만 그 이면에 위험이 도사리고 있는 인맥은 반드시 피해야 한다.

인맥은 당신을 천국으로 데려가기도 하지만 지옥으로 떨어뜨릴 수도 있다. 단숨에 당신을 출세시킬 수 있는 인맥이 있다고 가정해 보자. 예컨대 전화 한 통만으로도 오바마와 저녁식사를 할 수 있는 인맥이 있지만 정작 당신이 오바마와 저녁식사를 할 만한 가치가 있는 사람이 아니라면, 그러한 인맥은 신뢰할 수 없다.

작년 4월에 뉴욕으로 출장을 갔을 때 나는 우연히 호텔에서 우吳 선생을 알게 되었다. 그는 인맥으로 인해 큰 낭패를 겪은 이야기를 들려줬다.

우 선생은 저장성浙江省에서 작은 미술품 회사를 운영하면서 해마다 대량의 그림을 제작하여 국외로 팔고 있었다. 물론 중국 내시장에서도 판매 루트를 확장할 기회가 있었지만, 지난 수년 동안 그는 주로 일본과 한국에 물품을 판매했다. 이처럼 실제적으로 대외 의존도가 높은 무역회사였기에 일단 수출에 타격을 입게 되면 그의 회사는 심각한 곤경에 빠지기 쉬웠다.

우 선생은 그 문제로 꽤나 골치를 썩고 있었다. 그는 중국 내 유통사를 통해 판매 루트를 확보하기 위해 이리저리 방법을 찾으려고 애썼다. 하지만 워낙 시장 경쟁이 과열되어 그에게는 판매 루트를 찾을 기회조차 없었다.

그러던 어느 날, 우 선생은 베이징으로 여행을 갔다가 친구의 소개로 자칭 '당 고위 간부의 아들'이라는 추(楚)씨라는 청년을 알게 되었다. 추씨는 우 선생의 제품을 국내에 판매할 판로를 확보할 수 있는 능력과 인맥이 있다고 과시했다. 우 선생은 그야말로 하늘에서 보물이 떨어진 기분이었다. 남들은 얻기 힘든 소중한 '후원자'를 만났다는 생각에 베이징에서 머무는 동안 추씨를 성대하게 접대했다. 뿐만 아니라 저장성으로 돌아와서는 추씨에게 선물하려고 아파트 한 채까지 사들였다. 국내시장의 판로를 뚫기 위해서는 추씨와 장기적으로 돈독한 관계를 유지할 필요가 있었기에 그깟 아파트 한 채쯤은 대수롭지 않다고 여겼던 것이다.

그로부터 얼마 지나지 않아 과연 추씨에게 아낌없이 돈을 쏟아부은 효과가 나타났다. 우 선생은 추씨의 소개를 받아 그의 제품을 전국 각지로 판매할 수 있었다. 첫 3개월 동안 판매액이 무려 190퍼센트까지 상승할 만큼 성공적이었다. 우 선생은 그야말로 하늘의 보살핌으로 추씨라는 훌륭한 인맥을 얻게 된 것 같아 날아오를 듯 기분이 좋았다. 우 선생은 당장에 장만해뒀던 아파트 열쇠를 추씨에게 건네며 감사의 뜻을 전했다. 추씨는 사양하지 않고 당연하다는 듯이를 받아들였다.

우 선생의 회사 판매액이 나날이 상승할 무렵, 뜻밖의 악재가 날아왔다. 추씨가 금융범죄에 연루되어 여러 명의 정부 고위 관리와 함께 체포된 것이다. 설상가상 추씨가 받은 뇌물 명단과 물품 목록에 우 선생이 선물한 아파트까지 포함되어 있었다. 이 일로 우 선생의 회사는 거의 파산 직전까지 몰리고 말았다. 비록 나중에 제품의 판매 루트를 소개받는 대가로 선물한 아파트에 불과했다는 사실이 밝혀졌지만, 그의 회사는 악화일로로 치닫게 되었다. 모두 그의 회사 제품을 기피했기 때문이다.

이와 유사한 사건은 중국 내에서도 부지기수다. 이는 만일 당신이 사안의 본질을 제대로 파악하지 못하고, 또 사람의 마음 그리고 '사람들의 교류 목적'에 대해 정확한 판단을 하지 못할 경우 잘못된 선택을 할 수 있다는 것을 설명해주고 있다. 그렇게 되면 기회는 곧 예측 불가능한 위험으로 변할 수 있고, 그로 말미암아 다른 좋은 선택 가능성을 잃게 되어 인맥에 큰 손실을 입을 뿐만 아니라, 헤어나올 수 없는 늪에 빠지게 된다.

인맥은 당신에게 서로 다른 두 개의 문을 열어준다.

일부 인맥을 보면 겉으로는 열정으로 똘똘 뭉쳐 있지만 그 이면에는 돈과 권력이 얽혀 있는 경우가 있다. 그들은 파렴치한 자본으로 자신을 포장하고 거짓된 언행과 겉모습으로 당신과 교류한다. 거짓으로 당신을 따르며 자신의 이익을 최대화하려고 한다. 때문에 그들이 말하는 인맥의 개념이나 응용은 모두가 이익에 기반을 두고 있다.

우리는 상대방이 진심으로 당신과 교류를 원하는지, 쌍방이 진정으로 필요한 우정을 주고받을 수 있는지를 명확하게 파악해야 한다.

제3장

성공의 세력을
확장하라

평소에 감정적 투자를 아끼지 않고,
후원자들을 인맥그룹으로 끌어들여 함께
자원을 공유하고, 우정을 쌓을 수 있다면,
당신의 사업은 순조롭게 추진력을 갖출 수 있다.

1

지식인이 당신을 돕게 만들어라

목적으로 삼은 인맥에 속하라

성공으로 향하는 길에서 인맥은 능력보다 중요하다. 당신이 어떤 인맥그룹을 갖고 있느냐는 당신이 어떤 회사에 다니느냐보다 더 중요하다.

때문에 인맥자원을 확대하는 것은 당신의 생활에서 최우선으로 고려해야 할 일이며, 동시에 당신을 도와주기를 원하는 사람들을 반드시 찾아야 한다. 왜냐하면 그들은 당신의 '싱크탱크'가 돼줄 테니 말이다.

억만장자가 부를 쌓아가는 과정을 보면서 아마 모두가 충분히 확인했을 것이다. 그들이 성공할 수 있었던 이유는 단순히 그들에게 천재적인 구상이나 강력한 의지가 있었기 때문만은 아니다. 그보다 중요한 것은 그들이 처음부터 남들보다 쉽게 성공할 수 있는 고급 인맥그룹에 속해 있었기 때문이다. 그들보다 한 발 앞서 성공한 사람들이 흔쾌히 나서서 도와줬기 때문에 손쉽게 성공할 수 있었던 것이다. 이것이 바로 '성공의 실제 모습'이고, 또 이 세상의 성공가 그룹에서는 흔히 볼 수 있는 보편적 현상이다!

홍콩의 어느 잡지사가 직장인들을 대상으로 설문조사를 한 적이 있다. 그 결과 응답자 중에 70퍼센트가 지인의 추천을 받은 경험이 있다고 대답했다. 또한 연령대가 높을수록 추천을 받은 비율이 높았다. 특히 50세 이상의 응답자들은 대다수가 역경에 처했을 때 지인의 도움을 받아 문제를 해결하거나, 혹은 그들 덕분에 기회를 잡아 성공한 사람이 많았다.

이들 응답자 중에서 중간급 관리자 이상은 90퍼센트 이상이 후원자의 추천을 받았다. 그리고 창업자들은 100퍼센트가 지인의 도움을 받았다는 믿기지 않는 결과도 나왔다.

억만장자가 되고 싶다면 먼저
억만장자와 교류하라

역사로 보나 현실생활에서 보나 여러 성공가들의 배후에는 그들에게 아낌없는 도움을 베풀어주는 한 명 혹은 여러 명의 거대한 능력을 가진 사람들이 있다. 이들은 경험의 보물창고를 활짝 열어 인맥과 자금을 제공한다. 설사 격려의 말 한마디라도 마치 황제가 하사한 것처럼 막강한 영향력을 발휘한다. 하지만 이러한 것들은 갑자기 하늘에서 떨어진 '행운'이 아니다. 이미 성공가들과 같은 인맥그룹을 형성하고 있었기 때문이다.

이처럼 성공가들은 뒤에서 밀어주며 아낌없는 도움을 준다. 그들은 때로 기회를 주기도 하고, 때로는 직접적으로 자금이나 지원을 베풀어 수많은 다른 경쟁자보다 훨씬 빨리, 수월하게 성공할 수 있게 돕는다. 심지어 자신에게 기회와 도움을 준 성공가들보다 더 큰 성공을 거두기도 한다. 이들은 말을 탈 때 누군가 부축해주고, 또 말에서 떨어지면 누군가 일으켜 세워주며, 물에 빠졌을 때는 구명조끼를 던져준다.

펀중미디어分衆傳媒의 이사장 장난춘은 승강기 안에서 우연히 자신에게 행운을 가져다줄 후원자를 만났다. 그는 지난 10년 동안 모은 돈을 모조리 쏟아부어 최고급 오피스빌딩에 2,000만 위안에 달하는 액정 광고판을 설치했지만, 광고를 의뢰하는 광고주가 나타나지 않았다. 회사의 지출은 끊임없이 늘어나는데 수익금이 없어 장난춘은 심각한 자금난에 시달렸다. 이때 같은 건물에 사무실이 있던 소프트뱅크의 상하이 사무소 수석대표 위웨이余蔚가 장난춘에게 관심을 가졌다.

일련의 전문적인 검토를 끝낸 뒤 불과 일주일도 되지 않아 장난춘은 50만 달러의 투자금을 받을 수 있었다. 훗날 그가 유치했던 수천만 달러의 투자금에 비하면 새 발의 피에 불과한 돈이었지만, 당시 파산을 눈앞에 둔 장난춘에게 50만 달러는 회사를 기사회생시켜준

소중한 자금이었다.

워런 버핏이 치밀한 계획 아래 정계와 비즈니스계의 인맥을 쌓은 것과는 달리 장난춘의 후원자는 그야말로 하늘에서 내려온 보물 같았다. 하지만 실상 내막을 보면 그렇지 않다. 위웨이는 이미 오래전부터 근면 성실한 장난춘을 눈여겨보고 있었다. 위웨이의 눈에 비친 광고회사의 젊은 사장 장난춘은 주말도 없이 날마다 아침 8시에 출근해서 밤 12시에 퇴근했다. 승강기에서 간혹 마주칠 때면 항상 노트북과 기획서를 들고 있었다.

무릇 기회는 준비된 자에게만 찾아오는 법이다. 억만장자가 되고 싶다면 억만장자가 될 준비를 하고 있어야 한다. 당신이 깨어 있는 매 1분, 매 1초까지 끌어 모아 주변 사람 한 명도 빼놓지 말고 모두에게 선의를 베풀어야 한다. 직장의 상사, 친구, 학우, 선생님, 고객은 물론, 심지어 길에서 마주치는 낯선 사람들 모두 미래의 어느 순간에 당신에게 행운을 가져다주는 천사가 될 수 있다. 미래에 대한 포부를 갖고 하루하루를 성실히 살아간다면 주변의 평범한 사람들 속에서 당신의 천사를 찾을 수 있다.

사람은 누구나 꿈을 갖고 있다. 크게는 성공한 사람부터 작게는 아침 아홉 시부터 오후 다섯 시까지 일하는 평범한 직장인에 이르기까지 우리는 누구나 꿈의 '포로'다. 꿈이 있다는 것은 물론 아주 좋은 일이다. 그러나 정확한 이상이 있다고 해서 그것이 미래의 삶을 위한 '필연적이 성공'의 표식을 의미하는 것은 아니다.

자신의 꿈을 조금이라도 빨리 현실로 만들고 싶다면 중요한 인맥의 도움이 반드시 필요하다. 한 사람의 힘으로는 한계가 있다. 꿈을 이루려면 많은 노력을 기울여야 하고, 또 숱한 고난을 겪어야 한다. 그리고 그중에 필연적인 한 걸음이 필요한데, 바로 다른 사람의 도움을 받는 것이다.

당신이 성공을 향해 첫 걸음을 내딛었을 때 천사가 도움을 준다면 그 이후의 길은 상대적으로 평탄하여 훨씬 나아가기가 수월하다. 특히 능력자들이 당신을 위해 계획을 세워주고, 근심거리를 해결해주어 한층 자신감을 갖고 성공의 길을 헤쳐나갈 수 있다. 어두컴컴한 밤중에 손전등 하나만을 갖고 길을 나서도 당신은 남들보다 훨씬 빨리 올바른 길을 찾아내 무사히 목적지에 도달할 수 있다.

기업가와 싱크탱크는
어떻게 화학작용을 일으키는 걸까

나는 중국의 한 회사 CEO에게 이런 질문을 한 적이 있다.

"당신은 사업상 조언을 해줄 자문단이 있습니까?"

그는 순간 눈을 휘둥그렇게 뜨며 이상하다는 듯 반문했다.

"회사 일도 그다지 할 일이 없는데, 자문단이 무슨 필요가 있습니까? 문제가 생기면 내가 처리하면 되지 뭣 하러 그 사람들이 시키는 대로 합니까?"

그는 패션 회사를 운영하고 있었다. 주장珠江 삼각주에 본사가 있고, 지방에 일곱 개의 공장이 있었다. 얼핏 보면 매우 단순한 사업이었다. 옷을 만들어서 컨테이너에 싣고 세계 각지로 보내서 가격 이점을 내세워 시장을 장악한 덕분에 매년 안정적으로 사업을 꾸려가고 있었다.

"국제시장의 현황을 분석하거나 회사 구조조정을 단행하는 데 전문적인 자문이나 계획이 필요 없단 말입니까?"

"필요 없어요."

그는 자신에 가득 찬 어조로 단호하게 대답했다.

그 때문에 2, 3년 전부터 정부의 정책에 따라 진행된 산업 구조조정이 시작되었을 때 산업 전환에 필요한 준비를 미처 하지 못한 그는 속수무책일 수밖에 없었다. 결국 일곱 개의 공장 중에 다섯 개가 문을 닫았고, 영업수익은 기존의 30퍼센트 이하로 떨어졌다. 이윤은 커녕 대출금으로 하루하루를 버티는 처지가 되었다. 이러한 변화는 삽시간에 벌어졌다. 그가 정신을 차리기도 전에 20여 년간 꾸려온 회사는 파산하고 말았다.

만일 그에게 앞으로의 변화를 예측하고 사전에 경고를 해줄 '싱크탱크'가 있었다면, 결과는 크게 달라졌을 것이다! 하지만 그는 전문가 출신의 자문단은커녕 그와 관련한 분야의 친구조차 없었다. 그의 주변에는 그저 그에게 빌붙어 유흥이나 즐기는 술친구가 전부였다.

기업가에게 '싱크탱크'는 지적 후원자 혹은 브레인 역할을 한다. 이는 자문단일수도 있고, 혹은 전문적인 기관일수도 있다. 이들은 '지혜'의 귀인이다. 각 학과의 전문가들을 한데 모아 그들의 지혜와 재능을 이용하여 기업 발전에 가장 좋은 방안 혹은 최적의 방안을 제공받는 것이다.

고효율적이고 전문성이 뛰어난 싱크탱크를 운영하는 것은 현대

관리자의 시스템에서 없어서는 안 될 중요한 구성 요소다.

이러한 싱크탱크의 주요 임무는 다음과 같다.

- **자문을 제공한다.** 정책 결정자를 위해 좋은 전략을 알려주고, 각종 효과적인 방안을 제안한다.
- **정보에 대한 피드백을 제공한다.** 실시 방안에 대한 추적조사, 연구를 통해 얻어낸 결과를 정책 결정자에게 알려준다.
- **평가를 진행한다.** 현황에 근거하여 문제의 원인을 연구하고 해결 방법을 찾아낸다.
- **미래를 예측한다.** 각기 다른 관점에서 다양한 방법을 이용하여 정책 결정자가 참고할 수 있도록 각종 예측 방안을 내놓는다.

이것은 성공한 기업가와 위대한 인물들이 인맥을 쌓고 이용하는 중요한 방식이며, 전문적이고 제도화된 일종의 추세다. 미국에서는 기업가의 99퍼센트가 각기 다른 형식의 싱크탱크와 자문단을 보유하고 있다. 이들은 기업가들 뒤에 숨어서 일선에 나서지 않지만, 그들이 진행하는 업무와 또 그들이 제공하는 참고 방안은 그들의 고용주가 기사회생하여 위기를 헤쳐나가는 데 중요한 역할을 한다. 동아시아와 일본, 한국의 재벌들, 그리고 중국의 신흥 대기업들은 이러한 방식을 통해 산업을 배치하고 새로운 시장을 개척한다.

미국 '철강왕' 카네기는 이런 말을 했다.

"나의 모든 공장, 설비, 시장, 자금 모두를 빼앗아가더라도 직원들만 남겨준다면 나는 4년 뒤에도 여전히 철강왕으로 군림하고 있을 것이다."

그는 어떻게 그토록 자신만만할 수 있었을까? 이윤인즉슨, 그가 바로 싱크탱크라는 제도의 창시자였기 때문이다. 그의 가장 큰 자산은 돈과 공장시설이 아니라 바로 인재와 인맥이었던 것이다. 그래서 카네기가 죽은 뒤 그의 묘비명에는 다음과 같은 글귀가 새겨졌다.

"자신보다 현명한 사람들을 주위에 모으는 방법을 알고 있는 사람 여기에 잠들다."

카네기의 일생에 대한 평가와 찬사는 이뿐만이 아니다. 그는 또한 후세인들에게 지대한 영향과 깨우침을 주었다. 마이크로소프트, 지멘스, 노키아. 중국의 하이얼海爾 그룹에 이르기까지 수많은 사람이 우러러보는 대기업들은 모두가 한결같이 카네기의 원칙을 따르고 있다. 그들이 정책을 결정하는 데 있어 항상 먼저 싱크탱크가 전략과 전술을 세우고 그에 따른 조언을 제공한다.

지난 10여 년에 걸친 연구를 통해 우리는 중국 회사가 이 방면에서는 유럽, 일본, 한국 기업에 비해 뒤진다는 사실을 발견했다. 중국인은 인맥을 중시하지만 습관적으로 인맥 개체나 연합에만 의존할 뿐 이들을 전반적으로 통합하여 능률적으로 활용하는 데는 소홀하다.

중국의 우수 기업가들은 비범한 능력과 과감한 판단력, 남들보다 뛰어난 리더십을 가지고 있다. 또한 그들은 방대한 인맥을 가지고 있고, 심지어 정계와 기업계를 넘나들며 탄탄한 인맥자원을 과시하는 이도 있다. 때문에 회사에 문제가 생길 때는 어김없이 도움을 줄 인맥을 찾아내 난관을 헤쳐나간다. 그러나 그들의 회사가 빠른 속도로 발전하고 확장하는 과정에서는 전문성이 높은 문제에 맞닥뜨리게 된다. 시장 개척과 경영전략 응용 등의 방면에서 기술적인 난제가 생겼을 때 그들은 정확하고 효과적인 방책을 마련하지 못한다. 그들을 도와줄 '브레인'을 찾지 못하는 것이다.

이로 인해 대부분의 중국 기업은 치명적인 악순환을 반복하고 있다. 즉, 빠른 발전, 지속적인 확장을 이룬 뒤에는 다시 빠른 하락세를 이루다 급기야 합병되어 사라지고 만다!

하지만 다른 나라 기업들은 다르다. 이들 회사는 개인의 리더십과 인맥 이점을 지속적으로 약화시키며 전문적인 싱크탱크를 구축한다. 이들 회사와 싱크탱크의 협력 비용은 일반 회사 판매 수익의 3퍼센트 이상을 차지하며, 매년 연초 예산안에 포함된다. 그들이 매년 싱크탱크와 협력하는 업무표에는 경영전략 분석, 업종 발전 추세 판단, 정책 분석, 연구개발 자문, 제품 판매 등을 포함하고 있다. 그들은 지속적으로 관련 싱크탱크를 찾아내 그들의 '브레인'을 최대한 활용하여 회사의 발전에 필요한 지적 보장을 제공받는다.

그렇다면 당신도 곰곰이 생각해볼 문제다.

"나의 브레인은 누구인가?"

2

각 분야의 전문가와 교류하라

실력파 인맥으로 세력을 구축하라

"한 명의 창업자 뒤에는 한 무리의 실력 있는 친구가 있다!"

이는 내가 강연을 할 때 주로 하는 말이다.

"만일 당신에게 실력파 친구들이 없다면 창업을 서두를 필요가 없다. 그렇지 않으면 매우 비참한 결과를 맞이하게 될 것이다!"

이러한 인맥은 당신이 여러 해 동안 신용과 인격적 매력으로 진심을 다해 그들과 교류해야만 친구가 될 수 있다.

그렇다면 어떤 사람을 실력파 친구라고 할 수 있을까?

첫째, 회사나 기관의 실권자다. 가령, 융자 혹은 대출 담보 기관을 들 수 있다. 그들은 당신을 위해 많은 '자금'을 공급해줄 수 있다. 이는 전 세계 창업자들이 갖고 싶어 하는 인맥자원이기도 하다.

둘째, 특정 업종의 유명 인사 혹은 시장의 전문가다. 그들은 당신을 위해 경험과 전략뿐만 아니라 기회도 제공한다. 당신이 실수를 저지르지 않고 성공의 기회를 잡을 수 있도록 안내해줄 것이다.

창업 전에 이러한 실력파들과 인맥을 쌓는다면 창업에 결정적인 도움을 받을 수 있다. 또 창업 이후에는 계속해서 그들의 도움을 받을 수 있고, 사업상 난제를 해결하고 돈을 벌 수 있는 힘을 키울 수 있다.

호설암胡雪巖은 청나라 때 한 시대를 풍미한 유명한 상인으로, 인맥과 관련한 사례에서 자주 등장하는 인물이다. 호설암은 자신의 능력과 평소 쌓아놓은 인맥을 이용하여 그 가치를 최대치로 활용한 대표적인 인물이다.

호설암은 장사를 할 때 기회만 닿으면 관청과 상업계에 자신의 인맥을 만드는 데 노력을 기울였다. 그는 처음 장사를 시작하기 전에 이미 관가의 실권자들과 우정을 쌓았고, 동시에 상업계에도 두터운 인맥을 만들었다. 여러 해 동안 심혈을 기울여 관가와 상업계 양쪽으로 막강한 '세력'을 형성한 것이다. 관가와 상업계에 거미줄처럼 깔린 인맥은 호설암이 상인으로서 불패의 신화를 쓸 수 있도록 도와줬다. 이는 커다란 돌덩이를 오랜 시간 노력을 기울여 산 정상까지 갖고 올라간 것에 비유할 수 있다. 산 정상에서 던지는 돌덩이의 파괴력은 실로 엄청나다.

배를 타고 바다를 항해할 때 빠른 속도로 전진하려면 바람의 힘을 빌려야 한다. 배의 동력에 바람의 힘이 더해지면 그 속도는 훨씬 빨라진다. 사람도 마찬가지다. 자부심에 가득 찬 사람들 중에는 친구들의 도움 따위는 마다하고 매사 혼자서 문제를 해결하려고 하는 이들이 있다. 하지만 혼자서 난제를 헤쳐나가기에는 성공으로의 길이 너무도 멀고 험난하다.

반면에 강자의 힘을 빌릴 수 있다면 상황은 달라진다. 실권을 가진 능력자들이 든든한 뒷배가 되어주고 여기에 본인의 뛰어난 능력을 발휘한다면 성공은 그야말로 식은 죽 먹기가 될 것이다!

인맥은 당신에게 소중한 자금을 대준다

마윈이 알리바바를 설립했을 때, 한동안 자금난에 허덕인 적이 있다. 하지만 새로운 조력자가 나타나면서 그는 문제를 해결할 수 있었다. 그 사람은 바로 CFO 차이충신蔡崇信이다. 차이충신은 본래 스웨덴 투자회사의 투자 매니저였다. 그는 벤처회사를 대표하여 마윈과 투자 상담을 하며 교류를 했는데, 마윈의 개인적 매력에 끌려 알리바바 CFO로 합류했다.

차이충신의 합류로 알리바바는 법률, 재정, 회계 등 방면에 기초를 다지고 비약적 발전을 이룰 수 있었을 뿐만 아니라, 금융계 곳곳에 깔려 있는 그의 인맥 네트워크의 도움까지 받을 수 있었다. 차이충신의 합류로 수많은 투자기관에서 알리바바를 주목하기 시작했다. 예컨대, 홍콩의 트랜스 팩 캐피탈은 알리바바를 찾아와 시찰했고, 골드만삭스는 마윈에게 벤처자금을 대주었다. 이는 모두가 차이충신의 인맥 덕분이었다.

1999년 8월, 차이충신은 호텔에서 옛 친구이자 골드만삭스 홍콩 지점의 투자매니저였던 린* 여사와 마주쳤다. 대학시절부터 친구인 데다 같은 투자은행에서 근무했던 두 사람은 매우 절친한 사이였다. 마침 이때 골드만삭스는 새로운 열풍을 이끌어내고 있던 인터넷 업종에 관심을 갖는 중이었다.

차이충신의 간단한 소개를 듣고 난 뒤 린 여사는 곧바로 날짜를 잡아 알리바바를 방문했다. 방문 결과는 대만족이었고, 마윈은 골드만삭스의 투자 조건을 받아들였다. 사실 마윈으로서는 국제적으로 손꼽히는 골드만삭스의 투자를 거절할 이유가 없었다. 그에게는 그야말로 하늘에서 내려온 기회였다. 그동안 자금난에 시달려 벼랑 끝에 몰려 있던 알리바바는 차이충신의 도움으로 마침내 500만 달러의 투자금을 유치하게 되었다. 만일 그 투자금을 받지 못했다면 알리바바는 아마 파산하고 말았을 것이다.

당신도 그런 생각을 해본 적 있을 것이다. 내가 마윈과 비슷한 위기에 처했다면, 과연 기사회생할 수 있도록 기회를 줄 사람이 있을까?

단언컨대, 하늘이 내린 천재일지라도 혼자만의 힘으로는 결코 그러한 곤경에서 벗어나지 못할 것이다. 제아무리 자신감과 뛰어난 말솜씨를 지니고 있다고 해도 강력한 인맥의 도움이 없다면 단시간에 그처럼 많은 투자금을 얻을 수 없다.

실력자 인맥은 강력한 힘을 발휘했다. 알리바바는 두 번째 투자금도 중요한 인맥의 도움을 받았다. 1999년 10월 골드만삭스로부터 500만 달러의 투자금을 유치한 두 달 뒤, 마윈의 인도 친구 굽타가 그 유명한 손정의를 소개해준 것이다. 그다음에 어떻게 일이 진행되었는지는 아마 모두 잘 알고 있을 것이다. 그 유명한 '6분'간의 협상이 끝나고 손정의 소프트뱅크는 알리바바에 2,000만 달러를 투자하기로 결정했다.

불과 3개월 만에 두 명의 고급 인맥이 투자를 결정하면서 마윈의 회사는 기사회생했다. 또한 회사의 미래를 위해 견실한 토대를 마련할 수 있었다.

창업을 준비할 때 당신에게도 자금난에 허덕일 날이 올 것이라고 예상한 적은 없는가? 만일 그런 날이 온다면 당신은 어떻게 투자가를 설득하여 투자를 유치할 것인가?

아마 이제 당신도 평소 인맥을 쌓는 것이 얼마나 중요한지 깨닫게 되었을 것이다. 친구 하나를 사귀면 또 하나의 인맥이 생기는 것이고, 당신을 도와줄 천사가 한 명 더 늘어나서 1,000개의 길이 열리는 셈이다!

당신 주변에 있는 성공가들을 한번 유심히 살펴보라. 그들이 회사와 가정생활 이외에 대부분의 여가 시간에 무엇을 하고 있는지 말이다. 분명 친구를 사귀고 있을 것이다. 그들 대부분은 실력자 인맥을 쌓는 데 여가시간을 몽땅 쏟아붓는다.

이제부터 당신도 생각을 바꿔야 한다! 그들이 여가시간을 '사람낚시' 하는 데 쏟아붓는다고 비웃지 말고 관점을 바꿔보라. 그들이 도대체 '어떤 사람을 낚시'하고 있는지 유심히 살펴보라. 그것이 바로 관건이다!

인맥그룹은 당신을 능력자로 만든다

왜 당신에게는 돈을 버는 일이 그토록 어려운 걸까? 어떻게 백만장자들은 수월하게 돈을 버는 걸까?

당신은 왜 은둔형 외톨이처럼 그저 집 안에만 틀어박혀 인터넷에 심취하며 사는 걸까? 부자들은 왜 부촌을 만들어 모여 살고, 또 부호 클럽을 만들어 주말마다 어울려 골프를 치는 걸까? 왜 최근 수년 들어 MBA나 최고경영자 과정에 등록하는 사람들이 점점 많아지고, 또 골프클럽과 같은 상류층의 사교클럽이 점점 더 많아지는 걸까?

이러한 현상에 의문을 품고 또 그 해답을 절실히 알고 싶다면, 당신은 인생을 바꿀 수 있는 기회를 어떻게 만들어야 하는지 아는 사람이다.

MBA나 골프 모임 등의 방식으로 인맥그룹을 만들면 수많은 기회를 얻을 수 있다. 인맥그룹은 당신에게 기회를 주고, 친구는 당신을 능력자로 만들어준다! 성공가들이 모여 있는 그룹에 가입하여 인맥을 넓혀야만 당신도 그들처럼 성공할 수 있다.

우리는 대개 성공한 사람일수록 인맥을 중시한다고 여긴다. 하지만 이는 잘못된 관점이다. 실상은 정반대로 그들이 인맥을 중시했기 때문에 성공을 거둘 수 있었던 것이다.

인맥그룹을 벗어나면 좋은 점은커녕 나쁜 점만 수두룩하다. 인맥그룹을 벗어나는 것은 귀가 잘리고 눈이 멀어지는 것과 매한가지다. 우리가 살고 있는 세상에 대한 기본적인 판단력을 잃게 된다. 좋은 인맥은 건강한 혈액처럼 우리의 피부, 세포 그리고 신체의 기능 하나하나가 정상적으로 활동할 수 있도록 해준다.

수많은 기회와 성공은 사교를 통해 탄생한다. 인맥그룹에 들어가지 못한 사람은 여러 기회를 잃게 된다. 오로지 인맥그룹, 특히 고품질의 그룹 안에 들어갈 수 있는 사람만이 우수한 인맥자원을 얻어서 그룹 안의 사람들과 대등하게 된다. 이것이 바로 백만장자들이 점점 더 부자가 되는 근본적인 원인이자 고급 클럽이 지속적으로 생겨나는 이유이기도 하다!

소프트뱅크 내에서 공공연히 회자되는 말이 있다.

"융자는 친구나 개인적 친분의 소개를 통해 융통하는 것이 가장 좋다. 친구와 개인적 친분이 있는 사람과는 좀더 원활하게 소통할 수 있어서 자금을 융통할 수 있는 성공률도 매우 높다."

한번 생각해보라. 창업자금이 필요할 때 당신을 추천해줄 사람이 있는가?

당신의 추천인은 반드시 투자사와 돈독한 친분 관계가 있어야 하며, 또 당신의 상황과 창업 계획에 대해서도 손금을 보듯 훤히 꿰뚫고 있어야 한다. 당신을 이해하고, 지지하고, 또 당신의 생각을 완전히 읽어내 당신보다 더 유창할 말솜씨로 투자사에 당신을 추천해줄 수 있는 사람이어야 한다.

이러한 친구는 사실 찾기가 매우 힘들뿐더러 그 사람 자체가 경험과 인맥이 풍부한 성공가여야 한다. 때문에 당신은 용기를 내서 성공가들이 모인 인맥그룹에 들어가 당신을 도와줄 사람을 적극적으로 찾아 교분을 나누며 그들의 언어와 방식으로 처세해야 한다. 그래야만 그들은 당신을 받아들일 테고 또 학습을 통해 그들처럼 뛰어난 성공가로 변할 것이다. 때문에 창업자금을 필요로 할 때는 이 말을 기억해야 한다.

"당신에게 백만장자 친구 100명이 있다면 당신을 도와줄 천사를 찾지 못할 걱정은 필요가 없다!"

지금부터 당신을 변화시킬 수 있는 중요한 방법을 알려주고자 한다. 당신은 우리의 조언을 명심하고 즉시 행동에 옮겨야 한다. 사실 일상생활 속에는 당신의 인생을 좌지우지할 일련의 일들이 있다. 하지만 당신은 그것을 개선시킬 필요성을 전혀 느끼지 못한다.

예컨대 우리 중 20퍼센트에 달하는 사람들은 상사와 친한 친구처럼 친분을 쌓아야 한다고 생각한다. 만일 직장생활에서 가장 친한 친구가 없다면 업무 몰입도는 8퍼센트 이하에 불과하며 대부분의 시간 동안 일은 하지 않고 월급만 축내기 일쑤다.

그 이유가 뭘까?

우리가 조사한 결과에 따르면, 직장인 중 17퍼센트는 직장상사와 친분을 쌓는 데 매우 소극적이거나 혹은 거부반응을 드러냈다.

인사부의 한 팀장이 나에게 이런 이야기를 한 적이 있다. 그는 약 3개월의 시간 동안 부하직원과 친분을 쌓으려고 많은 노력을 기울였다. 부하직원과 함께 엘리베이터도 타고 함께 점심식사를 하기도 했으며, 퇴근하고 나서도 개인적인 친분을 쌓고자 노력했다. 하지만 대다수 직원은 온갖 핑계를 대며 그를 멀리하기 급급했다.

"그들은 일부러 나와 거리를 두려고 했어요. 함께 엘리베이터를 탈 때는 1층에서 10층까지 가는 그 짧은 시간에도 오히려 내가 숨이 막힐 지경이었습니다. 부하직원들은 내 옆에 서서 단 한마디 말도 하지 않았습니다. 숨소리조차 들리지 않을 정도였어요. 부하직원들의 그러한 태도에 오히려 화가 날 지경이었습니다. 일부러 호된 맛을 보여줄까 하는 생각도 들었지요."

직장상사와 일부러 거리를 두는 부하직원들은 승진할 기회도 변변히 얻기 힘들고, 걸핏하면 꾸중을 듣기 마련이다. 만일 당신도 그들 중 한 명이라면, 도대체 그처럼 상사와 거리를 두는 이유가 무엇인가?

상사와 가깝게 지내면 사서 고생하는 결과를 초래할까 봐 그러는가? 아니면 최대한 접촉을 꺼려야만 상사의 시야에서 벗어나 '안전지대'에 머물 수 있다고 여겨서인가?

사실 이것은 문제의 핵심이다. 우리는 실력자의 도움이 필요하고, 또 직장상사는 당신과 가장 가까이 있는 실력자다. 그런데도 대다수 사람은 자기모순에 빠져 있다. 상사나 기타 조력자의 도움을 원하면서도 막상 그들과 가까이 지내는 것을 꺼린다. 이 때문에 그들은 사실상 자신을 성벽 안에 갇힌 외로운 섬으로 만들어버린다. 그 안에 갇혀서 수많은 기회를 놓치고 후회하기 일쑤다.

사람들은 모두가 외로운 섬이 아니다. 그러니 활짝 문을 열고 당신의 열정과 용기로 실력자 친구를 사귀도록 하라. 그들은 당신이 성공을 이루느냐 그렇지 못하느냐를 결정해줄 관건이 되는 사람들이라는 사실을 잊어서는 안 된다.

그들이 보이지 않는 곳에서 당신의 운명을 결정해준다고 나는 단연코 말할 수 있다. 인정하든 인정하지 않든 이는 우리가 피할 수 없는 현실이다!

3

그룹의 상층부로 안내할
조력자를 찾아라

안전하고 수월한 길은 항상 가까이 있다

이런 장면을 한번 상상해보라. 당신이 나아가는 길에 누군가가 저만큼 앞서서 당신에게 길을 안내해준다. 당신이 길을 몰라 헤맬 때는 그가 당신의 손을 이끌고 올바른 길로 안내해주는 장면을 말이다.

이 얼마나 안전하고 수월한 길인가? 우리는 어린시절 모든 것을 부모님에게 의존하며 안전과 편안함을 느꼈다. 그리고 성인이 되어서는 부모님처럼 길을 안내해줄 사람이 나오기를 고대한다. 어떤 직업이 가장 적합한지 알려주고, 또 어려움에 처했을 때는 문제를 해결할 방법을 알려주기를 말이다.

사람들은 누구나 그러한 안내자를 갈망하지만 정작 그런 행운을 가진 사람은 매우 드물다.

　당신 주변에 그런 안내자가 있는지 한번 자세히 살펴보라. 만일 없다면 당신의 인간관계를 되돌아보고 반성할 필요가 있다.

　진정으로 우수한 사람은 주변에 그를 대신해서 길을 안내해주는 사람이 분명 있다. 심지어 큰 대가를 지불하면서까지 흔쾌히 안내자 역할을 수행한다. 그 이유는 비록 많은 위험부담이 따르지만 잠재성이 큰 투자와 매한가지이기 때문이다. 일단 우수한 인재가 성공을 거두면 그를 위해 길을 안내해준 조력자는 크나큰 보답을 얻을 수 있으니 말이다.

유능한 안내자는 당신의 시간을 절약해준다

　나는 종종 이런 생각을 한다. 만일 스미스 씨가 없었다면 오늘날 나의 미국생활은 어떻게 되었을까 하고 말이다. 아마도 일찌감치 짐을 싸서 홍콩으로 돌아갔거나 여전히 싱가포르에서 지내고 있을 것이다. 아마 지금과 같은 성공은 엄두도 내지 못했을 것이다. 물론 내 힘으로도 난관을 헤치고 지금과 같은 성공을 거두었을지 모른다. 하지만 그 성공을 위해 나는 무척이나 오랜 시간을 대가로 치러야 했을 것이다. 어쩌면 10년을 더 고군분투해야만 회사를 지금의 규모로 키울 수 있었을지 모른다. 아니 10년보다 더 많은 시간을 필요로 했을 수도 있다.

　이는 자동차가 노선이 복잡하고 짙은 안개가 낀 고속도로를 달리는 것에 비유할 수 있다. 이때 운전자에게 필요한 것은 능숙한 운전 실력이나 연료를 채울 수 있는 주유소가 아니다. 그보다는 한 치 앞도 내다볼 수 없는 길을 환히 밝혀주어 갈림길에서는 어느 방향으로 틀고, 또 전방에 위험물이 있는지 확인시켜줄 가로등 하나가 무척이나 절실할 것이다.

밝은 가로등이 길을 비춰주면 우리는 길을 잃을 염려가 없다. 우리가 운전하는 자동차가 목적지까지 가는 동안 시간도 절약할 수 있고, 도로 현황도 수시로 살필 수 있으며, 사고 다발 지역은 피해서 안전하게 갈 수 있다.

이것이 바로 안내자가 가진 가치다. 우리 모두의 인생에서 눈에는 보이지 않지만 당신이 파헤쳐주기를 기다리는 금광이 있다. 이 금광이 바로 당신의 안내자이자, 당신의 황금인맥이다. 때문에 우리는 눈을 부릅뜨고 수많은 인맥 중에서 자신에게 가장 큰 힘이 되어주고, 또 인생의 기회를 가져다줄 인맥을 선택해야 한다.

'황금인맥'에 대해 논할 때면 빼놓지 않고 덧붙이는 역사 이야기가 있다. 나는 역사 속 수많은 인물의 경험담이 갖는 특별한 설득력을 믿는다. 다국적 회사의 고위 임원이나 명문 대학교 학생들 역시 그러한 이야기를 즐겨 듣는다. 역사 속 이야기는 우리가 실용적인 인맥을 어떻게 운용해야 하는지 알려준다.

한무제漢武帝 유철劉徹은 상당히 능력이 뛰어난 제왕으로 흉노족을 격퇴하고 변방지역을 개척했다. 중국 역사상 가장 뛰어난 황제 가운데 하나라고 할 수 있다. 하지만 어린시절에는 매우 위험한 처지에 몰려 있었다. 그는 적자도, 장자도 아니었다. 적자 계승이 성행하던 당시 그는 태자가 될 가능성이 제로에 가까웠다.

그렇다면 유철은 어떻게 해서 태자가 될 수 있었을까? 바로 그의 어머니 왕미인王美人이 매우 독특한 인맥투자로 유철의 정치적 안내자를 찾아준 덕분이다. 그 안내자는 막강한 실세를 가진 중요 인물이었는데, 바로 한경제漢景帝의 누나 관도館陶 공주였다.

당시 한경제의 부인 박황후薄皇后는 자식이 없었다. 그래서 한경제는 오랜 시간 정식 황후를 책봉하지도 않았고, 또 태자로 삼을 자식도 없었다. 그러다 기원전 153년, 한경제는 율희栗姬가 낳은 장자 유영劉榮을 태자로 책봉하고, 유철은 교동왕膠東王으로 봉했다. 당시 유철은 어린 왕자에 불과했기에 황궁에서 생활할 수 있었다. 그러나 어느 정도 자라서 봉지로 옮겨가면 황제를 알현할 수도 없고, 다시 돌아올 수도 없었다. 다시 말해, 앞으로 수년 뒤에는 황제의 자리에 오를 수 있는 기회가 영영 사라지고 만다는 뜻이었다.

당시 한경제의 누나 관도 공주는 자신의 딸 진아교陳阿嬌를 차기 황후 자리에 앉히려고 기회를 엿보고 있었다. 그래서 일찌감치 유영을 사윗감으로 점찍어 두고서 율희에게 혼사 이야기를 꺼냈다. 그러나 매우 오만했던 율희는 혼사를 거절했을 뿐만 아니라 관도 공주에게 크나큰 수치심을 안겼다.

율희의 행동은 매우 어리석었다. 중요한 인맥이 될 수 있는 관도 공주를 내쳤으니 말이다. 화가 머리끝까지 치민 관도 공주는 이내 왕미인의 편에 섰다. 왕미인 또한 혼사 문제로 관도 공주가 율희와 사이가 틀어진 것을 알고 재빨리 공주에게 찾아가 호의를 표시하며 자신의 아들 유철과 아교의 혼사를 추진했다.

혼사가 이뤄지자 관도 공주가 딸을 황후로 만들기 위해서는 한 가지 선택만이 남아 있었다. 한경제가 유영을 폐위시키고 유철을 태자로 봉하도록 만드는 것이었다. 황제의 누나인데다 당시 황태후가 가장 총애하는 딸인 관도 공주에게 태자를 바꾸는 일쯤은 식은 죽 먹기였다.

중요한 인생의 안내자는 그와 같이 막강한 힘을 갖고 있다. '불가능'한 일을 '가능'하게 만들어 당신이 두각을 나타내도록 도와준다. 그밖에도 당신이 하지 못하는 많은 일을 대신 해준다. 대신 해주는 정도가 아니라 아주 훌륭하게 처리한다. 그는 능력이 뛰어나고, 주변에 자원이 많으며, 권력 상층부의 인맥을 갖고 있기 때문에 중요한 일에 있어 항상 결정적인 역할을 한다.

이러한 안내자와 인맥을 쌓으려면 반드시 당신이 적극적으로 나서야 한다. 가만히 앉아서 기다리기만 하면 아무런 희망도 없다!

총명한 사람은 절대로 가만히 앉아서 귀인이 찾아와 주기를 기다리지 않는다. 자발적으로 적극적으로 기회를 찾아나선다. 왕미인처럼 하늘에서 내려온 기회를 가만 내버려두지 않고 곧바로 나서서 자신의 것으로 만든다.

당신은 창업 전에 인생의 안내자부터 찾아야 한다. 주변 사람들을 유심히 살펴보고, 당신의 귀인이 되어줄 사람을 찾아 인생의 안내자로 만들어라. 후원이 많을수록 성공으로 향하는 길을 안내해줄 사람을 쉽게 찾을 수 있다. 그러면 성공을 이루기까지 소요되는 시간을 크게 단축시킬 수 있고, 당신이 상상하지 못했던 자원을 제공해줘 날개를 달아줄 것이다.

4

인생 최고의 기회를 마주하라

당신의 가치가 어느 정도인지 알고 싶은가

"자네의 가치가 얼마인지 알고 싶은가? 그럼 자네 주변 친구들 중 15명을 뽑아보게. 그들이 가지는 가치의 평균값이 바로 자네의 가치네."

어쩌면 지금 당신은 스스로 대단하다는 자부심을 느끼고 있는지도 모른다. 혹은 자신은 인생 최고의 기회를 맞이했지만 다만 운이 나빠서 좋은 기회를 놓친 것뿐이라고 생각하고 있을지도 모른다.

나 역시 한때 그러한 자부심에 사로잡혀 지냈다. 나는 모든 것을 좌지우지할 수 있는 능력이 충분한데, 다만 때를 잘못 만나서 능력을 발휘하지 못할 뿐이라고 생각했다.

이런 사람들이 마지막에 하는 질문이 있다.

"사장이 나의 능력을 알아주지 않고, 또 동료들은 나를 무시하고, 가족들도 나를 믿지 못하는데, 어떻게 해야 할까?"

나는 그들에게 오히려 이렇게 되묻곤 한다.

"당신의 문제점에 대해 생각해본 적이 있는가? 평소 당신의 가치를 얼마나 잘 활용했는가? 당신의 인간관계나 생활 태도를 되돌아보고 반성한 적이 있는가?"

유감스럽게도 그들의 입에서는 한결같이 부정적인 대답만 나오기 일쑤다.

대다수 사람은 보란 듯이 거창한 사업을 일으켜 자신의 가치를 실현하기 바란다. 그러나 막상 나이가 들고 보면 여전히 평범한 사람으로 살아가고 있는 자신을 발견하게 된다. 주변 사람들도 별반 다르지 않을 것이다. 이들은 어쩌면 뛰어난 능력을 지니고 있을지도 모른다. 그러나 문제는 인맥과 자금 방면에서 백지상태나 다름없다는 것이다.

린다는 평범한 사무실 직원이었다. 그는 중산층 가정에서 자랐지만, 평소 친구를 사귀는 데는 그다지 흥미가 없었다. 린다와 자주 어울리던 서너 명의 친구도 마찬가지였다. 모두 생계를 위해 동분서주하는 직장인으로 매달 고정적인 월급을 받으며 검소한 생활을 하고 있었다.

린다는 그러한 생활에 번민했다. 왜 자신과 친구들은 이처럼 보잘것 없는 사무직 신세를 벗어나지 못하는 걸까?

린다와 같은 부서에서 일하는 지니는 팀장의 비서로서 업무 능력도 탁월했고, 또 개인 자산을 불릴 수 있는 루트도 갖고 있었다. 동료들은 지니에게 든든한 뒷배가 있을 거라며 수군거렸다. 물론 지니의 배경은 특별했다. 그녀는 부유한 가정에서 성장했고, 부모님은 워싱턴에서도 적잖이 유명한 기업가였다. 또한 그녀의 동창이나 친구들은 모두 전문가로 정평이 난 사회 저명인사들이었다.

린다와 지니는 전혀 다른 두 세계에서 살고 있었다. 업무 실적은 물론 가정 배경, 친구 그룹, 사고방식에서도 현저히 차이가 났다.

이 두 사람의 운명이 이처럼 천양지차인 이유가 뭘까?

린다가 우리의 연수 과정에 참가한 후에야 나는 그 이유를 알 수 있었다. 린다가 남의 눈에 잘 띄지 않는 평범한 삶을 살아가는 데는 그녀의 친구들, 그리고 날마다 하는 일과 밀접한 관계가 있었다. 린다나 그녀의 친구들은 끼리끼리 어울린다는 말처럼 모든 면에서 서로 비슷했다. 그들은 모이기만 하면 자신의 삶이 녹록치 않다고 원망과 푸념을 늘어놓기 일쑤였다. 언제나 낙담에 빠진 채 서로의 문제에 대해 논의했지만 정작 문제가 생겼을 때는 서로를 도와주지 못했다.

린다가 지금 당장 해결해야 할 문제는 이렇다. 내가 하찮은 인물인 이유는 주변에 하찮은 사람만 있기 때문이다.

날마다 하찮은 사람들과 교류하다보면 어느덧 자신도 하찮은 사람으로 변해 있는 것을 알 수 있다. 운명이 불공평하다고 불평을 늘어놓고 싶을 때, 당신 자신을 되돌아보라. 그러면 하늘이 당신을 도와주지 않은 것이 아니라 당신의 선택이 지금의 하찮은 삶을 만들었다는 것을 알 수 있을 것이다.

성공 = 인맥 + 자원 + 능력

당신이 회사를 세웠다고 가정해보자. 처음에는 모든 것이 순풍에 돛 단 듯 순조로웠는데, 어느 날 갑자기 당신의 인맥이 끊기면서 자금난에 시달리게 되었다. 그렇다면 당신은 어떻게 회사를 운영해나갈 것인가?

회사 장부에 남은 잔액은 거의 바닥나고, 머잖아 그마저도 사라질 것이다. 게다가 거래처에서 수금할 돈도 없고, 선수금을 받을 새로운 프로젝트의 성사조차 가늠할 수 없다. 당신의 친구들 역시 재정적으로 넉넉하지 못해 돈을 빌려줄 여유조차 없다.

이런 상황에서 당신은 회사가 파산할 때까지 그 자리를 지키고 있을 것인가, 아니면 과감히 회사를 포기하고 남은 돈이라도 건지거나 아니면 영원히 창업의 꿈을 접을 것인가?

이런 상황이 닥치고 나서야 당신은 자신이 얼마나 위태로운 처지에 놓여 있는지 깨닫게 될 것이다. 사람들은 모든 일이 잘 풀려서 득의양양할 때는 외부 힘의 작용을 그다지 중요하게 생각하지 않는다. 그저 무슨 일이든 해낼 것 같은 자신감에 가득 차 있다. 그러나 제아무리 뛰어난 능력자라고 해도 인맥과 자금이 없으면 자신의 목표를 실현할 수 없다.

인맥, 자금, 능력 이 세 가지가 결합되어야만 강력한 역량을 발휘하여 막강한 인맥그룹을 거느리고 모든 일을 순조롭게 이뤄나갈 수 있다. 세 가지 중에 하나라도 결핍되면 큰 성공을 거둘 수 없다.

백만장자들의 공통점이 뭐냐고 묻는다면, 이렇게 대답할 것이다.

그것은 두터운 명함집이라고 말이다. 명함집은 바로 성공가의 인맥을 의미한다.

인맥은 재물의 근원이다. 탄탄한 인맥이 있으면 창업할 돈이 없을 때 자연스레 누군가가 자금을 대줄 것이고, 회사 자금이 원활하게 조달되지 못할 때는 또 누군가가 흔쾌히 돈을 빌려줄 것이다. 이것이 바로 위기를 헤쳐나가는 '비법'이다. 당신이 혼자 힘으로는 난관을 헤쳐 나가지 못할 때, 인맥은 막강한 힘을 발휘하여 당신 앞에 놓인 걸림돌을 치워줄 것이다!

당신이 융자할 수 있는 자금은 얼마인가

마지막으로 한 가지 질문이 있다. 만일 당신의 재정이 최악의 상태에 이르러서 지금 당장 조치를 취해 개선할 필요가 있다고 가정해 보자. 그렇다면 당신이 융자할 수 있는 자금은 얼마나 되는가?

사람들은 누구나 재정 문제로 골치를 앓는다. 이는 결코 수치스러운 일이 아니다. 마윈은 당신보다 더 잦은 자금난에 시달렸다. 워런 버핏 역시 현금이 부족해서 다른 사람과 합작해 거액의 현금을 마련한 적이 있었다. 말이 합작이지 실상은 돈을 빌리는 것과 매한가지 아닌가?

당신이 회사를 꾸리는 데 자금이 부족해서 심란해 있을 때, 아마 당신의 이웃은 당장의 생활비가 필요해서 침대에 걸터앉아 머리를 감싸고 있을지도 모른다. 이것은 충분히 일어날 수 있는 일들이다!

이럴 때는 당신 자신에게 이렇게 말해야 한다. 적극적으로 발전하려는 사람은 남들보다 더 많이 돈을 빌리거나 융자를 받는 상황에 놓인다고 말이다. 아무런 야망도 목표도 없이 최하층의 생활을 하는 사람들만이 하루 세끼 배불리 밥을 먹는 것만으로 만족한다. 그들은 남에게 돈을 빌릴 필요도 없다. 가족들 입에 풀칠할 수 있는 일자리만 얻으면 되니까 말이다.

미국 역사상 유명한 인물들은 한결같이 '쉽게 말을 꺼낼 수 없는' 재정 위기에 시달렸다. 링컨과 워싱턴 모두 남에게 고개를 숙여 돈을 빌렸고, 그 덕분에 대통령에 당선될 수 있었다. 상상하기 힘들겠지만 이는 명백한 사실이다. 일국의 대통령도 남에게 손을 내밀어 돈을 빌리는 궁지에 몰렸던 것이다.

핵심은, 그들은 돈을 빌리는데 성공했단 사실이다. 왜냐하면 이 세상에는 돈이 필요할 때 그 어떤 방법으로도 돈을 빌릴 수 없는 사람들이 많으니까 말이다!

우리는 한 사람의 사회적 지위를 평가할 때 그들의 소득이나 재산만으로 판단하지 않는다. 그의 융자 능력도 관심을 기울이고 관찰한다. 은행이나 벤처투자회사로부터 얼마나 많은 자금을 얻을 수 있는지, 또 그에게 흔쾌히 돈을 빌려줄 사람이 얼마나 되는가의 여부도 그의 사회적 지위를 평가하는 지표 가운데 하나다. 또한 그것은 대단히 중요한 지표이기도 하다.

융자 능력이 탁월한 사람은 대부분 큰돈을 벌어들인다. 그들은 남들보다 뛰어난 시장 안목이 있고, 고급 인맥그룹에서 활발한 활동을 통해 더 많은 사람들과 교분을 나누며 돈을 번다. 벤처투자기관에서 자신의 업무 실적이나 프로젝트의 미래 전망을 설명하면 상대방은 일말의 망설임도 없이 그에게 큰돈을 건네준다.

그들은 남의 자금을 토대로 자신의 이익을 창출하는 데 능숙하며, 표현 능력도 매우 뛰어나서 투자자들과의 합작을 손쉽게 이끌어낸다. 사람들은 그에게 돈을 빌려주어 큰 수익을 얻기를 바란다. 그리고 그들은 우수한 관리자다. 직원들이 그의 인간적 매력에 감탄하고 그의 곁에서 돕도록 유도하며, 우수한 인재집단을 구축하고 공동 창업을 한다. 사람들은 그의 밑에서 함께 일하면 나중에 큰 수익을 얻게 될 것이라고 믿어 의심치 않는다.

당신에게도 그러한 인맥이 있는가? 만일 당신이 자신감에 넘친 어조로 대답할 수 있다면 당신은 이미 정확한 인생 방향을 찾아낸 것이다. 또한 인맥과 그룹의 실질적 효용성에 대해 완벽하게 이해하고 있는 것이다. 때문에 당신은 자신의 인생을 위한 완벽한 계획을 세우고 다음 기회가 찾아오기 전까지 철저한 준비 작업을 하고 있을 것이다.

5

세계의 질서가 내 편이 되는 법

자신만의 소통 루트를 개척하라

세계의 새로운 질서는 인맥그룹을 발판으로 삼아 인간관계를 넓히고 소통하는 데 탁월한 사람을 총애한다. 그들은 소통하는 과정에서 다양한 수단을 융통성 있게 활용하는 능력이 있고, 뛰어난 혜안을 가지고 있어서 자신의 고급 인력 네트워크를 꾸준히 확장한다. 이 때문에 의지가 약하고 능력이 뒤떨어지며 인맥 네트워크가 빈약한 사람들은 도저히 따라갈 수 없는 속도로 성공을 향해 달려간다.

인맥그룹과 꾸준히 연락을 주고받는 사람은 끊임없이 부유해지고 고귀해진다. 그와 반대로 그렇지 못한 사람은 정체되어 앞으로 나가지 못하고, 심지어 뒤처지기 일쑤라서 양자의 차이는 끊임없이 벌어진다. 이것이 바로 오늘날 우리가 살아가는 세계의 잔혹한 현실이다.

아마 이런 의구심을 품는 사람이 많을 것이다. 고급 인맥그룹은 도대체 무엇을 의미하는 걸까? 그것은 왜 그토록 중요한 걸까?

하지만 그보다 더 중요한 것은, 자신에게 더 이상 필요 없어져서 방치하거나 혹은 '소멸'되는 지경에 이르지 않도록, 어떻게 하면 인맥그룹을 꾸준히 유지할 수 있을까 하는 문제다. 어떻게 해야 자신에게 매우 중요한 고급인맥을 거머쥐고, 또 그 인맥을 순조롭게 자신의 그룹 안으로 끌어들일 수 있을까?

이것은 매우 중요한 논제다. 당신이 죽을 만큼 바쁘지 않다면 날마다 중요한 인사들과 꾸준히 긴밀한 소통을 해야 한다. 단순히 전화 연락을 하거나 메일로 안부 인사를 전하는 것도 좋다. 물론 자신의 인맥그룹을 지속적으로 확장하고 싶다면 그들과 직접 만나서 관계를 돈독하게 할 수 있도록 만남의 루트를 가져야 한다.

대다수 사람들은 특별한 용건이 없는 이상 자신의 옛 동창에게 잘 연락을 하지 않는다. 예전의 친구들은 이미 낡은 사진첩처럼 방 안의 한 귀퉁이에 처박혀 먼지가 쌓여 있다. 하지만 이것은 대단히 나쁜 습관으로, 다른 사람들에게 '자신이 필요할 때만 연락한다'는 나쁜 인상을 심어주기 쉽다. 그런데 유감스럽게도 대부분의 사람들이 그러한 실수를 반복해서 저지른다.

당신이 올해 서른 살이라고 가정해보자. 지난 30년의 시간을 보내면서 당신은 수많은 동창들과 동료들을 거쳐 왔을 것이다. 그렇다면 지금 그들은 모두 어디에 있는가? 지금도 당신과 연락을 주고받는 사람은 몇 명이나 되는가? 옛 친구들이 모임을 가질 때면 당신에게도 연락을 하는가?

당신이 지금도 그들 모두와 연락을 유지하고 있다면 당신의 인맥 유지 능력은 '최고'의 평가를 받을 수 있다. 만일 그들 중에 절반만 연락을 주고받는다면 난 '합격' 점수를 줄 것이다. 하지만 연락을 유지하는 사람이 20퍼센트 이하에 불과하다면, 당신은 그룹을 만들고, 연락관계를 유지하는 능력이 대단히 부족하다고 말할 수밖에 없다! 이는 결코 가혹한 평가가 아니라 매우 정확하고 객관적인 평가다.

소통은 가장 중요한 능력이다

소통이란 무엇인가?

'석유왕' 록펠러는 이렇게 말했다.

"만일 인간관계의 소통 능력이 설탕이나 혹은 커피와 같은 상품이라면, 나는 태양 아래 그 무엇보다도 비싼 값으로 그 능력을 사고 싶다."

월마트의 창업주 월튼은 또 이렇게 말했다.

"월마트 관리 시스템을 한마디로 축약하면, 그것은 바로 소통이다. 소통은 우리가 성공을 이루는 데 관건이 되는 요소 가운데 하나다."

소통의 중요성은 어떻게 대화를 나누느냐가 아니라 어떻게 협력을 이루냐다. 전자는 수단에 불과하고 후자야말로 진정한 목적이다. 인맥그룹에 들어가는 것은 궁극적인 목표가 아니다. 어떻게 하면 인맥그룹을 이용해 자신이 필요로 하는 자원을 얻느냐이며, 그것이 곧 출발점이다! 이 방면에서 성공가들은 소통에 탁월하고 사람들과 교류하기를 진정으로 좋아하는 사람이다.

인맥그룹 안에서의 소통 능력은 당신의 노출도와 환심을 사는 척도가 된다. 또한 그룹 안에서 당신의 이미지를 결정한다. 만일 당신이 소통에 능하다면 사람들은 당신의 내면을 좀더 깊이 있게 이해하고 도움을 줄 수 있다. 반면에 소통에 서투르거나 혹은 소통할 용기가 없다면 다른 사람의 신뢰를 얻기 힘들다. 당신은 점차 인맥그룹 안에서 잊히거나 심지어 '추방'될 것이다.

여러 구성원이 모인 팀도 마찬가지다. 효과적인 소통을 통해 팀원들이 원활하게 교류하며 협력한다면 폭발적인 역량을 발휘할 수 있다. 반면에 그렇지 못하다면 극심한 혼란을 초래하여 유명무실한 팀이 될 것이다.

우리는 전 세계 100위권 안에 드는 회사를 대상으로 일련의 조사를 벌인 적이 있다. 그 결과, 대부분의 회사 부서 책임자들은 매일 85퍼센트의 시간을 소통 문제에 할애하고 있었다. 이러한 관리 난제를 초래하는 원인 중 하나가 바로 사람과 사람 간의 소통 부족이다!

어쩌면 당신에게 가장 필요한 것은 당신의 직원 또는 상사와의 교류가 아니라, 고객이나 사장, 투자자, 혹은 가족 등 중요 인물과의 소통일 것이다. 그들이 누구이던 간에 그들과 소통을 하려면 다음 두 가지에 특별히 주의해야 한다.

첫째, 상대방의 의견에 귀를 기울여라. 당신이 그에게 특별한 요구가 없는 이상은 먼저 상대방이 이야기를 꺼내도록 해서 그의 말을 경청해야 한다.

둘째, 한 사람에게 지나치게 집착하지 마라. 상대방에게 실례가 되지 않도록 일정한 거리를 유지해야 한다. 물론 마음의 거리도 마찬가지다.

중요한 소통을 이룬 뒤에는 한두 차례 전화를 걸어 상대방의 안부를 묻는 것이 좋다. 당신의 가족이더라도 마찬가지다. 가족이라는 이유로 함부로 소홀히 해서는 안 된다. 혈연관계가 있고 친한 사람일수록 당신의 인맥그룹 안에서 매우 중요한 위치를 차지한다는 사실을 잊어서는 안 된다.

오랜 관계를 유지하는 것이
인맥 유지의 핵심이다

일반적으로 인간관계의 진전 속도는 통상 그 사람과 접촉하는 횟수에 비례한다. 접촉하는 횟수가 많을수록 관계는 한층 친근해진다. 만일 이제 막 교분을 쌓게 된 친구가 있을 때 당신이 자주 연락을 해서 만난다면 그 사람과의 거리가 빠른 속도로 가까워져서 이내 친밀한 관계로 발전할 것이다.

장기간 관계를 유지할 수 있는 실질적인 비결은 단순하다. 당신이 항상 지속적으로 연락을 해야만 좋은 인간관계를 유지할 수 있다.

연락을 유지하는 방법은 여러 가지다. 하지만 그 방법이 무엇이든 본질은 똑같다. 예컨대 시간이 날 때마다 먼 곳에 사는 친구에게 자주 전화를 걸어 근래 직장생활이나 가정생활에 대해 물어보라. 자신이 살아가는 이야기도 들려주며 서로의 이야기에 귀를 기울여야 한다. 그리고 상대방에게 약간의 조언(상대방이 필요로 할 때)을 해준다. 필요의 문제를 넘어 상당히 효과적인 방법이다. 마음의 교류는 친밀한 관계를 유지하는 최고의 방법이기 때문이다. 상대방의 이야기에 귀를 기울이고, 조언을 해주면 그 사람의 마음을 움직일 수 있다.

물론 모든 사람과 꾸준히 연락관계를 유지하는 것은 결코 쉬운 일이 아니다. 하지만 연락관계를 유지해야만 고급 인맥그룹을 성공적으로 만들 수 있다!

《뉴욕타임스》의 한 기자가 전임 미국 대통령 클린턴에게 이런 질문을 했다.

"당신은 자신의 정치 인맥그룹 안의 사람들과 어떻게 관계를 유지하고 있습니까? 특별한 비결이 있습니까?"

이에 클린턴은 이렇게 대답했다.

"나는 날마다 잠자리에 들기 전에 그날 연락했던 사람들의 명단을 노트에 적습니다. 어디서 얼마나 어떤 이야기를 나눴는지, 그리고 그와 관련된 정보들을 자세히 적어놓습니다. 그러면 비서가 나의 인맥그룹 자료에 그 내용을 입력합니다. 나는 그렇게 입력해놓은 정보를 수시로 살피며 그들과의 연락 유지에 주의를 기울이지요."

당신도 인맥관리를 위한 특별한 일정표를 만들어보라. 자세한 연락정보를 적어놓고 항상 그것을 살펴보라. 가령 생일이나 회사 창립기념일과 같은 당신 친구에게 중요한 기념일을 기록하고 그날이 다가오면 때맞춰 전화를 하거나 선물을 보내는 것이다.

단순히 축하카드 한 장을 보내더라도 상대방은 매우 기뻐할 것이다. 당신이 항상 마음속으로 그들을 생각하고 있다는 사실에 크게 감동할 테니 말이다. 그렇게 자주 챙겨주다 보면 상대방이 대수롭지 않게 여길 수도 있지만 최소한 아예 연락을 끊다가 필요할 때만 찾는 것보다는 훨씬 낫다.

그밖에도 승진이나 퇴직할 때 축하인사나 위로를 잊어서는 안 된다. 그들이 인생의 침체기에 몰렸을 때 적절한 시기를 택해서 전화를 걸어 당신의 마음을 전하라. 그들의 마음을 위로하고, 이야기에 경청하라.

그들이 곤경에 처했을 때도 당신은 항상 '같은 편'으로 옆에 있다는 사실을 주지시켜준다면, 나중에 당신이 곤경에 처했을 때 그들 역시 당신의 든든한 아군으로 도움을 줄 것이다!

전화 연락이나 형식적인 축하인사만으로는 사실 부족하다. 최대한 직접 대면할 수 있는 기회를 만들어야 한다. 일주일에 한 번씩 중요한 인맥들과 만나서 서로 의견을 교환하고, 정신적인 교감을 나누며 식사를 하는 것도 좋다.

미국의 기업가들에게는 그러한 만남이 하나의 원칙처럼 일상화되어 있다. 비록 먼 곳에 있더라도 비즈니스 출장을 이용해 상대방이 거주하는 도시를 들러 함께 저녁식사를 하며 의견을 교환하고 공감대를 형성한다.

만일 누군가가 "저것 봐, 저 나쁜 녀석은 꼭 제가 아쉬울 때만 사람을 찾는다니까"라고 당신에 대해 수군거린다면, 당신의 인맥은 그야말로 끝장난 것이나 다름없다! 그러한 평가는 현재 당신의 인맥 소통 능력이 부족하고, 인맥그룹 안에서 당신의 위치가 위태롭다는 사실을 뜻한다! 만일 이대로 나간다면 그들과의 소통 루트가 모두 단절될 뿐만 아니라, 당신에 대한 나쁜 소문이 퍼져서 사회적으로 나쁜 평판이 이어질 수 있다.

그런 상황에 처했다면 체면이나 자존심을 모두 던져버리고 젖 먹던 힘까지 내서 서둘러 보완하고 개선하는 데 주력해야 한다! 가장 좋은 방법은 당신이 직접 상대방을 찾아가는 것이지만, 그러기 전에 먼저 전화를 걸어 상황을 설명해야 한다. 그동안 바빴던 근황을 설명하고 진심이 담긴 사과를 해서 상대방의 양해를 구해야 한다.

상대방이 당신을 모임에 초대했을 때는, 그 모임의 성격과 관계없이 개업식이든 혹은 그의 딸의 결혼식이든 반드시 참석해야 한다. 여기서 나는 '반드시'라고 강조했다. 왜냐하면 당신은 그들의 초대를 거절할 이유가 없다. 만일 외국에 나가 있어서 시간을 낼 수 없다면 상대방도 그 상황을 충분히 알고 이해해줄 것이다. 당신 역시 진심 어린 사과를 하며 이해를 구할 수 있다. 하지만 그런 경우를 제외하고는 반드시 상대방의 초대에 부응하여 그들과 좋은 관계를 유지해야 한다.

제4장

성공의 안정성을
유지하라

"사람의 가치를 알려면 그의 적수를 보고,
사람의 인품을 알려면 그의 친구를 봐라."
후자는 한 사람의 가치와 그 주변 사람과의
밀접한 연관성을 의미한다.
사람들 역시 자신과 비슷한 사람들과
교분을 나누기를 좋아한다.
당신이 인맥그룹을 어떻게 관리하느냐에 따라
당신의 최종적인 가치가 결정된다.

1

인맥의 '골든티켓'을 확보하라

고급 '인맥자원'을 효율적으로 활용하라

자신을 위해 고급 인맥그룹을 만들 줄 알고, 또 그 그룹의 인맥을 잘 활용하는 이들만이 빠른 성공을 이룰 수 있다.

나는 오랫동안 홍보 업무와 연수 강좌에 종사하면서 한 가지 사실을 발견할 수 있었다. 즉, 수많은 사람이 성공을 하지 못하는 이유는 인맥이 부족해서가 아니라는 사실이다. 사실상 그들 대부분은 자신에게 필요한 루트나 고급 인맥을 보유하고 있지만, 문제는 그것을 잘 활용하지 못한다는 점이다.

그것은 이런 상황에 비유할 수 있다. 집에 불이 나자 허겁지겁 도망쳐 나와 집이 불타는 것을 그저 구경만 하다가 나중에서야 집 안에 소화기가 있다는 사실을 깨닫게 된다. 소화기 버튼을 살짝 누르기만 하면 꺼질 수 있는 불이었는데, 가장 중요한 순간에 소화기의 존재를 까맣게 잊은 것이다!

어느 부잣집 아이가 있었다. 어릴 때부터 만두를 좋아해서 날마다 밥상에 만두가 빠짐없이 올라왔는데, 그 아이는 만두를 먹을 때 하는 독특한 버릇이 있었다. 만두피를 모두 벗겨서 만두소만 먹는 것이었다. 부유한 집의 아들이라서 그러한 식습관은 전혀 문제될 것이 없었지만 부모님이 연달아 병사하자 아이는 집안의 남은 재산만 축내다가 급기야 밥 사먹을 돈조차 없는 빈털터리가 되고 말았다.

어린시절부터 귀하게만 자라서 남에게 밥을 구걸할 줄도 몰랐고, 잡일을 하며 입에 풀칠할 생각조차 못 한 채 급기야 굶어 죽기에 이르렀다. 다행히 이웃에 사는 중년 부인이 아이를 불쌍하게 여겨 날마다 국수를 끓여다 끼니를 챙겨주며 글공부를 할 수 있도록 도와줬다.

그로부터 몇 년 뒤, 청년이 된 아이는 과거시험에 급제하여 관직에 오르게 되었다. 청년은 어린시절 자신을 보살펴줬던 이웃 아주머니에게 은혜를 갚기 위해 목돈을 마련해서 찾아갔다.

그러자 이웃 아주머니가 이렇게 말했다.

"나에게 감사할 필요 없네. 난 자네에게 준 것이 아무것도 없어. 사실 자네에게 날마다 끓여다 준 국수는 자네가 만두를 먹을 때마다 버린 만두피로 만든 거네. 자네 집에서 버린 만두피를 모아다 햇볕에 말리니까 수십 포대가 나오더군. 나중에 필요할 때 쓰려고 놔뒀는데, 마침 자네가 끼니를 거르기에 다시 되돌려 준 것이네."

이웃 아주머니의 설명에 청년은 큰 충격을 받았다. 그가 궁핍할 때 요긴하게 끼니로 때웠던 국수가 실상은 과거 자신이 낭비하고 버린 만두피였다는 사실에 그는 큰 깨달음을 얻게 되었다.

하늘은 매우 공평하다. 우리 모두에게는 동등한 기회가 주어진다. 자원을 이용하고 성공을 거머쥘 수 있는 기회가 똑같이 주어진다.

가난뱅이 아이는 부자 아이에 비해 인생의 출발선에서 뒤처지는 것이 사실이다. 부잣집 아이는 태어날 때부터 부모가 쌓아놓은 재산과 인력 네트워크를 물려받는다. 그러한 것들은 아이에게 보호막 역할을 해준다. 반면에 가난뱅이 아이는 모든 것이 제로 상태다. 하지만 부잣집 아이라고 해서 자신의 손에 쥐어진 기회를 모두 거머쥐는 것은 아니다. 오히려 가난뱅이 아이가 그 부자 아이의 손에 있는 자원을 빌려서 활용할 수 있으니까.

자원을 보유하고 있다고 해서 성공이 보장된 것은 아니다. 그 자원을 충분히 활용할 수 있는 사람만이 성공할 수 있다.

나는 이 세상의 성공가들 중에 오롯이 자신의 힘으로만 성공을 이룬 사람은 없다고 믿는다. 설사 그의 능력이 출중해도 성공으로 이르는 길에 분명 누군가가 그에게 '입장권'을 줬을 것이다. 우리가 해야 할 일은 자원을 충분히 활용하고 자신의 손에 있는 '입장권'을 과감하게 이용하는 것이다.

금융 전문가

모두가 익히 알고 있는 장차오양張朝陽(소후닷컴의 최고경영자-옮긴이)도 자금 문제 때문에 사업계획서 한 장만 붙들고 있던 시절이 있었다. 당시 그의 탁월한 사업 구상이나 계획들은 그저 꿈에 불과했다. 장차오양은 투자자에게 전화를 걸기 위해 미국의 대로변에 있는 공중전화 박스 앞에서 줄을 서서 기다리기도 했고, 심지어 투자자에게 퇴짜를 맞고 쫓겨난 적도 있었다.

당시 장차오양은 융자를 얻기 위해 미국 투자자로부터 숱한 경멸과 수모를 겪다가 나중에서야 《디지털이다》의 저자 니콜라스 네그로폰테Nicholas Negroponte를 만나게 되었다. 시대의 풍운아였던 네그로폰테는 장차오양과 대화를 나눈 뒤 장차오양의 회사 아이터신愛特信에 벤처투자를 하기로 결정했다.

창업자들은 대개 창업 초기에는 자금, 인맥, 자원 등의 문제로 많은 어려움을 겪는다. 그들 자신은 능력이나 전문적인 지식을 모두 갖추고 있어 누군가가 투자자에게 추천만 해주면 단번에 성공을 거둘 수 있다. 통상적으로 당신이 기회를 잡으려면 반드시 세 부류의 사람들의 도움이 필요하다. 당신을 위해 흔쾌히 자금을 대줄 사람, 당신을 대대적으로 홍보하여 부각시키고 영향력을 확대시켜 줄 성원자, 그리고 당신에게 명확한 방향을 제시해주고 가치관과 사고방식을 다듬어줄 조력자다.

그중에 대범하고 전문적인 은행가는 없어서는 안 되며, 가장 첫손에 꼽히는 중요 인맥이다.

미디어 관계자

은행가 이외에도 막강한 미디어 자원의 인맥이 필요하다. 즉, 당신을 도와 여론을 조성하고 대중들의 정서에 영향력을 미치고 최종적인 판단을 하는 사람이다.

미디어 자원을 가진 사람과 친분을 쌓는 것은 매우 중요하다. 그들은 전문적인 미디어 홍보 회사와 유사한 역할을 하며 가장 중요한 시기에 당신을 위해 미디어 매체와 연결해줄 수 있다. 물론 미디어 매체와 접촉할 때는 본인이 직접 나서서 중요한 인맥을 쌓아 당신이 직접 연락을 취할 수 있도록 루트를 확보해야 한다. 매사 미디어 관계자를 통해서 연락할 수는 없지 않는가?

미디어 매체의 긍정적인 보도는 당신에게 장기적인 브랜드 가치, 사원들의 사기 진작, 업무력 향상 등 여러 가지 효과를 가져다준다. 반대로 부정적인 보도나 비판은 당신의 브랜드를 파괴시키고 명성에 오점을 남긴다. 우리가 상대하는 고객 중에는 미디어의 가치를 무시하는 이들이 많다. 그들은 풍족한 재력만을 믿고 미디어 따위는 두려워할 필요가 없다고 여긴다. 하지만 안타깝게도 막상 문제가 발생하고 나서야 자신들의 생각이 틀렸다는 사실을 깨닫는다. 하지만 이때는 그 어떤 성의를 보여도 이미 늦었기 때문에 많은 대가를 치러야 한다.

미디어 매체와 상호 연동성을 가진 쌍방 소통은 대단히 중요하다. 이러한 소통은 물질적인 이익관계이기도 하지만, 그보다는 정신적인 측면의 성격이 강하다. 미디어 자원이 당신을 깊이 있게 이해할 수 있도록 하는 것은 그들에게 많은 비용의 광고비를 대주는 것보다 더 중요하다.

'한 끼 식사'를 함께할 수 있는 힘

'한 끼 식사'의 효과를 절대로 우습게 여겨서는 안 된다. 상당수 성공가들은 공식 석상 외의 자리에서 그들을 하늘 높이 비상하게 만들어줄 사람들을 만난다. 물론 여기서 말하는 '한 끼 식사'는 단순히 밥을 먹는 것만을 의미하지 않는다. 이는 후원자나 유명 인사와 인연을 맺거나 혹은 짧게나마 교류를 나눌 수 있는 기회를 의미하기도 한다.

워런 버핏은 펜실베이니아 대학교 비즈니스스쿨을 다녔는데, 두 명의 유명한 증권분석가 벤자민 그레이엄Benjamin Graham과 데이비드 도드David L. Dodd가 컬럼비아 대학교 경영대학원에서 강의를 한다는 사실을 알고는 그곳으로 학교를 옮겨 '증권투자 이론의 아버지'로 불리는 두 사람의 문하생이 되었다.

워런 버핏은 대학교를 졸업한 후 그레이엄의 밑에서 투자 업무를 배우기 위해 그의 회사에서 무보수로 일하겠다고 자처하기도 했다. 그에게서 투자 이론을 배우고 증권시장을 연구하기 위해서였던 것이다. 그리고 스승으로부터 투자에 대해 배울 것은 다 배웠다고 생각될 즈음, 그는 회사를 나와 자신의 투자회사를 세웠다.

그렇다면 당신의 '그레이엄'은 어디에 있는 걸까? 성공가들의 발자취를 더듬어보면 그들 배후에는 항상 한 명 혹은 여러 명의 후원자의 그림자가 어른거린다. 때때로 성공가와 그들과의 관계가 꼭 깊은 친분이 있는 것만은 아니다. 그저 한 끼 식사를 함께한 일면식만 있거나 아니면 매우 짧은 시간 접촉한 사이이기도 하다.

프랑스인 조지는 대학을 졸업한 후 미국의 유명한 다국적 회사에 들어갔다. 영어가 유창하지 못했던 그는 처음에는 주목을 받지 못했다. 조지가 노력 끝에 영어를 유창하게 구사할 수 있게 된 뒤에도 그에게 선입견을 갖고 있던 직장상사는 여전히 그를 무시하며 기회를 주지 않았다.

그러던 어느 날, 조지가 혼자 사무실에 남아 야근을 하고 있을 때였다. 웬 중년남자가 사무실로 들어와 자리 하나를 차지하고 앉아 컴퓨터 작업을 하는 것이었다. 이때 고객으로부터 그 중년남성을 찾는 전화가 걸려왔다. 마침 고객은 조지가 책임지고 있는 상품에 대한 문의를 했다. 이에 조지는 그 중년남성을 대신해서 상품에 대한 설명을 하고 고객의 의문을 풀어주었다.

다음 날, 상사가 조지에게 영업부의 제품 판매 팀장으로 승진되었다는 소식을 알려주었다. 그제야 조지는 어젯밤에 사무실에 들어왔던 중년남성이 북미지역을 관할하는 부사장이었다는 사실을 알게 되었다. 바로 자신의 상사의 상사였던 것이다!

대다수 사람은 인생의 관건이 되는 순간에 조력자를 만나기 마련이다. 이때 자신의 능력을 과감히 펼친 덕분에 그들의 관심과 찬사 속에서 크게 발탁되는 행운을 얻는다.

그렇다면 당신에게는 왜 그런 기회가 없는 걸까? 그 이유에 대해 생각해본 적이 있는가? 어쩌면 당신의 일상생활에 불현듯 찾아온 '한 끼 식사' 혹은 '한 차례 교분'을 나눌 수 있는 소중한 기회를 경솔하게 흘려버린 것은 아닐까?

2

도움을 구하기 전에
친분부터 쌓아라

어떻게 해야 고급 인맥 안으로 들어갈 수 있을까

부자들의 사고방식은 저마다 다르다. 부자들은 다양한 부류의 사람과 교류하기를 즐긴다. 그들은 사교에 개방적인 감각을 지니고 있다. 다양한 유형의 그룹에 들어가 수많은 낯선 사람과 친분을 나누고 또 낯선 그룹을 자신의 그룹으로 만들기를 원한다.

2010년 나는 베이징에서 최초로 고급 인맥의 사교 플랫폼을 만들었다. 일종의 사교클럽 형식으로 중국 내 명사들에게 모임과 교류의 공간을 제공했다. 당시 우리는 첫 사교모임에 전국적으로 30여 명의 회원을 초청했다. 첫 사교모임의 개최 날짜는 7월 20일이었다.

그런데 하필 그날따라 갑자기 폭우가 쏟아지면서 하루 종일 극심한 교통난으로 도로 상황이 좋지 못했다. 나는 슬그머니 걱정이 되었다. 내로라하는 명사들이라서 폭우에 외출을 꺼려 모임을 취소하는 것은 아닐까 하고 말이다. 설상가상 그 모임은 우리 회사가 국내에서 처음 문을 여는 '개업식'이나 다름없었고, 유명 인사들과도 그다지 친분이 없었다. 그러나 나의 걱정은 기우에 불과했다. 회원들은 단 한 명도 빠짐없이 제 시간에 도착했으며, 게다가 대부분 20분 혹은 30분 전에 미리 도착했다.

이는 고급 인맥의 정의를 가장 잘 드러내는 사례이자, 당신이 고급 인맥그룹으로 들어가는 데 갖춰야 할 기본적인 조건을 설명해주고 있다. 그것은 바로 신용이다. 당신이 약속을 자신의 목숨처럼 여겨야만 사람들이 당신을 높게 평가하고, 존중해주며, 오랫동안 교류하기를 원할 수 있다.

인간관계의 본질은 공동체 문화다. 국외는 물론 국내에서도 그러한 성향은 잘 드러난다. 공동체 문화는 이미 중국 문화에서 없어서는 안 될 중요한 일부가 되었다. 영향력을 갖춘 고급 인맥그룹일수록 그 안으로 들어가고 싶어 하는 이들의 갈망은 더욱 강렬해진다.

그러나 그러한 고급 인맥자원을 갖춘 공동체 안으로 들어가는 것은 결코 쉬운 일이 아니다. 어떤 그룹이든 '입장권'이 필요하기 때문이다. 각 그룹이나 인맥 플랫폼에는 그들만의 특색과 일정한 자격조건이 있다. 그에 부합되지 않는 사람이 억지로 그 안으로 들어간다면 쫓겨나기 십상이다.

그렇다면 어떻게 해야 고급 인맥그룹 안으로 들어갈 수 있을까?

사교클럽과 비즈니스 파티

비교적 빠르고 편리한 사교클럽이나 비즈니스 파티를 통해 고급 그룹 안으로 진입하라. 이는 나의 첫 번째 조언이자 고급 그룹과 접촉하거나 가입할 수 있는 가장 직접적인 루트다. 사교클럽은 서로 비슷한 사고방식이나 견해를 가진 친구들이 공동 관심 사안에 대해 교류하는 사교 플랫폼이다.

여기에는 한 가지 전제가 있다. 당신은 반드시 그룹 안의 사람들과 공통분모를 가지고 있어야 한다. 가령 유사한 업종에 종사하거나 추구하는 목표가 동일하거나 혹은 화제나 취미가 같아야 한다.

이러한 기본 전제가 갖춰져 있다면 당신은 그들의 사교클럽이나 연회에 참석하여 그 그룹의 일원이 될 수 있다. 이곳에서 여러 방면의 정보를 얻고 고급 인맥그룹이 가져다주는 장점을 마음껏 누릴 수 있다.

사교클럽의 특징은 편하고 자유로운 분위기 속에서 손쉽게 공동 화제를 찾아낼 수 있고, 또 짧은 시간 내에 상대방을 파악할 수 있고 동시에 자신을 쉽게 알릴 수 있다.

경영대학원의 고급 인맥

세계 각지의 경영대학원은 한 가지 공통점이 있다. 즉, 미래의 비즈니스계의 관리인재를 양성하는 요람이자 미래의 우정을 쌓는 곳이다.

물론 현실 속의 상당수 사람은 단순히 시간적 여유가 많아서 경영대학원에 입학하기도 한다. 하지만 막상 그곳에 들어가면 미처 생각지 못했던 의외의 수확을 얻게 된다. 자신을 기다리고 있는 고급 인맥그룹을 발견하게 되니 말이다.

이러한 고급 인맥그룹은 한 사람의 인생에 두 가지 강력한 추진체 역할을 한다.

- 미래의 사업 발전에 큰 도움을 준다.
- 현재의 생활 태도를 크게 바꿔준다.

중국 민영회사의 사장이 우리 회원이었는데, 언젠가 이런 말을 내게 한 적이 있다.

"회원비 20만 위안(한화 약 3,370만 원)을 주고 이처럼 좋은 그룹 안으로 들어오게 되었으니, 오히려 돈을 번 기분입니다! 비록 회원비가 비싸기는 하지만 평소 고객 접대비로 나가던 것과 비교하면 아무것도 아니지요. 게다가 이곳에서 얻은 인맥은 평생의 자산이 됩니다."

경영대학원 이외에 다양한 종류의 상회나 사교클럽도 우리가 인맥을 넓히는 중요한 수단이다.

성공적인 인생을 위해서는 세 가지 갈래 길로 걸어가야 한다.

첫째는, 당신의 운명을 자신의 손에 틀어쥐고 있어야 한다. 당신이 어떤 사람인지, 또 어떤 인생을 원하는지 명확히 알아야 한다.

둘째는 당신의 운명을 다른 사람의 손에 맡겨야 한다. 당신을 발탁하고, 발전시키고, 성과를 올릴 수 있도록 만들어줄 사람을 만나야 한다.

마지막으로 역시 당신의 운명은 스스로 결정할 수 있어야 한다. 적극적으로 인맥그룹을 만드는 것은 당신 스스로의 몫이다.

때문에 당신은 항상 명심해야 한다. 어떤 인맥그룹 안으로 들어가냐에 따라 당신의 미래도 바뀐다는 사실을 말이다.

인맥그룹을 관리하라

성공가는 자기 관리에 뛰어날 뿐만 아니라 자신이 속한 인맥그룹 관리에도 뛰어나다.

인맥그룹은 그 사람의 가치를 결정한다. 당신의 가치는 주변 친구들의 가치에 따라 결정되는 것이지 자신의 능력으로 결정되는 것이 아니다.

그렇다면 인맥그룹은 어떻게 관리해야 할까.

우선, 가장 친한 친구들의 목록을 작성하라. 당신이 보유하고 있는 인맥그룹의 사람들은 단 한 명도 빼놓지 말고 또박또박 이름을 써라. 물론 그들과는 안정적인 연락관계가 유지되고 있어야 한다.

그다음에는, 그들의 가치를 계산해서 순위를 매겨라. 가치 평가는 다양한 기준에서 이뤄져야 한다. 가령 그들이 보유한 자산을 기준으로 한다면 재산이 가장 많은 사람 순서대로 순위를 매겨라. 또한 품격을 기준으로 한다면, 인품이 가장 뛰어나고 남을 잘 도와주는 사람 순서대로 순위를 매겨라. 그밖에 잠재적인 가치를 기준으로 한다면 현재 그들은 인생의 어떤 단계에 있는지에 따라 순위를 매겨라. 이러한 세 가지 기준에서 측정한 가치를 종합해서 최종적인 순위를 매기면 된다. 물론 기타 다른 기준으로 가치를 측정할 수 있다. 그들의 장점이나 단점을 1, 2, 3, 4로 번호를 매기며 일일이 열거해보면 마지막 총점을 산출할 수 있다.

마지막으로 당신이 산출해낸 이들 가치의 평균값을 계산하라. 모든 사람의 점수를 합친 다음 인원수대로 나눠서 최종적으로 나온 값이 바로 당신의 자산 가치, 인품 가치 혹은 잠재적 가치다.

이러한 가치계산을 통해 당신이 어떤 친구를 선택하고 또 어떤 인생의 선택을 하는지를 살펴볼 수 있다. 당신이 무의식적으로 커닝을 하지 않는 이상 뜻밖의 결과는 나오지 않을 것이다.

당신의 가치를 산출하고, 당신이 속한 인맥그룹의 품질을 가늠했다면, 다음은 어떻게 자신의 인맥그룹을 관리하느냐가 중요하다.

첫째로, 인맥그룹 안에서 당신의 인생길 안내자가 될 수 있는 가장 현명한 '고수'를 물색하라. 즉, 당신의 친구 중에서 배울 점이 많은 사람을 판별하여 집중적으로 그와 친분을 쌓는 것이다!

둘째, 그럴 만한 사람이 없다고 해서 실망할 필요는 없다. 이미 당신은 자신의 인맥 네트워크의 문제점을 간파하고, 어떻게 인맥을 발전시켜야 하는지 알게 되었을 테니 말이다. 이제 당신은 현재 보유하고 있는 인맥을 어떻게 통합시켜야 할지, 오랫동안 중점적으로 친분을 쌓아야 할 친구가 누구인지, 과거 수 년 동안 혹은 지난 몇 달 동안 인맥그룹의 사람들과의 관계에 어떤 실질적인 진전이 있었는지를 정확히 파악해야 한다. 그리고 이것을 정리하여 연락관계를 유지하는 순위를 매겨라.

셋째, 이제는 현재의 인맥그룹에 대해 일목요연해졌을 것이다. 그렇다면 새로운 인맥그룹을 개척하여 그룹의 품질을 향상시켜야 한다. 당신의 인맥관계를 업그레이드 시켜줄 수 있는 사람을 찾아라. 그 사람은 당신의 직장상사일수도 있고, 고객일 수도 있다.

당신이 빈둥거리지 않는 이상 그러한 사람은 반드시 찾아낼 수 있다! 우리 주위에는 당신의 잠재력을 발굴해줄 '대가'가 있다. 그 사람이 바로 당신의 '후원자'다. 단, 그 사람과 가까워지는 것은 온전히 당신의 몫이다. 뛰어난 천부적 자질을 가진 사람도 '올바른 후원자'를 만나야만 자신의 인맥그룹을 성공적으로 업그레이드하고 관리할 수 있다.

리더의 비서도 리더가 될 수 있다

환경은 사람을 바꾸고, 인맥그룹은 그 사람의 인생을 결정한다. 똑같은 공동체 안에서 생활하는 사람들은 설령 서로 간에 차이점이 있어도 시간이 흐르면서 점차 영향을 받아 비슷하게 변한다.

나는 강의에 참석한 학생들에게 이런 말을 한 적이 있다.

"그것은 바로 동화同化다. 동화는 일방적으로 이뤄지지 않는다. 사람들은 서로 영향을 주며 동질화된다. 뜨거운 물에 찬물을 부으면 온수로 변하는 것과 마찬가지 이치다. 악인도 착한 사람과 오랫동안 생활하다보면 어느 새 심성이 착하게 변한다. 물론 착한 사람도 약간의 변화는 생기는데, 결국은 두 사람 모두 똑같은 인품을 갖추게 된다!"

우수한 인물을 따르며 배우다보면 자신의 가치도 덩달아 높아져서 점차 그들의 가치에 다다르게 된다. 반대로 일류 인물이 삼류 인물과 어울리다보면 나중에는 이류 인물로 전락하게 된다.

여기서 주의해야 할 점은, 대다수 사람은 크나큰 성공을 거둔 사람들과 함께 어울릴 기회가 있으면서도 그들처럼 성공을 거두지 못한다. 그 원인이 무엇일까?

댈러스에서 온 스물다섯 살의 여성 제니는 오랜 기간 유명한 밴드의 리드 싱어와 친구로 지냈다. 두 사람의 우정은 4년 동안 이어졌고, 2년 정도는 댈러스의 같은 아파트에서 함께 생활하기도 했다. 리드 싱어는 노래에 천부적인 자질을 갖고 있을 뿐만 아니라 인품도 매우 뛰어나서 다방면에서 제니의 경탄을 자아냈다.

"얼마 전에 우리는 헤어졌어요. 친구가 시카고로 옮겨가는 바람에 저 혼자 댈러스에 남게 되었지요. 막상 혼자 생활하게 되니까 그동안 변한 나 자신의 모습이 보이기 시작했어요. 삶에 대한 야심도 없고, 성공에 대한 욕심도 없이 오히려 크게 위축되고 소극적으로 변해 있었어요."

제니의 반응은 매우 정상적이다. 이는 보편적인 '억제'심리다. 자신보다 월등히 뛰어난 사람과 함께 지내게 되면 사람들은 대개 큰 피로감을 느낀다. 강렬한 추앙심이 생기는 반면에 자신이 보잘 것 없는 존재처럼 여겨진다. 또한 상대방을 따라잡고 싶은 마음이 들지만 이내 자포자기한다. 만일 당신이 이런 심리 상태를 고치지 못한다면 자신보다 우수한 사람과 친구가 될 수 없을뿐더러 그에게 여러 가지 장점을 본받고 배우는 것이 더욱 어려워진다.

"자신을 직시하고, 억제심리에서 벗어나지 못하면 그 누구와 함께 지내더라도 자신의 가치를 업그레이드시킬 수 없어요."

나는 제니에게 말해줬다. 해결 방법은 많지만 가장 근본적인 것은 상대방을 모방하고 추종하는 심리에서 벗어나 정신적으로 독립하는 것이라고 말이다.

당신이 자신의 가치를 찾지 못하거나 혹은 앞으로 나가야 할 방향을 모른다면, 먼저 우수한 인물의 '추종자'가 되어 당신의 능력을 업그레이드하고, 당신이 나아가야 할 방향을 찾아라. 그러려면 먼저 우수한 인물과 친구가 되는 것부터 시작해야 한다. 그들과 감정 교류를 하는 과정에서 당신은 매우 좋은 가르침을 받을 수 있고, 그들의 우수한 품성과 뛰어난 기교를 배울 수 있다.

한 집단의 리더의 비서도 종종 우수한 리더가 되는 경우가 많다. 이를 증명해 줄 사례는 매우 많다.

가령, 새뮤얼 인설은 토머스 에디슨의 비서였고, 앤드류 카네기는 토머스 스콧의 비서였으며, 조지 브루스 코텔류는 시어도어 루스벨트의 비서였다. 나와 스미스 씨 역시 미국에서 보좌관 직책부터 시작했다.

수많은 사람이 한때 비서의 신분에서 나중에는 한 집단의 지도자가 될 수 있었던 이유는 무엇일까? 그것은 그들이 우수한 리더들과 친분을 쌓을 수 있었기 때문이다. 그들과 함께 어울리면서 알게 모르게 리더의 사고방식과 일처리 방식을 배우게 된 것이다.

오늘날 우리는 그 사람의 성공 여부를 평가할 때 단순히 학력만으로 판단하지 않고, 그의 인맥그룹의 품질로 판단한다. 그가 성공을 할 수 있을지의 여부는 그가 얼마나 많은 기술과 능력을 보유하고 있는지의 여부가 아니라 그가 어떤 사람을 알고 지내는지, 또 그가 어떤 부류의 사람들과 친구가 되기를 원하는지에 달려 있다.

만일 당신의 친구 중에 중량급의 인물이 있다면, 또 그들과 돈독한 사이를 유지한다면, 당신은 그를 통해 점점 더 발전할 것이다. 또한 당신 주위에 그러한 친구가 많다면 당신의 미래는 무궁무진한 가능성을 갖게 될 것이다!

독일의 심리학자들은 1990년대 공립 초등학교를 졸업한 300여 명의 학생을 대상으로 무려 15년에 걸친 '성장 추적 조사'를 진행했는데, 매우 의미심장한 결과를 얻었다.

300명의 초등학생들은 15년이 지나는 동안 어느새 각자 자신의 회사에서 자리를 잡은 직장인으로 변해 있었다. 그중에 크게 중용되어 회사 내에서 중책을 맡고 있는 이는 70명에 달했다. 그런데 놀랍게도 그 70명 중에 초등학교 시절 교장과 서신을 주고받은 사람이 40명이었고, 교장과 친밀하게 대화를 나눈 적이 있는 사람은 36명이었으며, 교장과 함께 점심식사를 한 적이 있는 사람은 23명에 달했다. 교장과 단 한 번도 개별적인 접촉을 해본 적이 없는 사람은 2명에 불과했다.

동기들 중에 가장 먼저 사회적으로 인정을 받고 자신의 인생 가치를 찾아낸 70명의 학생들은 대부분 공통점을 갖고 있었다. 그들은 초등학교 시절 교장과 교류하며 친분을 쌓았다.

왜 이러한 결과가 나오는 걸까? 초등학교 시절 교장과 교류를 쌓을 수 있었던 학생은 일반적으로 세 가지 특징을 지니고 있었다. 첫째는 권위를 두려워하지 않고, 둘째는 사람들과의 소통에 능숙했으며, 셋째는 자신을 표현할 줄 알았다.

바로 이러한 세 가지 특징 덕분에 그들은 '큰 인물'로 성장할 수 있었다.

이들과는 정반대로 초등학교 시절 학교의 중요 인물과 친분을 쌓지 못한 학생들은 대부분 조심스러운 생활 태도를 지니고 있었다. 물론 이들도 성공을 거둘 수 있지만 큰 성공은 힘들다. 그들은 성장 과정에서 더 많은 좌절과 시련에 부딪히고, 이로 인해 중도에 꿈을 포기하기 십상이다. 이들은 시련을 견디는 힘이 어린시절부터 중요 인물들과 교분을 나눌 수 있었던 이들보다 훨씬 뒤떨어지기 때문이다.

작은 인물들 그룹 안에서 생활하는 사람은 줄곧 작은 인물로 남아 성공하기가 힘들다. 반면에 어린시절부터 큰 인물들과 교분을 쌓은 사람은 커서도 큰 인물이 되기 쉽다!

만일 당신 주변 사람들이 모두 작은 인물들이라면, 삶의 기준도 낮아서 현재의 상태에 만족하며 안주하기를 원하는 심리상태를 갖게 된다. 보다 높은 삶의 목표를 세우고 고군분투하려는 욕망조차 잃어버리게 된다. 설사 기회가 생기더라도 그것을 거머쥘 마음조차 없기 때문에 인생의 기회를 스쳐 지나기 마련이다.

반면에 당신 주변에 큰 인물들이 많다면 그들의 삶을 부러워하는 마음이 생긴다. 그들을 본받고 싶은 심리 아래 보다 나은 삶의 목표를 향해 고군분투하려는 동기와 열정이 생기고, 그로 인해 자기 발전을 이루게 된다. 설사 당신이 본보기로 삼은 우수한 인물은 되지 못하더라도 최소한 지난날의 자신보다 훨씬 나은 인생을 살게 된다.

어떤 배경과 어떤 인맥그룹 안에 사느냐에 따라 인생이 바뀐다는 뜻이다.

3

감정에 투자하면 명성이 따라온다

대다수 중국인들은 누군가에게 돈을 빌려주는 것을 극도로 꺼린다. 설령 돈이 많은 부자더라도 누군가가 돈을 빌려달라고 전화를 걸어오면 질색한다.

문제는 그 누구도 재산을 목숨처럼 지킬 수 없다는 사실이다. 사실상 누군가의 도움을 거절한다면 당신의 인간관계는 점차 나빠질 것이고, 인맥그룹 안에서의 명성도 크게 훼손될 것이다.

로스앤젤레스에 대형마트 세 곳을 운영하는 화교 출신의 기업가 천陳 선생이 워싱턴에 온 적이 있다. 우리는 지인에게 돈을 빌려주는 것을 화제로 대화를 나누었는데, 그때 천 선생이 자신의 경험담을 들려줬다.

"나는 돈을 그다지 중시하지 않는 사람이라서 친구들에게 돈을 잘 빌려줍니다. 적게는 수백 달러, 많게는 수만 달러를 빌려주곤 하지요. 그런데 시간이 지나다 보니 그렇게 빌려준 돈을 되돌려 받기가 힘들더군요. 친구들에게 크게 인심을 썼다 셈 쳤지요. 그런데 2년 전에 중국에 살던 친구가 미국으로 여행을 왔다가 돈이 바닥이 나서 나에게 전화를 걸어왔습니다. 나는 이런저런 생각도 않고 5,000달러를 흔쾌히 빌려주었습니다. 그리고 며칠 뒤 친구는 나와 만나서 밥 한 끼 먹지도 못하고 곧바로 귀국했지요."

나는 천 선생의 이야기에 흥미가 생겼다. 보통 천 선생처럼 남에게 자주 돈을 빌려주는 사람은 나중에는 꼭 그 돈을 돌려받을 것이라고 여겼기 때문이다. 그렇지 않으면 사람들이 그를 호구로 여기지 않겠는가?

"그다음에 어떻게 됐습니까?"

천 선생은 너털웃음을 지으며 말했다.

"빌려간 돈의 액수가 작은 경우는 친구들의 체면을 위해 돌려받지 않았고, 또 경제적 상황이 나쁜 친구의 경우는 친구로서 도움을 베푼 셈치고 받지 않았습니다."

그는 미국 여행 차 왔다가 5,000달러를 빌려간 친구에 대한 다음 이야기를 들려주었다.

천 선생은 그 뒤로 단 한 번도 빚 독촉을 하지 않았다. 두 사람은 가끔 전화 통화나 이메일로 안부를 주고받은 것을 제외하고는 실질적인 연락관계를 유지하지 않았다. 그로부터 반년 뒤, 천 선생이 중국에 부동산 투자를 하게 되면서 큰 어려움을 겪게 되었다. 중국 현지 실정에 어두웠던 그는 건물만 매입하고 재산권을 설정하지 않았던 것이다.

상황이 다급했지만 중국 내에 인맥이 없던 천 선생은 그저 속수무책일 수밖에 없었다. 그는 수차례에 걸쳐 부동산 관리 부처를 찾아갔지만 별다른 해결책을 얻지 못했다. 재산권을 설정하지 못했기 때문에 건물을 반환할 수도 없었다. 절망에 빠진 그는 문득 반년 전에 돈을 빌려갔던 친구가 떠올라 서둘러 그에게 전화를 걸었다.

천 선생이 중국에 왔다는 소식에 친구는 크게 기뻐하며 베이징으로 초대했다. 그리고 미국에서 돈을 빌려간 뒤 내내 갚지 못했던 일에 대해서도 연신 사과를 했다. 귀국한 뒤 한동안 자금난에 시달리느라 반년이 지나도록 갚지 못했다며 이틀 안에 송금해주겠다고 약속했다. 이에 천 선생이 서둘러 말했다.

"그것은 상관없네. 자네에게 빚 독촉을 하려고 찾은 것이 아닐세. 다만 약간의 문제가 생겼는데 자네가 도와줄 수 있겠나?"

자초지종을 듣고 나서 되돌아온 친구의 뜻밖의 대답에 천 선생은 크게 놀라고 말았다. 그 부동산 회사의 회장이 마침 친구 회사의 오랜 고객이었던 것이다. 그다지 친분이 두텁지는 않지만 업무상 친구의 도움을 필요로 하는 회사였던 것이다.

친구는 곧장 부동산 회사의 회장에게 전화를 걸어 말끔하게 일을 해결해주었다.

천 선생은 감격에 찬 목소리로 말했다.

"빌려준 돈을 항상 되돌려 받지는 못합니다. 하지만 돈을 빌려주는 것 자체가 선행을 베푸는 것이기에 언젠가는 그 선행의 보답을 받을 수 있지요. 게다가 때로는 돈을 빌려가는 사람의 능력을 제대로 알지 못할 때가 많잖아요. 막상 그 사람의 도움을 필요로 할 때가 돼서야 과거 그 사람에게 돈을 빌려준 것이 아주 중요한 투자였다는 사실을 알게 되는 거지요!"

나도 천 선생의 의견과 같다. '돈을 빌려주는 것'은 일종의 감정투자다. 동시에 순수한 투자라고 여기고 절대로 그 어떤 대가도 바라서는 안 된다.

물론 돈을 빌려줄 대상을 판별할 필요가 있다. 잠재성이 있는 투자주인지, 아니면 쓰레기 주식인지 구분해야 한다. 당신이 빌려준 돈을 허튼 곳에 낭비하는 사람들에게는 절대로 빌려줘서는 안 된다. 반면에 마땅히 빌려줘야 할 사람에게는 일말의 망설임도 없이 돈을 빌려주거나 혹은 아예 선심을 베풀며 이렇게 말하라.

"너무 걱정하지 말게, 내가 든든한 뒷배가 돼주겠네!"

그렇다면 투자주와 쓰레기주식을 어떻게 구별해야 할까?

감정투자는 모든 투자 가운데 지출이 가장 적고 또 회수율이 가장 높은 투자다. 당신이 약간의 감정을 투자해도 그보다 훨씬 큰 '감정'을 대가로 얻을 수 있다. 이는 단순히 금전으로는 계산할 수 없는 가치를 갖고 있다.

그것은 똑똑한 투자자만이 할 수 있는 최고의 경지일 것이다. 돈과 같은 실물 투자가 보이지 않는 사이 거대한 감정투자로 전환되고, 다시 나중에는 커다란 보답으로 돌아온다.

감정투자는 '인간적 사회'에서 가장 효과적인 인맥투자 전략이다. 또한 '냉정'하고 '무정'하다는 부정적인 꼬리표를 떼는 데 가장 주효한 방법이다.

여유가 있고, 필요할 때는 적절한 감정투자를 하라. 그러면 당신의 인맥 수익에 큰 흑자를 보게 될 것이다.

일본 맥도날드 창립자 후지타 덴藤田田의《나는 돈을 가장 잘 버는 사람이다》라는 책에 보면 이런 내용이 있다. 후지타 덴은 자신의 모든 투자를 분류하여 수익률을 계산했는데, 감정투자가 모든 투자 중에서 가장 수익성이 높았다. 투자한 돈에 비해 얻은 유무형의 수익이 훨씬 높았던 것이다.

예컨대, 그는 매년 병원에 거액의 돈을 내고 자신 회사의 전용 병상을 제공받았다. 그리고 회사 직원이나 가족들이 병이 나거나 혹은 사고를 당했을 때 여러 병원을 헤맬 필요 없이 즉시 그 병원에서 치료를 받아 목숨을 잃는 일이 없도록 했다.

이에 대해 누군가가 후지타 덴에게 물었다.

"직원들이 모두 건강해서 여러 해 동안 병원에 갈 일이 없으면 그 많은 돈은 그야말로 공중에 뿌리는 것 아닙니까?"

그러자 후지타 덴은 이렇게 대답했다.

"그건 문제될 것이 없습니다. 그저 우리 직원들이 안심하고 일에 전념할 수만 있다면 결코 손해 보는 장사가 아니지요."

후지타 덴은 또 직원의 생일을 개인 휴가로 정해서 직원들이 그 날은 일찍 퇴근해서 가족과 함께 생일을 보내도록 했다.

그의 신조는 이랬다.

"우리 직원을 위해 약간의 돈으로 감정투자를 하는 것은 절대적으로 가치 있는 일입니다."

이는 남에게 돈을 빌려주는 것과 똑같은 효과를 가져온다. 누군가 힘들어서 당신을 찾았을 때, 그가 필요로 하는 것은 정작 당신에게는 아주 미미한 것에 불과하다. 잠시 필요하지 않는 돈을 빌려주어 상대방이 문제를 해결할 수 있도록 도와주면 된다. 이때 당신은 대수롭지 않은 일로 잊어버릴 수 있지만 상대방은 잊지 못할 큰 은혜를 가슴에 새기게 된다. 이것이 바로 가장 기본적인 감정투자다.

회사의 관리와 경영에서 필요한 감정투자는 사실 그다지 많은 비용이 소요되지 않는다. 후지타 덴의 경영철학처럼, 그의 감정투자는 직원들의 능동성과 강력한 창의성을 이끌어내 회사의 실적이 월등하게 높였다. 그 어떤 투자로도 얻을 수 없는 수익이었다.

명성과 미래의 수익성

나는 미국에서 기업가와 정계 인사들의 감정투자에 중개인 역할을 많이 하곤 한다. 여러 해에 걸친 경험에 따르면, 가장 효과적인 감정투자를 하고 싶다면 미래의 수익을 고려해야 하며, 단기간의 수익을 추구해서는 안 된다. 지금 당장 감정투자에 대한 대가를 바란다면, 그동안 쏟아부은 '감정'은 거짓된 행동이었다는 방증이 되기 때문이다.

모든 인맥 투자 중에서 명성은 가장 얻기 힘든 수확이다. 오늘날의 사회에서는 인심을 얻는 것이 참으로 어려운 일 중 하나가 되었지만 그렇다고 불가능을 의미하는 것은 아니다. 적잖은 사람이 효율적인 감정투자로 수많은 사람의 인심을 얻는다.

단순히 돈을 빌려주는 것만이 감정투자고 또 명성을 얻는 방식이 아니다. 때로는 당신의 따듯한 관심으로도 인간관계가 훨씬 순조로워진다. 이는 돈과는 상관이 없는 것으로, 아예 단 한 푼의 돈도 들지 않을 때도 있다. 감정투자는 이 세상에서 가장 강력한 투자가 되어 다른 투자 수익을 모두 합친 효과가 있다. 당신을 위해 탄탄한 '명성'이라는 자본을 쌓아주는데, 이는 돈으로는 결코 얻을 수 없는 것이다.

4

고급 인맥에 안착하는 법

적극적으로 새로운 인맥을 개척하라

만일 중요한 순간에 도움을 받고 싶다면 사전에 후원자들과 인맥을 쌓아야 한다. 우리의 인맥그룹은 끊임없이 개선되고 바뀐다. 다만 당신이 관심을 기울이지 않아서 그것을 미처 의식하지 못할 뿐이다. 때문에 당신은 중요한 인물들이 당신 옆을 스쳐지나간 것을 깨닫지 못하거나 혹은 마땅히 친분을 쌓아야 할 친구를 소홀히 대해 거리감이 생기기 쉽다.

당신의 인생을 성공으로 이끌어줄 천사가 그대로 스쳐지나간 것은 모두 당신의 실수로 비롯될 때가 많다. 우리는 막상 도움이 필요할 때에 이르러서야 평소 인맥을 쌓아두는 것이 얼마나 중요한지를 깨닫는다.

인맥그룹을 확장하는 데는 전제가 필요하다. 우선은 많은 사람과 교제해야 한다. 현실에서 대다수 사람은 기존의 그룹 안에서만 생활하는 성향이 있다.

하지만 그것을 물웅덩이처럼 오랫동안 방치하면 새로운 친구를 사귈 수도 없고, 새로운 부류의 사교활동도 할 수가 없다. 특히 중국인들의 경우, 익숙하고 안정된 생활에 안주하려는 성향이 있다. 이러한 보수적 환경 아래서는 새로운 그룹을 접하기가 매우 힘들다. 설사 새로운 그룹과 접촉할 기회가 생기더라도 종종 지나치게 보수적인 태도 때문에 실질적으로 관계를 진전시키지 못하는 탓에 새로운 인맥을 놓치기 십상이다.

당신이 그런 상태에 있다면, 당신의 미래에 큰 도움을 줄 중요한 인물을 만나기가 힘들 뿐더러 기회와 재물도 거머쥐기 어렵다. 당신이 적극적으로 기존의 그룹에서 벗어나 새로운 그룹을 개척하여 환경을 바꾸고, 기존의 인맥과 새로운 인맥을 효율적으로 연계해야만 당신의 미래를 위한 강력한 인맥을 마련할 수 있다.

중요한 순간에 인맥의 도움을 받을 수 있는 사람은 짧은 시간에 새로운 환경에 곧잘 적응할 줄 아는 이다. 또한 자신에게 가장 도움이 되는 사람과 가장 유리한 기회도 곧잘 포착한다. 잠재적인 후원자를 거머쥐는 것은 앞으로 전진 할 수 있는 '수단'을 확보한 것과 다름없다. 그들은 당신이 필요로 할 때 힘을 보태줘서 짧은 시간에 최소의 원가로 아름다운 미래를 쟁취하게 한다.

샤넬은 프랑스 서남부 소뮈르라는 작은 마을에서 태어났다. 그의 아버지는 작은 상점의 상인이었는데, 그녀가 태어난 지 얼마 지나지 않아 모녀를 버리고 떠났다. 그의 어머니는 홀로 샤넬을 키웠지만, 그녀가 여섯 살이 되던 해에 병으로 세상을 떠나고 말았다. 고아가 된 샤넬은 작은 고아원으로 보내져 불우한 어린시절을 보내야 했다.

어느 덧 성인이 된 샤넬은 에튀엥느 발장이라는 부잣집 아들과 사랑에 빠졌다. 하지만 작은 시골 마을에서 생활하기를 원하지 않았던 샤넬은 기회만 생기면 그곳을 떠나고 싶어 했다. 그리고 마침내 발장이 샤넬을 세계적인 대도시 파리로 데려갔다.

파리로 옮겨 온 샤넬은 화려한 대도시의 모습에 신선한 충격과 흥분을 느꼈다. 그리고 아름다움을 추구하는 천성 덕분에 그녀는 자신이 개척할 수 있는 처녀림을 발견했다. 당시 파리 여성들의 복장은 고리타분하고 시대에 뒤떨어져 있었던 것이다.

샤넬은 시간이 날 때마다 거리를 쏘다니며 지나가는 여성의 옷차림을 유심히 관찰했다. 한결같이 보수적이고 세련되지 못한 것을 보고 그녀는 새로운 꿈이 생겼다. 이 대도시의 여성들을 아름답고 세련된 옷으로 꾸며주고 싶은 열망이 움텄던 것이다.

하지만 샤넬의 남자친구 발장은 그녀의 포부를 이해하지도 지지하지도 않았다. 그로 인해 잦은 갈등과 다툼을 벌이던 두 사람은 결국 헤어지고 말았다.

당시 낯선 대도시에서 여성이 사업을 일으키는 것은 결코 쉬운 일이 아니었다. 바로 이러한 중요한 순간에 아서 카펠이 구원의 손길을 내밀었다. 상냥하고 자유분방한 자산가였던 카펠은 샤넬이 패션 사업에 뛰어든 것을 적극적으로 지원했다.

원대한 꿈은 신비로운 힘을 발휘하는 법이다. 모자 전문점을 개업했던 샤넬의 첫 사업은 성공적이었고, 여기에 힘을 얻은 그녀는 한층 규모를 확대하여 본격적으로 패션사업을 일으켜 세웠다.

샤넬의 의상실은 해마다 규모가 확대되었고, 마침내 캉봉 거리의 건물 다섯 채를 매입하여 파리에서 가장 유명한 의상실을 개업했다.

1922년 샤넬은 그녀의 행운의 숫자를 따라 '샤넬 No.5'를 출시하여 성공을 거두었다. 그리고 1924년에는 샤넬 향수 회사를 세웠다. 전 세계적인 베스트셀러가 된 향수 덕분에 샤넬은 막대한 사업 자금을 마련할 수 있었고, 이내 세계적으로 부유한 여성이 되었다.

점원 네 명과 함께 시작한 작은 상점에서 네 개의 패션회사와 향수 공장, 그리고 주얼리 브랜드를 거느린 대기업가가 된 것이다.

샤넬은 새로운 도시로 옮겨 인생의 목표를 찾았다. 여기서 주목해야 할 점은, 카펠의 도움이 있었기에 샤넬이 위대한 사업가로 발돋움할 수 있었다는 사실이다.

만일 샤넬이 시골 생활에 만족하고 살았다면 그녀는 일생 동안 여느 시골 여인으로 살아갔을 것이다. 또한 그녀가 만일 부잣집 아들과 결혼해서 안주했다면, 그녀는 아마 평생 고리타분한 삶을 살았을 것이다.

하지만 샤넬은 적극적으로 자신의 인생을 위한 첫걸음을 내딛었고, 그 덕분에 세계적인 브랜드 샤넬이 탄생할 수 있었다.

새로운 그룹으로 들어가면 자신을 위한 새로운 기회를 발굴할 수 있고, 또 자신을 도와줄 새로운 귀인을 만날 수 있다. 당신이 어떤 환경에 처해 있든, 또 어떤 배경을 가지고 있든, 인간관계에서 '적극성'

은 가장 기본적인 원칙이 된다. 만일 대문을 걸어 잠그고 집 안에만 틀어박혀 지낸다면 그 어떤 것도 얻을 수 없다!

제5장

모든 위기에서
성공을 사수하라

현실에서 사람들은 모두
'정확한 대상'을 찾아다닌다.
하지만 그들이 접촉하는 모든 이들과
신뢰관계를 형성하는 것은 아니다.
가장 짧은 시간에 최대의 신임을 얻는 것은 매우 어렵다.
때문에 평소에도 자신의 올바른 이미지를 세우고
널리 알리는 데 주력해야 하다.
그래야만 잠재적인 중요인물과
인맥을 쌓을 때 큰 힘이 된다.

1

어떤 상황에서도
당신을 돕는 사람이 꼭 있다

전화 한 통으로 당신을 위기에서 구해줄 사람

만일 막다른 벼랑길에 몰린다면 누가 당신을 구해줄까?

아마 많은 사람이 그러한 문제에 부딪힌 적이 있을 것이다. 그런 문제가 생겼을 때 대부분은 그 난관을 극복하지 못하고 실패의 나락으로 떨어지기 마련이다. 인생에는 도처에 크고 작은 위험이 도사리고 있다.

내일 당장 무슨 일이 벌어질지 아는 사람은 아무도 없다. 때문에 막상 난관에 부딪혔을 때는 그저 자신이 가장 신뢰하는 사람에게 전화를 걸어 도움을 요청할 수밖에 없다.

아마 그때가 돼서야 당신은 알게 될 것이다. 당신의 휴대폰 주소록에 수십 명, 수백 명의 연락처가 있지만 정작 의지할 수 있는 사람은 단 한 명도 없다는 사실을 말이다. 그들은 그저 당신과 쾌락만을 공유할 뿐 고통과 시련을 함께 헤쳐나갈 수 있는 사람은 아니다.

마음은 초조한데 조언을 구할 사람도 없고, 또 사방을 둘러봐도 누구 하나 도움의 손길을 내미는 이가 없다. 아는 사람은 많지만 그들은 당신에게 도움을 주기는커녕 오히려 방해가 되기 십상이다.

그렇다면 당신에게는 양질의 인맥이 없다는 뜻이다. 지금 당신이 유지하고 있는 인맥은 모두 쓸모없는 것으로 당신의 인생에 그 어떤 긍정적인 영향도 미치지 못한다고 말할 수 있다.

좋은 인맥그룹은 최고의 방패가 된다

제 기능에 충실한 거미줄은 어떤 걸까? 그 어떤 비바람에도 끄떡없는 거미줄이다. 세찬 비바람에 이리저리 흔들려도 찢어지지 않고 제 자리를 지키고 있는 거미줄이다.

좋은 인맥그룹은 그런 거미줄과 같다. 인생에 폭풍우가 몰아쳐도 꿋꿋하게 그 무게를 견딘다.

매번 곤경에 처할 때마다 오뚝이처럼 '기사회생'하는 스미스 씨가 나는 항상 궁금했다. 그는 로스앤젤레스에 100여 개의 식품마켓을 운영하며 꾸준히 규모를 확장하는 과정에서 두 차례에 걸쳐 재난에 가까운 시련에 빠졌다. 여생을 빚 갚는 데 쏟아부어야 할 정도로 심각했다. 스미스 씨가 식품업계의 거두였던 탓에 그의 소식은 신문의 헤드라인을 차지했다. 그러나 언론매체에서 "식품업계의 거두가 심각한 위기 상황에 직면했다"고 앞다퉈 보도한 뒤 불과 보름 후에 스미스의 식품회사는 다시 화려하게 부활했다. 마치 다 죽어가던 거대한 공룡의 심장이 다시 힘차게 뛰면서 새 생명을 얻는 듯했다.

언론 매체에서는 "도대체 어찌 된 일인가?"라고 떠들어댈 때 스미스 씨는 담담하게 미소 지으며 이렇게 대답했다.

"나에게는 빼곡하게 명단이 적힌 두툼한 전화번호부가 있습니다, 그중에 번호 세 개만 골라서 전화를 걸었지요. 나를 구해준 그 친구들이 그저 고마울 따름입니다."

그 세 개의 전화번호는 각각 세 종류의 중요 인맥을 상징하고 있었다.

- 당신을 위해 기발한 전략을 세워줄 사람
- 당신을 위해 문제 해결에 필요한 관계자를 소개해줄 사람
- 당신을 위해 흔쾌히 자금을 대줄 사람

폭풍우가 몰아치기 전에 전화번호부를 뒤져라

2년 전 경영 실책으로 베이징의 왕 선생은 3년 동안 고생하며 키워온 회사가 파산하고 말았다. 하룻밤 새 빈털터리가 된데다 거액의 채무까지 지고 빚쟁이에 쫓기는 신세가 되었다. 그는 집에도 못 들어갔고 국내에서도 오래 버티기가 힘들었다.

이런저런 고민을 하던 그에게 유일한 방법은 미국의 친구 집으로 도망치는 것이었다.

그 친구와는 어린시절부터 같이 자란 그야말로 '불알친구'였기에 막역한 사이에 대해서는 굳이 설명이 필요 없었다! 학교에서는 함께 도시락을 나눠먹고, 수업이 끝나면 함께 자전거를 타고 집으로 돌아갔다. 심지어 옷도 바꿔 입고 함께 잠을 잘 정도로 친형제와 다름없는 생활을 했다.

한 번은 바닷가에 놀러갔다가 친구가 물속에 빠져 죽을 뻔했을 때 목숨을 구해준 적도 있어서 왕 선생은 친구의 생명의 은인이라고 해도 무방할 정도였다.

그래서 왕 선생은 희망을 안고 미국으로 향했다. 자신이 빚을 청산하고 재기할 수 있도록 친구가 자금을 빌려줄 것이라고 믿어 의심치 않았던 것이다. 그러나 막상 친구를 만나고 난 뒤에야 왕 선생은 자신이 헛된 꿈을 꾸었다는 사실을 깨달았다. 친구는 무척 친절하게 그를 맞으며 미국에서 생활하는 데 어려움이 없도록 모든 비용을 흔쾌히 대주겠다고 했지만, 정작 왕 선생이 현재 처한 상황에 대해서는 일말의 관심도 없었다. 친구가 자금을 빌려줄 수 있는지 몇 번이나 의중을 떠보았지만 그럴 때마다 못 들은 척 한 귀로 듣고 한 귀로 흘렸다. 자금에 대한 이야기를 꺼내면 금세 화제를 돌리더니 급기야는 아예 왕 선생의 전화조차 받지 않았고 미국 생활에 대해서도 관심조차 갖지 않았다.

결국 로스앤젤레스의 화교 상회에 도움을 요청하러 온 왕 선생은 낙담에 빠진 표정으로 이렇게 한탄했다.

"예전에는 이 세상 곳곳에 친구가 있다고 생각했는데, 이제 보니 단 한 명도 없더군요!"

그렇다. 우리는 막상 곤경에 빠졌을 때야 인맥의 실체를 발견한다! 그때가 돼서야 전화번호부를 뒤지며 누가 나를 도와줄 수 있는지 살펴본다!

한번 생각해보라, 만일 당신이 왕 선생과 같은 처지에 있다면, 오늘날과 같이 각박한 세상에 과연 누가 당신을 도와줄 수 있을까?

상사일까? 당신의 사장은 아마도 온갖 이유를 갖다 붙이며 당신의 월급이나 시간 외 수당을 깎는 데만 혈안이 되어 있을 것이다. 그리고 당신이 더 이상 이용가치가 없다고 생각되면 가차 없이 당신을 내쫓을 것이다.

가족일까? 당신의 형제자매들은 부모님이 남긴 부동산에만 관심이 있다. 조금이라도 재산을 더 챙길 수 있다면 당신과 소송도 불사할 것이고, 심지어 남보다 더 무정하기 짝이 없을 것이다.

동료일까? 당신과 같은 부서에서 일하는 동료들은 당신보다 실적을 높이기 위해 고객을 빼앗아가려 애쓸 것이다.

이웃일까? 당신이 거처할 집이 없어 거리를 전전해도 잠시 비를 피할 거처조차 마련해주지 않을 것이다.

정부 기관일까? 당신이 실직했다고 해서 나라에 납부해야 하는 공과금을 면제해주지 않는다. 당신이 정부 조직에 필요한 가치가 있다고 판단되지 않는 이상 일자리를 제공해줄 리도 만무하다.

냉정하게 당신 주변 사람들을 점검해보라. 아마 당신을 진정으로 도와줄 사람이 그리 많지 않다는 것을 알게 될 것이다. 세상 곳곳에 당신의 친구가 있다고 착각하지 마라. 당신이 별 문제 없이 잘 살 때는 모두 당신의 친구가 될 것이다. 하지만 막상 시련에 부딪히면 당신이 인연을 맺고 살았던 이들의 실체를 알게 된다.

로스앤젤레스에서 우리 회사가 개최한 인맥 강좌에서 나는 두 가지 질문을 던진 적이 있다. 수강생 중에는 대학생도 있고, 회사의 중견간부들도 있었다. 그중에는 백인도, 흑인도 있고, 일본과 한국에서 온 동양인들도 있었다.

"당신이 지탱하고 있던 세계가 무너졌을 때 모든 것을 다 걸고 당신을 도와줄 사람이 있습니까? 당신이 가장 힘들 때 당신을 외면하지 않을 사람은 누구입니까?"

모두 깊은 침묵 속에 빠졌다. 모두 머릿속으로 열심히 그 대상을 찾고 있는 듯했다. 깊은 침묵의 시간이 지나고 극소수의 사람만이 자신의 노트에 그 이름을 적었다. 비록 이름은 썼지만 선택의 범위가 매우 좁아 시종일관 망설이는 빛이 역력했다. 왜냐하면 그들도 확신이 서지 않았기 때문이다. 비록 서너 명의 이름을 적었지만, 과연 자신이 난관에 직면했을 때 그들이 도움의 손길을 내밀어줄지 장담할 수 없었던 것이다.

위의 두 질문에 대해 깊이 생각해본다면 당신의 인맥에 심각한 문제점이 있다는 사실을 깨닫게 될 것이다. 우리가 난관에 직면했을 때 누군가가 도움의 손길을 내밀어준다면 그 어떤 어려움도 수월하게 헤쳐나올 수 있다. 그러나 그러기 위해서는 위급한 순간에 흔쾌히 당신을 도와줄 수 있는 황금인맥을 쌓아야 한다.

2

최악의 상황에 대비하라

위기 극복을 위한 도구를 미리 준비하라

절체절명의 위기에서 그 누구의 도움도 받지 못해 절망하지 않으려면, 훗날에 닥칠 위기 상황을 유념하며 남들을 잔인하고 무정하게 대해서는 안 된다. 당신의 동료나 친구, 가족들을 항상 관대하게 대하며 그들과 함께 당신의 성공을 공유하도록 노력해야 한다.

당신의 인맥그룹 안에 안전장치를 만들어놔야만 위급할 때 누군가가 나서서 당신을 도와줄 것이다. 얼마나 많은 투자를 해야 사람들의 인심을 얻을 수 있을지는 알 수 없다. 그저 노력하고 또 노력한다면 그만큼 인심을 얻을 확률도 높아질 것이다.

사람을 대할 때 안전장치를 마련해놓지 않는 것은 가장 위험한 처세다. 미국 재계에서는 이런 속담이 있다.

"당신이 하늘을 날 때 지상의 두꺼비에게 방석을 내주는 것을 잊지 말라."

당신이 계속해서 하늘 높이 비상한다면 그것보다 더 좋은 일은 없을 것이다. 하지만 어느 날 갑자기 하늘에서 떨어지게 되더라도 두꺼비에게 조소 받을 일은 없다. 과거 두꺼비에게 은혜를 베풀었기에 당신이 의지할 최소한의 의지처는 얻을 수 있는 것이다.

시티은행의 팀장 몬스는 한 번의 판단 실수로 회사에 수백만 달러의 손실을 입혔다. 몬스는 자신의 실수가 아니라고 항변했다. 그의 파트너가 업무를 같이 진행하는 과정에서 몬스에게 허위정보를 알려줬기 때문이다. 그래서 그의 책임은 미미하고 자신 역시 피해자라고 생각했다. 하지만 결과적으로 모든 책임을 지고 회사에서 쫓겨난 사람은 몬스였다.

나는 그에게 '호랑이와 선택'에 관한 이야기를 들려줬다.

"두 사람이 산길을 가다가 큰 호랑이와 마주쳤습니다. 첫 번째 사람은 서둘러 배낭에서 운동화를 꺼내 신발을 갈아 신었습니다. 반면에 두 번째 사람은 다급해하며 화를 냈지요. '지금 뭣 하는 거야? 당장 도망쳐도 모자랄 판인데!' 그러자 첫 번째 사람이 웃으며 말했습니다. '내가 자네보다 더 빨리 도망치면 될 것 아닌가?' 그러고는 쏜살같이 도망쳤습니다. 뒤에 처진 친구는 그대로 호랑이에게 먹히고 말았지요."

몬스가 쓴웃음을 지으며 말했다.

"그 말이 맞습니다. 제가 바로 그 이야기 속에 나오는 두 번째 사람입니다."

"그 원인이 무엇인지 압니까?"

시티은행에서 근무한 지 6년차 팀장인 몬스는 결코 어리석은 사람이 아니었다. 그는 고개를 끄덕이며 말했다.

"그 이야기 속 내용 그대로지요. 도망칠 때 신을 운동화를 미리 준비하지 않았던 탓이지요. 그래서 저도 '호랑이 먹이'가 되고 만 겁니다."

'스스로 안전하다고 여길 때'가 실은 가장 위험한 순간일 때가 많다. 당신은 매우 안정적인 고급 인맥이 있고, 친구들도 세계 각지에 널려 있다고 자부하지만 예측할 수 없는 변수들에 직면할 수가 있다. '호랑이'가 나타났을 때 당신을 위한 '운동화'가 돼 줄 사람은 그다지 많지 않다!

그러므로 평소 문제가 생겼을 때는 먼저 뒤로 물러나 만일의 상황에 대비하는 것이 가장 현명한 처세 방법이다. 뒤로 물러나고, 양보하고, 더 많이 베풀고, 보답을 바라지 않는 것은 훗날의 전진을 위한 '한 걸음'이다. 동시에 다른 사람의 적극적인 도움을 이끌어내는 토대가 된다.

몬스의 인맥은 보는 이로 하여금 절로 걱정이 될 정도였다. 스물여섯 살에 결혼한 그는 어느 덧 두 아이가 있는 서른다섯의 중년남자였다. 노스캐롤라이나에 저택을 장만했고, 200만 달러 남짓의 재산도 보유하고 있었다. 비교적 젊은 나이에 그러한 성과를 거둔 몬스가 당신에게는 성공가로 보일 것이다. 미국 중산층 계급의 대표적인 사례라고 생각할 것이다.

하지만 단연코 말하건대, 'No!'다. 이유는 그가 자신의 신분이나 지위, 재력에 어울리는 인맥을 전혀 갖고 있지 않았기 때문이다.

그 자리에 오르기까지 몬스는 그 어떤 모임이나 사교클럽에 가입한 적이 없었다. 심지어 헬스클럽과 같이 사람들과 교류할 수 있는 교류 플랫폼의 회원카드 한 장조차 없었다. 인맥을 쌓는 데 전혀 관심이 없었던 것이다. 물론 그에게도 친구는 많다. 하지만 모두 이익과는 전혀 관련이 없었고, 서로 간에 신뢰도 쌓지 못했다. 어려움에 처했을 때 도움을 받는 일은 기대조차 할 수 없었다.

그의 형편없는 인맥 현황은 시티은행 안에서 거의 정점을 찍고 있었다. 그는 부하직원에게는 친절한 상사였지만 정작 자신의 상사들에게는 그 어떤 인상도 심어주지 못했다. 회사 내에서 그를 발탁해줄 중요 인맥 하나 없이 그저 성실 하나만으로 그 자리에 오른 것이다.

때문에 업무상 실수를 저질렀을 때 그의 편을 들며 두둔해줄 방패막이 없었다. 반면에 그의 동료는 집안끼리의 친분으로 친하게 지내는 주주가 두 명이나 있었다. 천인공노할 죄를 짓지 않는 이상 그가 수렁에 빠질 때마다 구해줄 천사가 보장되어 있었던 것이다.

수렁에 빠졌을 때 도와주는 사람도 없고 오히려 발길질을 하는 사람만 있는 것은 몬스를 비롯한 인맥위기에 빠진 사람의 공통점이다! 인맥위기를 해결하는 방법은 고급 인맥을 쌓는 것밖에 없다!

현재 중국 내의 수많은 창업자가 대출금을 얻기 위해 미국을 찾고 있다. 그중에는 우리 회사를 중개인으로 삼아 미국의 융자회사와 접촉하여 홍보와 설득을 하기도 한다. 그들은 성공 가능성이 높은 기업을 설립하는 것이 최고의 투자라고 생각한다. 회사 수익만 올리면

목표를 달성할 수 있다고 확신한다.

그런 그들에게 나는 이렇게 조언한다.

"아닙니다. 현실은 그와 정반대입니다. 당신이 벌인 일을 인수인계하여 처리할 사람이 있는지를 먼저 고려해야 합니다."

당신이 절박한 상황에 몰렸을 때 당신을 도와 뒤로 물러날 길을 만들 사람이 있는가? 당신은 투자의 안전성을 보장할 수 있는가?

창업자는 거액의 자금을 회사에 투입하여 규모를 키우기를 바라며, 여러 투자자와 함께 수익을 나눈다. 투자자들은 수익을 거두면 빠져나갈 것이고, 회사는 적절한 때가 되면 주식시장에 상장할 것이다. 하지만 정작 최악의 상황을 염두에 두고 있는 이는 없다. 투자위기에 빠졌을 때 아무도 도와주지 않는 상황을 말이다.

당신의 사업이 승승장구를 할 때 사람들은 모두 승리의 케이크를 나눠 먹으려고 한다. 하지만 막상 위기에 빠졌을 때는 어떨까? 당신을 위해 손길을 내밀어줄 사람이 있을까?

상황이 좋을 때든 나쁠 때든 당신이 곤경에서 빠져나갈 수 있도록 '운동화'가 되어줄 인맥이 필요하다.

우리는 성공을 향해 나아갈 때 '다른 사람의 힘'을 활용할 줄 알아야 하며, 곤경에서 빠져나올 때도 외부의 힘을 이용할 줄 알아야 한다. 혼자만의 힘으로는 힘들다. 평소에 친구들을 많이 도와줘야만 훗날 당신도 그들의 도움을 받을 수 있다.

여기서 우리는 입장을 바꿔 생각해볼 필요가 있다. 우리는 앞으로 전진할 때도 물론 친구가 필요하지만 후퇴할 때는 그보다 더 막강한 인맥의 힘이 필요하다. 전진할 때는 이익을 공유하기 위해 많은 사람이 자발적으로 당신과 협력한다. 반면에 후퇴할 때는 본전을 챙겨서 안전하게 퇴각하려면 당신을 도와주는 것이 별다른 이득이 되지 못한다. 이때는 서로의 관계가 얼마나 견고한지 시험대에 오르게 된다.

당신이 승승장구할 때도 겸손을 잃지 않고 자신의 이익을 희생해서라도 여러 사람과 함께 이득을 공유하라. 만일 당신이 혼자서 이익을 독차지하고 구두쇠처럼 군다면 사람들은 당신의 행운을 질투하고, 또 당신의 이기적이고 치사한 심보에 불만을 품게 되어 급기야 당신의 일을 망가뜨릴 궁리까지 하게 된다. 설상가상 인맥조차 쌓아놓지 않는다면 위의 몬스처럼 일단 문제가 터지면 살아남기가 힘들어진다.

좋은 인맥관계는 우리가 사업을 도모하거나 위기에서 탈출하는 데 토대가 된다. 양질의 인맥관계는 하루아침에 이룰 수 없다. 한 걸음 한 걸음 평소에 꾸준히 '감정투자'를 하며 미래의 탈출에 필요한 '운동화'를 위해 오랜 노력을 기울여야 한다.

중국 속담에 "처세에 통달한 사람의 경험은 하나의 학문이 된다"라는 말이 있다. 자신의 인맥관계를 잘 관리하여 미래의 안전한 퇴각로를 준비하기 위해서는 이 말을 명심해야 한다.

3

주변 사람들의 지지를
사전에 확보하라

평소 주변 사람들의 지지를 얻는 데 노력하라

영업활동을 할 때 우리는 주로 고객의 정책결정권자와 중요 관계자를 찾아 나선다. 그들의 인맥을 빌리면 훨씬 일이 수월하게 성사되니까 말이다. 하지만 한 가지 주의할 점은, 모든 중요 인물이 고위급 인사나 혹은 회사의 사장인 것은 아니라는 사실이다. 프로젝트하나를 진행할 때 반드시 그 프로젝트의 직접적인 결정권자를 설득할 필요는 없다.

때때로 현장과는 상관없이 상부에서 결정만 내리는 사람들은 아무런 도움이 되지 않는다. 설사 인맥을 동원해 그와 접촉할 수 있거나 혹은 직접 전화 통화가 가능해도 좋은 결과를 기대하기가 힘들다. 회사의 영업사원을 대상으로 강좌를 할 때 나는 그러한 상황에 대해 두 가지 원칙을 설명한다.

첫째, 정책 결정에 중요한 인물과 접촉하고, 그가 당신과의 면담을 원한다면 그보다 더 좋을 수는 없다.

둘째, 중요 인물의 근거리에 있는 '이차적인 중요 인물'을 주시해야 한다. 조건이 허락한다면 최대한 그들의 지지를 이끌어내야 한다.

대기업들 간의 영업 마케팅은 첫 번째 목표로 상대 회사 담당 부서 팀장을 정확히 조준하는 것이 필요하다. 담당 부서의 책임자는 일정한 결정권이 있는데다, 고위층 임원이나 사장은 회사의 중요 정책을 결정할 때 담당 부서 팀장으로부터 전문적인 의견을 듣는다. 절대로 판매자 측의 일방적인 설명을 듣고 결정하지 않는다.

이 사람들이 바로 '이차적인 중요 인물'로서 최종적인 정책결정자에게 상당히 큰 영향력을 발휘한다. 때문에 이들의 지지를 쟁취해야 한다. 설사 그들이 당신 회사의 제품을 지지하지 않는다고 해도 최소한 중립적인 입장을 취하도록 만들어야 한다. 그렇지 않으면 영업 전략이 수포로 돌아갈 수 있고, 또 애초 잘 풀리지 않던 설득 작업 또한 불가능해진다.

이시하라는 오사카의 작은 회사에 갓 입사한 신입직원이었다. 어느 날 그녀는 판매액이 수십억 엔에 달하는 고객사를 찾아갔다. 처음 그녀가 만난 인물은 그 회사의 문서 담당 직원이었다. 당시 이시하라는 중요 인물의 중요성을 잘 모르고 있었다. 그저 문서 담당 직원을 상대로 자사의 제품을 열심히 홍보했다.

나중에 그 문서 담당 직원이 도쿄의 본사로 돌아가면서 이시하라에게 오사카의 업무팀장을 소개해주었다. 그 업무팀장은 그저 일반 대리점 판매 총책이었지만 자세한 상황을 알지 못하는 이시하라는 다시 그 업무팀장을 상대로 자사의 제품을 열정적으로 설명했다.

업무팀장은 이시하라가 설명한 제품이 수익가치가 있다고 판단하자 그녀를 회사의 사장에게 소개했다. 그리고 사장은 다시 도쿄의 본사로 보고를 올렸다. 그리고 마침내 이시하라는 대량의 제품 발주서를 손에 넣는 데 성공했다. 그 회사와 정식 매매 계약서를 체결하기 전날 밤, 이시하라는 두근거리는 마음을 안고 그동안 자신의 영업 전략을 되돌아보았다. 사실 그녀는 자신이 그 회사와 매매계약을 성사시키지 못할 것이라고 거의 자포자기 상태에 있었다. 오랜 시간 고객사를 드나들며 입에 단내가 나도록 제품 홍보에 열을 올렸지만 고객사 본사의 정책결정자의 얼굴 한 번 보지 못했으니 말이다.

때문에 계약 통지를 알리는 고객사의 전화를 받았을 때 그녀는 뜻밖의 희소식에 자신이 꿈을 꾸고 있는 건 아닌지 어리둥절하기만 했다. 그래서 두 번이나 사실 확인을 한 뒤에야 자신의 영업 전략이 성공했다는 사실을 깨달았다.

어쩌면 당신은 이시하라가 먼 길을 돌고 돌아 목적지에 도달했다고 생각할지도 모른다. 처음부터 도쿄 본사로 찾아가 정책결정자를 직접 만나 영업활동을 했더라면 훨씬 간단하고 빨랐을 거라고 말이다. 하지만 실상은 꼭 그렇지만은 않다. 만일 이시하라가 직접 본사를 찾아갔다면 아마도 그들은 이시하라를 오사카의 지사로 다시 보내 관할 부서에서 처리하도록 했을 것이다. 또한 만에 하나 이시하라가 본사에서 정책결정권자를 만났다고 해도 제품에 대해 별다른 흥미를 느끼지 못할 경우, 이는 곧 오사카 지사의 담당책임자에게 부정적인 암시를 줄 가능성이 컸다. 그랬다면 아마도 거액의 매매 건을 성사시키는 행운을 얻지 못했을 것이다.

위에서 보듯이, 때로는 '이차적인 중요 인물'을 공략하는 것이 훨씬 효율성이 높은 데다 더 좋은 결과를 얻을 수 있다. 전문가들은 순수하게 업무적 관점에서만 일의 본질을 살피기 때문에 당신 제품의 장점을 알게 되면 정책결정권자에게 매우 객관적이고 전문적인 조언을 하며 그가 정확한 결정을 내릴 수 있도록 도와준다. 그것은 모든 영업사원이 가장 원하는 결과가 아니겠는가?

이것이 바로 '정확한 대상'을 찾는 것이다. 그저 정확한 대상만 찾으면 모든 문제가 해결될 수 있다. 정확한 대상을 찾아내서 사전에 홍보 활동을 하며 좋은 이미지를 심어준다면 당신의 목표를 손쉽게 달성할 수 있고, 또 예상치 못한 기쁨을 얻을 수 있다.

현실에서 사람들은 모두 '정확한 대상'을 찾아다닌다. 하지만 그들이 접촉하는 모든 이들과 신뢰관계를 형성하는 것은 아니다. 가장 짧은 시간에 최대의 신임을 얻는 것은 매우 어렵다. 때문에 평소에도 자신의 올바른 이미지를 세우고 널리 알리는 데 주력해야 하다. 그래야만 잠재적인 중요 인물과 인맥을 쌓을 때 큰 힘이 된다.

4

주요 인물을 파악하는 법

모든 문제를 해결한 사람이 최후의 승자다

모든 문제를 해결해야만 당신은 진정한 승자가 될 수 있다.

프린스턴 대학교에서 강의를 할 때 누군가 이런 질문을 했다.

"선생님께서는 어떻게 해서 성공할 수 있었습니까?"

이에 나의 대답은 이랬다.

"위기라고 할 수 있는 모든 문제를 해결할 수 있었기에 성공을 거 됐습니다."

"그게 전부입니까?"

"그래요, 이게 전부입니다!"

지난 20여 년간 우리 회사는 총 여덟 차례에 걸쳐 그야말로 '치명적인' 위기를 맞았다.

한 번은 자금난으로 파산 직전까지 간 적이 있었다. 600만 달러에 달하는 자금이 필요했는데, 당시 우리 잔고에는 150만 달러가 전부였다.

또 한 번은 연방조사국에 불려갔었다. 회사의 모든 중국인 직원이 구금당했고, 미국의 모든 자산이 압류되었다. 우리 회사의 연수 과정이 미국 정계의 비밀스런 로비활동 내용을 포함하고 있었기 때문이다. 공화당 의원이 나서서 도와준 덕분에 우리는 위기에서 벗어날 수 있었다.

그 외에도 우리는 숱한 위기를 겪었다. 거의 해마다 문제가 생기곤 했다. 그래서 나는 스미스 씨가 더욱 고맙다. 그는 두터운 인맥자원을 효율적으로 운영하며, 위기가 발생할 때마다 즉시 문제를 해결하는 데 도움이 될 중요 인물을 정확히 찾아내 큰 도움을 얻었다. 그래서 우리의 사업이 지금까지도 특별한 어려움 없이 잘 굴러가고 있다.

그렇다. 우리의 성공은 난관에 부딪힐 때마다 그에 상응하는 인맥을 찾아내어 문제를 해결할 수 있었기 때문이다!

2009년부터 우리는 세계 각지의 회사에 전문적인 인맥 자문 서비스를 제공하며 그들에게 중요 인물이 어떤 영향력을 발휘하는지를 설명해주고 있다.

살아가면서 우리는 여러 가지 고민거리에 부딪히곤 한다. 하지만 막상 고민거리를 해결하려고 보면 딱히 좋은 방법이 떠오르지 않는다. 누구에게 부탁을 해야 할지, 또 어떻게 설명을 해야 할지 조차도 몰라서 헤매기 일쑤다. 여기서 우리가 말하고 싶은 문제는, 어떻게 해야 문제를 해결하는 데 가장 효과적인 중요 인물을 찾아서 그를 중개인으로 삼거나 혹은 직접적으로 도움을 받아 문제를 해결하느냐다!

"회사라면 누가 정책을 결정하는 중요 인물인지 쉽게 알 수 있는데, 사람들은 그런 정보를 무시하곤 합니다.

썰라의 마케팅 부서 책임자는 나의 이야기를 듣고 이렇게 말했다.

"상업 마케팅의 본질은 제품과 회사 구성원의 믿음을 전시 홍보하는 것 아닙니까? 고객에게 우리의 역량에 대한 믿음을 심어주는 것이 마케팅 기교보다 훨씬 중요하지 않습니까?"

그의 질문은 그가 한 회사의 마케팅 부서 책임자로 적합하지 않다는 판단을 주기에 충분했다.

만일 오로지 용기와 성의만을 믿고 회사의 역량을 키우는 데만 집중한다면 당신의 사업은 큰 위기에 빠질 것이라고 장담할 수 있다.

우리는 종종 이러한 난처한 상황에 접하곤 한다. 오로지 열정 하나만을 믿고 시제품이나 기획서만 달랑 들고 투자자를 찾아다니는 이들이 있다. 상대방에 대한 정보나 내부 사정은 전혀 모른 채 말이다. 시작부터 이처럼 무모하고 경솔하다면 어떻게 목적을 달성할 수 있겠는가? 막상 상대방과 면담을 나누더라도 무슨 이야기부터 꺼내야 할지 종잡을 수 없는데다, 당신은 또 다른 실수를 저지를 가능성이 크다. 즉, 자신이 도움을 받을 만한 '정확한 대상'을 제대로 찾았느냐이다.

중요 인물의 정보를 조사하는 일은 매우 중요하다. 그렇지 않으면 너무 맹목적이 되기 때문이다. 중요 인물을 찾은 뒤에는 그 사람에 대한 정보를 자세히 조사하고 정리해야 한다.

그의 성격은 어떨까? 그는 화를 잘 내는 사람일까? 그의 종교는 무엇일까? 그는 뇌물을 수뢰한 경험은 없을까? 그의 인간관계는 어떨까? 어떤 부류의 친구를 좋아할까? 그와 절친한 친구들은 누구일까? 어디에 살고 있을까? 그들과의 관계는 어떠할까?

이러한 것들은 매우 중요한 정보다. 위의 정보를 모두 수집해야만 우리는 상대방을 완벽하게 파악할 수 있다. 인맥관계를 발전시키는 과정에서 일부 중요 인물은 많은 시간과 노력을 기울여 중점적으로 공략해야 할 때가 있다. 물론 상대적으로 많은 어려움이 따르기 마련이다.

인맥경영의 '부인 전략'

중국인뿐만 아니라 전 세계 사람들 모두 '베갯머리송사'의 힘을 활용하면 문제를 쉽게 해결할 수 있다는 사실을 잘 알고 있다. 남편과 아내는 근본적인 이익 앞에서는 통상 한 몸이나 다름없다. 때로는 누군가의 신뢰를 얻고 싶을 때, 상대방 부인의 신뢰를 먼저 얻는 것이 가장 효율적이다. 그녀가 남편에게 당신을 두둔하거나 조언을 해서 당신의 의견을 관철시키기거나 혹은 목적 달성을 도울 수 있다.

만일 당신이 누군가에게 도움을 받으려고 한다면 그의 부인을 먼저 공략하라. 아마도 예상 밖의 효과를 얻을 수 있을 것이다. 한 가지

짚고 넘어갈 점은, 중요 인물의 부인과 교류를 할 때는 좀더 세련되고 명철한 기교가 필요하다. 우리가 대통령 부인을 접견할 때 이웃집 부인을 상대하는 것보다 더 복잡한 기교가 필요한 것처럼 말이다.

이때 단순히 선물을 제공해서 목적을 달성하려는 어리석은 생각은 버려야 한다. 깍듯하고 예의 바른 매너로 당신의 진정성을 보여주고 신뢰를 얻어야 한다. 또한 '실제적 이익'을 상대방에게 제공하되, 적나라하게 거래하는 듯한 인상을 남겨서도 안 된다.

마지막으로 중요한 원칙이 하나 더 있다. 즉, 중요 인물의 부인을 공략할 때 상대방의 사생활에 먼저 접근해서는 안 된다. 공사公私가 분명하되, 공적인 문제를 사적인 문제로 교묘하게 전환시킬 수 있어야만 수완이 뛰어나다고 할 수 있다.

중요 인물의 주변을 공략하라

우리는 미국의 딕 체니(Dick Cheney) 부통령의 경선을 도와주는 과정에서 다섯 가지 기본 원칙을 세웠다. 그중에 한 가지가 대중홍보 분야에서 가족 간의 정을 중점적으로 사용한다는 것이었다. 가족이 나에게 미치는 영향력은 굳이 설명할 필요가 없다. 때문에 혈육 간의 정을 이용해 상대방에게 로비를 펼칠 때가 많다.

가령, 우리는 '노인과 어린아이'를 주요 공략 목표로 삼을 필요가 있다. 상대방의 부모나 자식을 통해 에둘러서 목표에 접근한 뒤 서로 간의 친분을 쌓는 것도 중요 인물의 도움을 받을 수 있는 좋은 방법 가운데 하나다. 목표를 직접 공략하는 과정에서 난관에 부딪혔을 때 우리는 이 방면의 준비를 해야 한다. 중요 인물의 가족과 사전에 교분을 나누어 만일의 상황에 대비한 포석을 깔아놓는 것이 좋다. 그래야만 막상 도움이 필요한 순간에 협력자를 찾지 못해 초조함에 갈팡질팡하는 것을 면할 수 있다.

제

2

부

전

술

제6장

막후교섭의 법칙

소통의 주도권은 통상 형세의 판단에 따라 좌지우지된다.
이익관계에서 대립이나 심각한 갈등이 생겼을 때
누가 주도권을 가지느냐에 따라 먼저 제압할 수 있다.
가령 직장 혹은 정치권과 같이 사람들 간에
복잡한 관계를 맺고 이익 다툼이 심한 곳은
일촉즉발의 전쟁터처럼 사소한 말 한마디만으로도
분쟁을 불러일으킬 수 있다.
일단 말실수를 하게 되면 승진이나
연봉 인상의 기회는 물 건너가고 만다.

1

적절한 화제를 선택하라

소통의 관건은 화제 선택에 달렸다

이제 우리는 소통 과정에서 발생하는 문제들을 해결할 수 있는 기본 원칙과 방법을 소개하고자 한다. 당신이 소통 과정에서 어떤 문제에 부딪히더라도 본 장의 내용을 참고하면 임기응변으로 능숙하게 위기를 모면할 수 있을 것이다.

소통의 관건은 화제 선택에 달렸다. 의사소통에 능한 사람은 화제를 선택하는 데 아주 탁월하다. 일반적으로 대화의 내용은 특정 화제에서 시작되는데, 그들은 중심 화제를 벗어나지 않으면서 점차 이야기 범위를 넓혀나간다. 그리고 대화의 내용을 토대로 매우 유연하게 자신의 목적을 끄집어내는데, 이러한 방식은 자연스러울 뿐만 아니라 합리적이어서 상대방을 성공적으로 설득하고 교류의 주도권을 장악한다.

미국의 어느 유명인은 이런 말을 한 적이 있다.

"토론 중인 주제를 빌려 자신의 새로운 의견을 피력하면 소통의 장벽을 돌파할 수 있다."

이 말은 사람과 사람의 소통에서 대화의 내용이 차지하는 중요성을 보여준다. 대화의 소재에 따라 소통이 한층 순조로워지고 분위기도 유쾌해진다. 경험이 풍부한 변론가는 사교의 고수로서 이런 방면에서 신의 경지에 도달해 있다. 그들은 상대방의 말 한마디도 놓치지 않고 그것을 최대한 활용하여 자신의 관점을 주장하는 데 이용한다. 그러면 자신의 관점을 관철하기에도 유리할 뿐만 아니라 상대방의 방어선을 손쉽게 무너뜨릴 수 있다. 이렇게 해서 자신의 관점에 동의하도록 설득하여 소기의 목적을 달성하는 것이다.

교류가 당신에게 불리할 때는 대화의 내용이 소극적으로 변해 자신의 주장을 펼칠 수가 없거나 상대방의 주장에 휘말릴 가능성이 크다. 그렇게 되면 원하든 원하지 않든 상대방의 관점에 동의할 수밖에 없게 된다. 이때는 화제를 바꿀 필요가 있다. 당신에게 유리한 화제를 이끌어내 목적을 달성해야 한다.

즉, 지금 이야기를 나누고 있는 화제를 교묘하게 새로운 화제로 바꿔서 대화가 상대방의 의도를 따르는 대신 당신에게 유리한 방향으로 진행되도록 만들어야 한다.

나는 인맥소통에서 이런 방법을 '화제 전환의 심리조종술'이라고 부른다. 쉽게 말해, 대화 내용을 선택하여 목적을 달성하는 것이다.

그렇다면 어떻게 해야 화제를 주도적으로 전환해서 대화의 내용이 시종일관 당신에게 유리한 범위 내에 머물게 할 수 있을까? 아마 모든 사람이 가장 관심을 보이는 문제일 것이다. 화제 전환에 능숙한 사람은 담판이나 막후 협상을 벌일 때 시종일관 대화의 방향을 이끌어가며 상대방에게 결코 주도권을 내놓지 않는다. 이로써 자신의 관점을 충분히 설명하여 상대방을 설득하거나 혹은 감동시킨다.

TV 프로그램의 사회자들은 변론가 다음으로 말을 잘하는 사람들이다. 그들의 말을 자세히 들으며 꼼꼼하게 연구해보면 한 가지 사실을 발견할 수 있다. 다양한 프로그램의 사회자들은 출연자와 대화를 나누는 과정에서 화제를 전환하는 데 아주 탁월하다. 그들은 주로 하나의 화제를 이용해 다른 사물을 이야기하거나 혹은 다른 원칙을 설명한다. 혹은 프로그램 범위를 벗어난 화제를 이용해 자신의 관점이나 견해를 설명하며 주도권을 유지한다.

'화제 전환'은 내용의 표현이나 목표 달성에서 중간다리 역할을 하며 대화의 내용과 목적을 풍성하게 해준다. 또한 예기치 못한 변수나 위기에 임기응변으로 능란하게 대처하게 도와준다.

인맥 위기의 구원책

인맥소통의 심리조종술은 구체적으로 화제의 선택과 심리 통제 두 종류로 나뉜다. 그중 화제 선택은 기술적인 측면이고, 심리 통제는 시종일관 이어진다. 상대방의 심리를 조종하면 자신의 대화 목적을 달성할 수 있다. 또한 이는 인맥경영에서 가장 효과적인 기교로서 막후교섭의 위기를 해결하는 수단으로도 자주 이용된다.

문제가 생겼을 때, 일련의 막후교섭 활동의 직접적인 목표는 '구원책'을 마련하여 사태가 심각하게 번지는 것을 막아 회사나 개인의 손실을 최대한 줄이는 데 있다. 하지만 보다 근본적인 목적은 막후교섭을 통해 사태의 진전을 자신에게 유리한 방향으로 이끌어내 이익을 확대하는 데 있다.

이것이 바로 성공한 기업들이 홍보부서를 설치하는 진짜 목적이다. 또한 우리가 왜 '위기관리 능력'이 인맥의 호불호를 결정하는지 강조하는 이유이기도 하다.

이는 인맥위기의 구원책 범위에 속한다. 다양한 긴급 상황을 처리하는 데 도움을 줄 뿐만 아니라, 일반적인 언어 기교나 혹은 성의로는 풀 수 없는 문제를 해결해준다. 일상생활에서 사람과 사람 사이에는 언제 어디서나 예기치 못한 갈등이 일어나기 마련이다. 그렇다면 이러한 갈등 앞에서 우리는 어떻게 하면 침착하게 대응할 수 있을까?

우리는 누구나 실수를 저지른다. 하지만 막상 자신의 실수를 인정하기에는 마음이 불편하다. 그렇다면 자신의 잘못을 가벼운 말실수로 바꿀 수 있는 방법은 없을까? 이때 사교의 고수는 적절한 화제를 찾아 상대방의 주의를 딴 곳으로 옮기게 한다. 자신의 잘못을 깨닫거나 혹은 상대방이 잘못을 지적했을 때 절대로 당황해서는 안 된다. 화제를 전환하는 것이 항상 효과적인 방법은 아니지만 그래도 좋은 수단 중의 하나다.

그러려면 다음과 같은 전제가 필요하다.

우선 적절한 시기를 잘 포착해야 한다. '실수'한 내용에 다른 의미를 부여하여 전혀 새로운 결과를 도출해서 난처한 상황에서 벗어나야 한다. 그러기 위해서는 풍부한 견식과 냉정을 유지할 수 있는 담대함이 필요하다. 그래야만 당신의 화제 전환이 한층 품위 있고 또 자신의 목적을 달성하는 가장 좋은 실현 방식이 된다.

만일 당신이 적절한 화제 선택을 잘 한다면, 장소에 국한되지 않고 교류에만 집중해도 뛰어난 효과를 얻을 수 있다. 인맥그룹 속에 능숙한 말솜씨를 가진 사람을 부러워할 필요가 없다. 이야기의 진행 방향이나 분위기를 통찰할 줄 알고, 상대방의 심리 변화를 명확히 파악할 수 있으면 그것으로 충분하다.

2

핵심은 성의와 원칙

정의로운 목적의 원칙

성의

타인과 교류할 때 성의를 갖고 임하라. 그 어떤 거짓이나 가식적인 태도는 버려야 한다. 일반적인 성의조차 보일 수 없다면, 최소한 일대일 인맥 소통에서는 기본적인 성의를 보여야 한다.

원칙

반드시 시시비비의 기준과 이익의 레드라인을 갖춰서 도덕과 주류적 가치관을 보호해야 한다. 그래야 좋은 명성을 유지하면서 더욱 많은 이들의 찬사를 얻을 수 있다.

'성의'와 '원칙' 두 종류의 인맥 요소를 종합 분석해서 사람을 대하고 일을 하는 데 보편적인 가치로 삼아야 한다. 즉 말을 할 때는 대중이 인정하는 도리나 이치에 맞아야 하고, 일을 할 때도 주류사회가 개인에게 요구하는 기본적인 조건에 부합해야 한다.

그렇게 하면 당신이 하는 말이나 행동은 훨씬 강한 호소력을 지니기 때문에 대부분 사람들의 지지를 얻어낼 수 있다. 당신의 개인적인 이미지를 향상시키고 인맥그룹 안에서 개인의 매력을 한층 강화할 수 있다.

진심으로 상대방을 위하라

이 원칙은 흔히 다음과 같은 두 가지 상황에 응용할 수 있다. 부하직원이 상사를 대하거나 혹은 상사가 부하직원을 대할 때다. 이들의 소통 목적은 상대방을 설득하여 오류를 수정하는 것이지 단순히 서로의 관계를 돈독히 하는 것이 아니다. 이익과 관련되거나 업무를 위한 소통일 때는 목적의 정의성이 특히 중요하다.

상사의 일처리 방식에 갈등의 요소가 존재할 경우, 건실한 부하직원으로서 문제 해결의 원칙에 입각하여 사적인 이익은 배제하고 문제점을 자세하게 분석하여 건의하라. 상사가 고집쟁이가 아닌 이상, 설사 즉시 당신의 의견을 받아주지는 않더라도 최소한 당신에게 극단적인 반감은 가지지 않을 것이다.

마찬가지로 부하직원은 더 많은 실수를 저지른다. 이때 상사로서 실수를 저지른 직원에게 악담을 퍼부으며 인격을 모독하는 것은 하책^{下策}에 속한다. 점잖은 상사답게 합리적인 근거를 대며 비판하되, 문제 해결의 원칙에 따른 성의 있는 비판이어야 한다. 어디가 잘못됐는지, 왜 실수를 저질렀는지, 그리고 그 실수를 토대로 정확한 해결 방법을 제시해야 한다. 그래야만 부하직원이 자신의 잘못을 인정하는 동시에 당신을 존경하게 되고, 이로써 당신의 지도력이 한층 강화될 수 있다.

상언^{尙恩}은 유명 소프트웨어 회사의 판매부 부장이었다. 그의 지휘 아래 판매부의 실적은 고공행진을 하며 업계 1위를 차지하고 있었다. 그런데 갑작스레 연구원 출신 이사가 새로 부임해오게 되었다. 이사는 오랫동안 제품 연구와 기술 분야에만 종사했기 때문에 판매 분야에 대해서는 경험이 부족했다. 그럼에도 이사는 이런 저런 세부적인 문제까지 관여하기 시작했다. 그로 말미암아 판매부의 내부 체계가 큰 혼란에 빠지면서 심각한 실적 부진으로 이어졌다. 순식간에 고위급 임원진의 비판과 직원들의 원망이 쏟아졌고, 본래 판매 분야에서 판매왕이라고 불리던 상언은 곤혹스러운 처지에 몰리고 말았다.

상언은 깊은 고민 끝에 한 가지 방책을 생각해냈다. 자신의 경험과 능숙한 말솜씨로 판매부 업무에 문외한이나 다름없는 이사를 '동화'시켜 자신의 운영 방침을 함께 추진하는 것이었다. 그렇게 하면 이사와의 갈등도 피할 수 있고, 또 현재 회사가 직면하고 있는 문제점도 해결할 수 있을 것이라 여겼다. 또한 이사가 판매부 부서의 업무에 관여한 뒤로 일어난 일련의 상황을 이해하고 판매 부진에 대해 함께 고민하게 될 것이라 생각했다.

이에 샹언이 이사를 찾아가 더 이상 이유 없이 판매부의 체제를 흔들지 말라고 면담을 신청하려는 데 마침 이사가 직접 샹언의 업무실로 찾아왔다. 그는 수심에 가득 찬 표정으로 이렇게 말했다.

"요즘 계속해서 판매실적이 떨어지고 있는데, 이 일을 어떻게 했으면 좋겠나?"

샹언은 기회는 이때다 싶어 말문을 열었다.

"이사님, 이 일은 우선적으로 제 책임이 큽니다. 제가 직원들을 잘 이끌지 못해 판매실적이 부진하게 되었습니다. 그리고 회사에는 각 부서마다 맡은 임무가 모두 다릅니다. 서로 관여하지 않고 각 부서별 직분에 충실하며 공동목표를 위해 열심히 최선을 다하고 있습니다. 필요할 때에만 서로에게 조언을 해주지요. 하지만 만일 각 부서 간의 기능이 서로 중복되어 얽히게 되면 회사에 혼란만 가중시킬 뿐입니다. 모두 각자의 전문 분야에서 최선을 다해야만 회사가 건강하게 발전할 수 있습니다. 이사님 생각은 어떻습니까?"

신임 이사는 순간 멍한 표정을 짓더니 이내 얼굴을 붉히며 사과의 말을 했다.

"자네 말이 맞네. 내가 어리석었어. 미처 그 생각을 못하다니?"

마침내 신임 이사가 판매부에서 깨끗하게 손을 뗐다. 모든 것이 정상궤도로 돌아가면서 판매부의 실적도 껑충 뛰어올랐다.

일이 원만하게 해결될 수 있었던 이유는, 두 사람 모두 회사의 안정을 일순위에 두고 권력 다툼을 벌이지 않았기 때문이다. 만일 이사나 샹언 두 사람 모두 자신의 권력을 키우기 위해 상대방을 철저히 무너뜨리려고 했다면 상황은 어떻게 발전했을까? 아마도 두 사람이 피 튀기는 권력 다툼을 벌이는 중에 회사는 부진을 거듭했을 것이고, 설사 둘 중의 한 사람이 '승자'가 되더라도 이미 돌이킬 수 없는 지경에 이르고 말았을 것이다.

목적이 정의로워야만 쌍방이 성의를 가지고 문제 해결의 원칙에 따라 소통할 수 있고, 관계도 훼손되지 않는다. 이 원칙대로 실행해야만 당신은 업무상의 문제점들을 해결하고 인맥관계도 한층 발전시킬 수 있다. 이 과정에서 중요한 것은 원활한 소통과 절묘한 대화 기술을 운용해야 한다는 점이다. 이를 통해 상대방의 체면을 지켜주는 동시에 당신의 행위를 납득시켜 서로가 동지의식을 가질 수 있다.

단도직입적으로 용건만 꺼내라

소통 중에는 단도직입적인 태도가 필요하다. 하나는 하나고, 둘은 둘일 뿐 그 이외의 것을 끌어들여서는 안 된다. 단도직입적으로 목적을 꺼내야만 상대방도 근본적인 문제에서 당신과 협상일치를 이룰 수 있다. 또한 이러한 교류 원칙은 상대방을 기분 좋게 설득할 수 있기 때문에 상대방은 물론 당신 자신에게도 업무 효율성을 높이는 효과가 있다.

우리 강좌의 수강생이었던 소피아가 고민을 털어놓은 적이 있다.

"저는 인복이 없는 것 같아요. 그동안 친하게 지내던 이웃들이 최근 들어 나를 대하는 태도가 좀 이상해졌어요. 심지어 집에서 여는 파티에도 초대를 하지 않더군요."

그래서 내가 물었다.

"두 사람 관계를 이해할 수 있도록 좀더 이야기를 들려주시겠습니까? 최근 들어 두 사람 사이에 말다툼이 있거나 혹은 불쾌한 일은 없었나요?"

두 달 전 쯤, 소피아와 단짝 친구였던 로렐라이 사이에 약간의 오해가 생겼다. 소피아가 보기에 그야말로 사소한 일이었다. 처음 발단이 된 일은 로렐라이가 소피아에게 청소기를 빌린 데서 시작됐다. 소피아는 흔쾌히 청소기를 빌려줬는데, 나중에 돌려받고 보니 부품하나가 빠져서 청소기에서 이상한 소리가 나는 것이었다.

사실 이는 일상생활에서 흔히 일어나는 일이다. 우리가 아침에 서두르느라 넥타이를 깜박 잊고 출근한 횟수보다도 더 자주 일어나는일일 것이다. 그런데 정작 문제가 된 것은 소피아의 문제 처리 방식이었다.

"그렇지요, 그야말로 일상다반사 같은 일이지요. 헌데, 소피아 씨는 문제를 어떻게 해결했습니까?"

"처음에는 부품이 고장 난 것을 알고 대수롭지 않게 생각했어요. 내가 고치면 그만이니까요. 헌데 곰곰이 생각해보니 로렐라이가 내게 물건을 빌려갈 때마다 고장 내서 되돌려 준 것이 벌써 열아홉 차례나 되더라고요. 이번만큼은 친구의 버릇을 고쳐주고 싶었어요. 그래서 로렐라이에게 전화를 걸었지요. 마침 그녀는 운전을 하는 중이었어요. 나는 기분 좋게 대화로 문제를 해결하자는 생각에 청소기가 고장 났다고 말했어요, 그런데 정작 로렐라이는 별것 아니라는 듯이렇게 대답하더군요. '어, 그 청소기 별로 쓰지도 않았는데, 우리 꼼꼼쟁이 소피아 씨!'라고 말이에요. 순간 나도 모르게 버럭 화가 치밀더라고요. 듣기에는 농담하는 것 같았지만 왠지 내가 쩨쩨하다고 비꼬는 듯한 말투로 들렸거든요. 그래서 내친김에 로렐라이에게 너무 부주의하다고 질책했어요. '이게 벌써 몇 번째인 줄 알아? 네가 내 물건을 고장 낸 게 벌써 열아홉 번째 란 말이야! 남의 물건을 고장 내놓고도 자기 잘못을 인정하지 않는 너의 태도가 얼마나 사람을 질리게 하는 줄 아니? 넌 무엇이든 망쳐야 속이 시원한가 보지? 한데 왜 너의 집은 그렇게 멀쩡한지 몰라. 아마도 남의 물건만 고장 내는 게 취미인가 보지?'라고 말이에요."

"후우……."

여기까지 이야기를 들은 나는 절로 한숨이 나왔다. 두 사람 관계에서 먼저 문제를 일으킨 사람은 바로 소피아였으니 말이다. 그녀는 소통에서 가장 금기시하는 실수를 저질렀다. 사소한 문제를 크게 확대시켜 친구의 인품을 모독하고 심지어 '인신공격'까지 하고 말았던 것이다.

그 때문에 상대방의 잘못을 질책하는 말에는 일말의 성의조차 담기지 않았고, 동시에 기본적인 처세 원칙마저 잃어버린 결과를 초래했다.

그 이후로 로렐라이와 소피아 사이는 크게 벌어지고 말았다. 두 사람은 서로 왕래도 하지 않았고, 거리에서 우연히 마주쳐도 서로 모른 척 지나치기 일쑤였다. 만일 문제가 여기서 끝났다면 소피아도 그러려니 하고 지나쳤을 것이다. 하지만 문제는 다른 이웃들도 마치 약속이나 한 듯 소피아에게 거리를 두기 시작한 것이다. 소피아로서는 정말 참을 수 없는 일이었다.

"우리 두 사람 사이의 갈등인데, 왜 다른 사람들까지 덩달아서 나를 외면하냔 말이에요? 설마 일부러 나를 괴롭히려고 자기들끼리 작당을 한 걸까요? 아무래도 그동안 이웃들은 나를 친구로 생각 안 했던 것 같아요. 그저 겉으로만 친구인 척 굴었던 것뿐이지. 정말 후회돼 죽겠어요. 난 그것도 모르고 수 년 동안 친구처럼 여기며 살았으니⋯⋯."

이에 내가 서둘러 말했다.

"아니에요, 소피아. 그것은 일종의 인맥의 확산 효과입니다. 소피아가 청소기 문제를 처리하는 태도가 공격을 받은 상대방뿐만 아니라, 소피아와 관계를 유지하고 있던 다른 이웃들에게까지도 영향을 미친 겁니다. 소피아가 이 문제를 처리한 방식을 보고 사람들이 혹시라도 자신도 똑같은 상황을 겪게 될까 봐 자기보호 차원에서 거리를 두는 겁니다."

소피아는 단도직입적으로 청소기 문제 하나만을 갖고 논하지 않고 그동안 쌓인 다른 일까지 들먹이며 일을 확대한 탓에 결과적으로 친구들의 존중을 잃고 말았다.

용건을 말할 때는 말다툼이나 갈등이 일어나지 않도록 자제를 하며 직접적인 문제점만 말해야 소통이 원활하게 이뤄진다. 성의와 원칙을 지키는 태도만이 인맥그룹에서 긍정적인 이미지를 세울 수 있고, 이를 통해 인맥의 권위가 생기고 명성을 얻을 수 있다.

사소한 일을 큰 일로 키우는 사람은 협상 과정에서 어리석고 제멋대로인 사람이라는 인상을 준다. 그리고 주위 사람들도 그를 멀리하게 되는데, 사소한 다툼으로 걸핏하면 시시비비에 휘말릴까 봐 두려워하기 때문이다.

3

자신의 실수로부터 도망치지 말라

거짓은 오히려 문제만 키운다

아마 당신도 이와 비슷한 일을 겪어보았을 것이다. 상대방이 자신의 실수를 깨닫고 스스로를 자책하며 잘못을 인정할 때는 아마 당신도 분명 그를 용서할 것이다. 당신이 일부러 그와 척을 지려고 하지 않는 이상은 말이다. 마찬가지로 당신도 자신의 잘못을 깨달았을 때는 즉시 스스로를 반성하고 책임을 회피해서는 안 된다.

소통하는 과정에서 두 사람 사이에 갈등이 생겼을 때, 모른 척 시치미 떼며 어물쩍 넘어가서는 안 된다. 잘못을 직시하고 성의 있는 태도로 상대방에게 사과를 해야 한다. 그렇게 하는 목적은 상대방의 분노를 가라앉히고 문제를 평화적으로 해결하는 데 있다.

나는 소피아에게 이렇게 말했다.

"자신의 잘못을 되돌아보고, 로렐라이에게 당신의 잘못을 고백하세요. 그리고 지금 당신의 마음 상태와 그녀에 대한 희망사항을 말하세요. 이는 결코 창피한 일이 아닙니다. 그 반대로 당신의 관대함과 매력적인 성격을 알리는 계기가 될 겁니다."

그로부터 일주일 뒤, 소피아는 기분 좋은 목소리로 내게 전화를 걸어왔다. 로렐라이와의 문제를 원만하게 해결했던 것이다. 소피아는 로렐라이에게 진심이 담긴 사과를 했고, 친구들을 집으로 초대해서 모두에게 솔직하게 말했다고 한다. 로렐라이와의 다툼을 부끄럽게 여기고 반성하는 중이며, 자신이 어떻게 해야 친구들의 오해를 풀 수 있을지 모르겠다고 말이다. 로렐라이 역시 진심으로 소피아에게 사과하며 앞으로는 자신의 단점을 고치겠다고 말했다. 그렇게 두 사람은 서로를 껴안으며 모든 불쾌한 일들을 잊고 모두가 부러워하는 단짝친구이자 이웃친구로 다시 돌아갔다.

유명한 인간관계론의 대가인 카네기는 자신의 애견 루이스를 데리고 부근의 공원을 산책하곤 했다. 공원에는 오가는 사람이 별로 없어서 그는 종종 루이스의 목줄을 풀어주었다. 그러던 어느 날, 여느 때처럼 루이스를 데리고 공원에서 산책을 하다 경찰과 마주쳤다.

경찰은 자신의 권위를 과시하기 위해 카네기를 불러 세웠다.

"왜 개 목줄을 풀고 다니십니까? 그게 위법인 걸 모릅니까?"

이에 카네기가 말했다.

"아, 네. 알고 있습니다!"

"다음번에도 오늘처럼 개 목줄을 풀고 다니면 판사 앞에서 해명하시게 될 겁니다."

카네기는 공손하게 앞으로는 꼭 목줄을 채우고 다니겠다고 대답
했다. 하지만 루이스는 목줄에 매이는 것을 싫어했고, 카네기 역시
자신이 사랑하는 개를 구속하기 싫었다. 그래서 평소와 다름없이 그
는 개 목줄을 푼 채 산책을 하며 위법행위를 계속했다.

그러던 어느 날, 그날도 공원에서 산책을 하던 카네기는 저 멀리
서 경찰이 다가오는 것을 발견했다. 그는 경찰이 입을 열기도 전에
먼저 다가가서 말했다.

"경찰 선생, 이번에도 내가 잘못해서 법을 어겼습니다. 지난번에
개의 목줄을 채우지 않고 다니면 벌금을 내고 또 법원에도 가야 한
다고 어느 경찰에게 경고를 들었습니다. 그랬는데 또다시 법을 어겼
으니 참으로 내 잘못이 큽니다. 진심으로 잘못을 뉘우치고 있으니 이
번만 이해해주십시오. 앞으로는 두 번 다시 법을 어기지 않겠습니다."

본래 카네기에게 경고를 하려던 경찰은 카네기의 말을 듣고 이내
웃으며 말했다.

"별것 아닌 일입니다. 누구나 자기가 사랑하는 개와 함께 밖에 나
와 자유로이 거닐고 싶어 하지요. 개가 사람을 함부로 물 것 같지도
않은데요! 너무 심각하게 생각하신 것 같습니다. 이렇게 하지요. 목
줄을 풀고 싶으면 사람들이 다니지 않는 한적한 곳으로만 다니세요.
그럼 별다른 위험은 생기지 않을 것입니다."

자신의 잘못을 반성하고 자발적으로 잘못을 인정하면, 상대방은
자신이 존중받는다는 느낌을 갖게 된다. 그래서 관용적인 태도를 취
하게 되고 당신은 자연스레 설득의 목적을 이룰 수 있다. 굳이 온갖

잔꾀와 방법을 동원해 상대방의 용서를 구할 필요가 없다.

상대방의 관용을 얻기 위해 오히려 한층 더 큰 잘못을 저지르는 사람들이 많다. 그들은 모든 방법을 총동원해 자신의 잘못을 덮으려고 애쓰지만, 결과적으로는 자신의 이미지만 실추시킬 뿐이다. 잘못을 직시하는 방법만이 인간관계를 수월하게 처리할 수 있고, 갈등을 해결할 수 있다.

때문에 항상 스스로를 일깨우고, 자신을 되돌아보는 것이 견고한 인간관계 네트워크를 유지하는 비결이다.

다른 사람에게 사과할 때는 자신을 되돌아보고 반성하는 소통 원칙은 윤활유 역할을 한다. 우리가 누군가에게 부탁을 할 때도 강력한 촉진제 역할을 하여 일의 발전에 긍정적인 효과가 있다.

모두가 알다시피 우리는 혼자 힘으로는 아무런 성과를 올릴 수 없다. 여러 사람이 한데 어울려 힘을 모아야 한다. 성공의 중요 요소 중 하나가 바로 조직 구성원들 간의 상호 협력이다. 그 과정에서 다른 사람에게 도움을 요청해야 할 때가 많다. 특히 자신의 힘으로 처리하기 힘든 일을 다른 사람에게 맡기는 것은 생각보다 쉽지 않다. 이때는 자신을 자책하는 입장에서부터 첫걸음을 떼보라. 그러면 뜻밖의 효과를 얻을 때가 많을 것이다.

4

냉정한 '관계결정'의 자세

주도적인 책략과 과정을 취하라

우리는 누구나 소통의 긍정적 의미를 이해해야 한다. 소통은 인맥을 넓히는 데 윤활유 역할을 하는 데만 그치지 않는다. 인맥을 넓히는 것은 일종의 6차원 공간으로, 현실 생활에서는 두 가지 측면으로 구현된다.

- 인맥 축적 과정에서 소통의 주도권
- 냉철하고 이지적인 교류 태도

형태적인 관점에서 볼 때, 6차원 공간은 거대한 마름모형 육면체다. 마름모형 육면체 안에서 주인인 당신은 정중앙에 위치하고 수많은 줄이 당신과 공간의 점 하나하나를 연결하고 있다.

문제는, 당신이 주도적인 책략과 과정을 취해야만 마름모형 육면체의 면적이 지속적으로 커진다. 만일 당신이 자원 보유량에 만족하며 "나는 이제 친구도 많으니, 이것으로 평생 만족할 수 있다"라고 생각한다면, 당신이 보유하고 있는 인맥의 마름모형 육면체는 현황을 유지하지 못하고 점차 오그라들고 말 것이다.

탄성을 잃어버렸기 때문에 그 공간체는 육면체에서 편평한 백지로 변하고 만다. 이는 사람과 사람의 관계는 변하고, 앞으로 나아가지 않으면 곧 후퇴가 되고 마는 물리적인 요인 때문이 아니라 당신의 가치가 지속적으로 구현되고 발전하지 못하기 때문이다.

소통의 주도권을 잡아라

소통의 주도권은 통상 형세의 판단에 따라 좌지우지된다. 이익관계에서 대립이나 심각한 갈등이 생겼을 때 누가 주도권을 가지느냐에 따라 달라진다.

가령 직장 혹은 정치권과 같이 사람들 간에 복잡한 관계를 맺고 이익 다툼이 심한 곳은 일촉즉발의 전쟁터처럼 사소한 말 한마디만으로도 분쟁을 불러일으킬 수 있다. 일단 말실수를 하게 되면 승진이나 연봉 인상의 기회는 물 건너가고 만다.

이에 대해 크게 놀랄 필요는 없다. 당신의 운명은 당신이 말을 잘

하느냐 못하느냐, 소통의 주도권을 잡느냐 못하느냐와 밀접한 관계가 있으니까.

어떤 상황에서든 대화를 나누는 것은 일종의 주도권 쟁탈전이다. 상대방은 주도권을 잡으려고 하고, 당신 역시 상대방의 방어선을 뚫고 목표를 달성하기를 갈망한다. 당신이 무엇을 하든, 당신의 계획이 무엇이든 그 본질은 서로 통한다. 즉, 당신이 주도권을 거머쥐어야만 자신의 이익을 지킬 수 있다.

아마 이런 경험을 많이 해봤을 것이다. 상대방이 특정 요구를 하기 전에 우리는 이미 다른 경로를 통해 상대방의 실제 목적을 알고 있다. 하지만 우리가 상대방의 요구를 들어주지 않거나 혹은 당신 능력 밖의 일이라서 도와줄 수 없는 거라면, 당신은 어떻게 거절하겠는가?

일부 사람들 중에는 직접적인 거절 방식을 선택하는 이가 있다. 그 어떤 변명도 필요 없이 단도직입적으로 상대방에게 "NO!"라고 말한 뒤 그 문제에 관해서는 더 이상 일언반구도 하지 않는다. 참으로 간단하고 깔끔한 방식으로, 시간을 절약할 수 있는 방식이기도 하다. 하지만 만일 상대방이 다른 사람의 입장을 전혀 고려하거나 이해하는 사람이 아니라면 어떻게 될까?

아마도 당신은 그 사람과 적대적인 상태에 놓여 사사건건 갈등을 일으키거나 심지어 원한을 품게 될 것이다. 그러므로 쌍방 관계를 훼손하지 않는다는 목적에서 출발하여 소통 과정에서 상대방을 유도하여 주도권을 손에 넣는 방법을 배워야 한다.

그렇다면 이런 상황에서 주도권을 어떻게 잡아야 할까? 이때는 상대방이 말문을 열기 전에 먼저 그 일을 꺼내야 한다. 이성적으로 상세하게 상황을 분석한 뒤 당신의 처지와 능력을 설명하여 상대방이 당신의 고충과 진심을 이해할 수 있도록 해야 한다.

이것이 바로 소통에서 주도권을 잡는 진짜 목적이다. 소통의 목표는 단순히 계획하는 결과를 얻는 것뿐만이 아니라 상대방의 이해를 구하는 데 있다.

만일 당신이 격렬한 언쟁이 오가는 담판 중에 있다면 소통의 주도권은 승부를 가르는 결정적인 요인이 된다.

가령 공격형 담판자는 종종 상대방에 대한 공격을 담판의 주요 수단으로 삼는다. 까다로운 문제를 제기하여 상대방을 난처하게 만들거나 혹은 살기등등한 기세로 자신의 관점을 설명하며 상대방을 압박해 자신의 이익을 보호한다.

'관계결정'에는 냉정을 잃지 말라

마지막으로 동태적 인맥 개념, 즉 관계결정에 대해 살펴보기로 하자.

당신의 모든 인맥과 관련한 계획이나 행동, 즉 어떤 친구를 선택해야 하는지, 어떤 부류의 사람들과 긴밀한 연락관계를 유지해야 하는지, 어떤 사람과는 연락을 끊어야 하는지, 혹은 구체적인 '관계변화'에 어떻게 대처해야 하는지 등은 모두 관계결정에 속하는 부분이다.

'관계결정'의 내용은 크게 네 가지 부분으로 나눈다.

첫째, 인맥 확장의 방향 결정
둘째, 인맥관계의 실질적인 발전 결정
셋째, 계획과 행동에 대한 판단
넷째, 교섭의 임기응변 능력과 판단력

우리는 일상생활에서 셋째와 넷째 부분 항목의 관계결정을 처리하는 경우가 많은데, 대부분의 사람은 전략이 부족한 대신 지나치게 세심한 부분까지 꼼꼼하게 따진다. 사실상 우리는 방대한 인간관계 속에 놓여 있다. 그런데 정작 인간관계를 처리하는 수준은 대단히 부족하다. 가령 일시적인 분노를 이기지 못해 자신의 경쟁상대와 정면 충돌을 선택하는 경우를 예로 들 수 있다. 관계결정 측면에서 봤을 때, 이는 가장 어리석은 사람이 내리는 최악의 어리석은 결정이다.

이러한 충돌의 결과로 상대방과 당신은 적대적 관계에 놓여 끊임 없는 갈등을 벌이게 된다. 상사는 당신이 냉철함이 부족하다고 깔보며 함께 일을 도모하지 않을 것이다. 또한 동료들은 훗날 당신과 충돌이 일어날 때 또다시 충동적인 행동을 할까 봐 당신과 거리를 둘 것이다. 나중에 서로 충돌하여 관계가 악화되느니 차라리 거리를 두고 멀리하는 것이 낫다고 여기는 것이다.

냉정을 잃었을 때의 선택은 두 번 다시 돌이킬 수가 없다. 그런데도 유감스럽게 대다수 사람은 타인과 교류 과정에서 항상 이성보다는 감성이 앞선다. 사전에 충분한 생각 없이 잘못된 결정을 내려 스스로를 소극적이고 피동적인 처지에 몰리도록 한다. 마땅히 타협해야 할 때 강경한 태도를 고수하고 이성적으로 처리해야 할 때는 오히려 감정적으로 맞선다.

로스앤젤레스의 유명한 자문회사 다니엘^{Daniel}에 왕후이王輝라는 화교 출신의 직원이 있었다. 그는 회사의 중견간부이자 업계에서는 명성이 자자한 자문가였다. 하지만 회사의 규모가 확장되면서 왕후이는 점차 회사에서 고립되고 있다는 느낌을 받기 시작했다. 동료들은 그를 그림자 취급하며 한쪽으로 제쳐두기 일쑤였고, 걸핏하면 누군가가 이사회와 그의 상사에게 고자질을 하여 급기야 사장으로부터 의심을 받기 시작했다.

왕후이가 회사의 중견간부로서 다른 야심이 있는 것은 아닌지, 혹은 회사에 불만을 갖고 이직을 준비하고 있지는 않은지 등의 의구심을 품게 된 것이다.

이는 관계 처리가 원만하지 못할 때 자주 나타나는 현상이다. 왕후이 역시 이대로 잠자코 있다가는 결국에는 자신이 손해를 보게 될 것이라는 사실을 잘 알고 있었다. 지금의 상황 전개로 볼 때 무조건 참고 견디는 것만으로는 회사 내의 입지를 지키기가 힘들 것 같았다. 그래서 왕후이는 자신의 인간관계 위기를 해결하기 위해 직접 행동에 나서기로 결심했다.

그날, 왕후이는 사장과 면담을 하기 위해 사장실로 찾아갔다. 그런데 그가 사장실 안으로 들어서자마자 사장이 먼저 말문을 열었다.

"왕후이, 마침 잘 왔군, 그렇잖아도 자네를 불러 이야기 좀 하려고 했네. 요즘 동료들이 자네에 대한 불만이 많네, 도대체 무슨 일인가?

자네도 자신을 되돌아보고 고쳐야 하지 않겠나?"

사장은 전형적인 미국인으로 일의 전후관계를 따지지도 않고 마음속의 의문점을 그대로 드러내며 해결책을 요구해왔다.

이에 왕후이는 이렇게 대답했다.

"그렇습니다. 최근 들어 모두 저에게 불만이 많아지는 것 같아 어젯밤에 내내 그 문제를 고민했습니다. 아무래도 저 때문에 회사 분위기도 흐려지고, 업무도 순조롭게 진행되지 않아 동료들의 원망이 커진 것 같습니다. 그래서 아예 사직을 할까 합니다. 제 사직서를 받아주십시오."

왕후이는 일말의 망설임도 없이 사직서를 내밀었다. 그의 뜻밖의 결정에 미국인 사장은 순간 당황해서 어찌할 바를 몰라 했다. 그도 그럴 것이 왕후이는 회사의 중견간부이자 매우 우수한 직원이었다. 그동안 회사를 위해 많은 공헌을 했고, 숱한 난제들을 혼자 도맡아서 처리하곤 했다. 게다가 왕후이는 상당히 많은 고급 고객들을 관리하고 있었다. 이대로 그가 사직하면 회사에 큰 손실이 생기는 것은 불을 보듯 뻔했다.

사장은 자신이 이 문제를 어떻게 처리해야 하는지 즉각 깨달았다. 그는 태도를 바꾼 뒤 차분하게 말했다.

"왕후이, 이 일은 내가 자세히 조사를 해보겠네. 그러니 자네는 그만 돌아가게."

그날 오후, 사장은 전체 직원회의를 열었다. 그는 회의 내내 시종일관 '협력정신'을 강조한 뒤, 왕후이를 새로운 직책에 임명하여 보다 많은 권한을 쥐어주었다. 결국 왕후이는 가장 관건이 되는 결정하나로 승리를 거머쥐었다. 자신의 '결백'을 증명하고 상사의 인정을 받았으며, 회사 내에서 한층 권위를 높일 수 있게 되었다.

그러나 왕후이의 선택은 순간적인 충동에 따른 결정이 아니라 그의 풍부한 자본을 토대로 내린 하나의 전략적인 결정이었다. 먼저, 그는 회사 내에서 가장 경험이 풍부한 중견간부였고, 이사진들과도 탄탄한 인맥을 쌓고 있었다. 바꿔 말해서, 왕후이는 회사 내부에 일정한 영향력을 갖춘 인물이었다. 둘째로, 그는 회사에서 없어서는 안 될 능력 있는 인물로 그가 자리를 비우게 될 경우 적잖은 업무가 중단될 가능성이 컸다. 때문에 왕후이는 사직서를 자신의 가치를 높이는 히든카드로 삼을 수 있었던 것이다.

위에서 보듯이 왕후이의 결정은 냉정을 잃지 않은 이성적인 선택이었다. 인간관계에 위기가 발생했을 때, 충동적인 감정을 이기지 못하고 '나는 떳떳하다'는 태도로 극단적인 방식으로 처리하지 않았다. 차분하게 급소를 조준해 일격을 가함으로써 단번에 위기를 해소했다.

이에 비해 상당수 사람들은 위와 같은 상황에서 그다지 현명하지 못한 결정을 내리곤 한다. 언젠가 워싱턴에서 리^李 선생을 만난 적이 있었다. 그는 치를 떨며 자신의 이야기를 털어놓았다. 회사 내부의 승진 경쟁에서 같은 부서의 백인 동료에게 밀려났는데, 능력으로 따지면 자신이 훨씬 월등하여 그 뚱뚱한 백인 녀석에게 결코 질 이유가 없었다고 하소연을 늘어놓았다. 그래서 내가 물었다.

"그럼 무슨 이유로 그런 결과가 나온 것 같습니까?"

이에 리 선생이 코웃음을 치며 말했다.

"그야 뻔하지요. 내가 중국인이기 때문이죠. 미국 회사는 우선적으로 백인을 선호하기 마련 아니겠어요?"

과연 리 선생의 말 그대로였을까? 사실 리 선생은 회사 승진심사 기간에 관리자들이 그에 대한 긍정적인 평가를 완전히 뒤집을 만한 심각한 실수를 저질렀다. 인사부의 고위 간부를 초대하여 고급 레스토랑에서 식사 대접을 한 것이다. 단순히 식사만 하고 끝났다면 문제는 생기지 않았을 것이다. 그런데 리 선생이 식탁 앞에서 인사부의 고위 간부에게 공개적으로 뇌물을 건넨 것이다. 승진만 하게 해준다면 더 많은 보답을 해줄 수 있다는 암시와 함께 말이다.

리 선생의 '관계결정'은 미국 회사의 문화, 미국의 법률제도, 그들의 사고방식을 전혀 고려하지 않은 참으로 어리석기 짝이 없는 방식이었다. 예로부터 음식점 식탁이 사교 장소로 이용되어 온 중국의 관습만을 염두에 두고 미국인 상사도 그의 '호의'를 받아줄 거라 착각했던 것이다. 그 결과 리 선생은 철저하게 승진심사에서 배제되고 말았다.

냉정하게 관계를 처리하는 것은 개인의 상황 판단 능력과도 밀접한 관련이 있다. 때문에 당신은 '관계인'의 문화적 배경, 성격, 신분 등의 정보를 세심하게 수집해야 한다. 그 정보를 토대로 삼는 동시에 자신의 가치와 인맥그룹 안의 위치도 고려해야 한다.

당신이 고려해야 할 두 가지 문제는 다음과 같다.

• 그는 누구인가
• 나는 누구인가

이 두 가지 문제는 매우 간단하지만, 그에 대한 답을 구하는 사람은 극히 드물다. 아마도 인맥경영을 위해 종이를 펼치고 위의 두 가지 질문에 대한 정보를 빼곡하게 채우는 사람은 손에 꼽힐 정도일 것이다. 자신의 인맥 현황을 연구하고 효과적인 행동 방침을 마련하기 전에 인맥의 본질적인 문제로 돌아가보자. 즉 위의 근본적인 문제에 대한 대답을 찾는 것이 실상은 그 무엇보다도 중요한 일이다.

만일 당신이 냉철하게 사고하는 사람이라면, 당신의 인맥은 미래 발전에 필요한 견실한 토대를 갖추고 있는 셈이다.

제7장

떠나지 못하게
만드는 법

직장생활에서 성공하고 방대한 인맥을 소유한 사람
들은 자신의 강점을 발휘하는 데 능숙하다.
또한 자신의 강점을 끊임없이 확대하고 강화하여
다른 사람들이 영원히 그를 떠나지 못하도록 한다.
그래서 특정 분야에서 큰 수확을 거둔다.

1

시작은 자기 마케팅이다

스스로를 마케팅하라

어느 유명한 세일즈맨이 이런 말을 했다.

"사람은 누구나 평생 동안 자기 자신을 동료, 상사, 친구, 가족, 고객 그리고 여러 사람에게 끊임없이 마케팅한다. 자기 홍보에 성공하면 가족애와 우정을 순조롭게 얻고, 동료의 찬사와 존경심도 얻을 수 있다. 동시에 상사로부터 기회를 얻을 수 있다."

우리는 누구나 인맥경영에서 아무런 어려움 없이 모든 일이 뜻대로 이뤄지기를 바란다. 그 과정에서 중요 인물이 자신의 '가치'를 인정해 좋은 결과를 얻는다면 그보다 더 좋은 일은 없을 것이다. 그러나 우리의 현실은 항상 순조롭지만은 않다. 제아무리 수단이 좋아도 모든 사람의 눈과 생각을 사로잡을 수는 없다.

당신은 간절히 원하는 것들을 항상 이루는가? 아마 그렇지는 않을 것이다. 이 세상 모든 일이 어찌 우리 뜻대로만 이뤄지겠는가? 그럼에도 우리는 끝까지 노력해야 한다!

사교 기술로 모든 잠재적인 장애물을 없앤다는 것은 불가능한 일이다. 어떻게 해야 자신의 가치를 최대한 부각시킬 수 있는지 진지하게 연구해야만 부정적인 요소를 없애고 기회를 거머쥘 수 있다.

어떻게 하면 자기 마케팅에 성공할까

위대한 성공가들의 성공적인 첫 시작은 고급 인맥그룹에서 자신과 자신의 신념, 사상을 마케팅하는 데 성공을 거두는 것이다. 자기 자신을 마케팅하는 방법을 모르는 사람은 장벽에 가로막혀 두각을 나타내기 힘들다.

오늘날 우리가 사는 세상은 열심히 노력만 하는 것만으로는 결코 최고가 될 수 없다. 이는 우리가 여러분에게 주는 진심어린 충고이다. 항상 주변의 상황을 둘러보며 끊임없이 생각해야 한다. 어떻게 해야 나 자신을 성공적으로 마케팅할 수 있을까 하는 문제를 말이다.

그렇다면 어떻게 해야 나 자신을 잘 홍보할 수 있을까? 먼저 마케팅의 첫 번째 원칙을 이해해야 한다. 즉 당신이 홍보하려는 것을 정확히 숙지하여 그것을 구성하고 있는 마디마디를 남김없이 잘 알고 있어야 한다.

가령 당신이 장갑을 마케팅한다고 가정해보자. 그러면 마땅히 장갑이 무엇으로 구성되어 있는지를 파악해야 한다. 어떤 원료로 만들어졌고, 제조 과정이나 공정은 어떻게 되는지를 속속들이 꿰뚫어야 한다. 또한 그런 장갑은 어떤 부류의 사람들이 필요로 하는지, 어떤 계절이나 날씨에 그 장갑을 착용하는지, 또 장갑에는 어떤 결함이 있는지 등등을 알아야 한다.

만일 당신이 '사람', 즉 당신 자신을 홍보하려고 한다면, 자신을 완벽히 분석하고 있어야 한다.

- 나는 어떤 종류의 사람인가
- 나는 사람들에게 어떤 이익을 가져다 줄 수 있는
- 나의 장점과 단점은 무엇인가
- 나는 무엇을 원하고, 또 나의 목표는 무엇인가
- 나는 사람들에게 어떤 인상을 주고, 또 어떤 평가를 받고 있는가

이러한 문제에 대한 답을 찾아내고 당신의 성격과 성향을 정의했었다면 그다음에는 파일을 작성하라. 언제든지 상대방이 필요로 하는 부분을 보여줄 수 있어야만 자기 마케팅에 성공할 수 있다.

평소 당신과 가깝게 지내는 사람들은 아마 당신의 단점을 지적하는 걸 꺼릴 것이다. 그러므로 자기 마케팅을 할 때는 스스로에 대한 객관적인 평가를 내려야 한다. 자신의 단점을 감추거나 혹은 그로 인해 열등감에 빠져서는 안 된다.

자기 마케팅을 할 때는 자신감이 필요하다. 자기 자신에 대한 믿

음은 마케팅의 전제다. 특히 당신 자신을 상대방에게 추천하여 상대방과의 협력에서 이익을 얻으려면 자기 자신에 대한 믿음 없이는 그 어떤 것도 불가능하다. 설사 자기에 대한 믿음이 부족하더라도 자신감 있는 척, 당신의 장점에 자부심을 느끼고 있는 척 위장해야 한다.

사람들이 당신의 자신감에 감염되어 당신의 능력을 믿을 때 비로소 성공에 한 걸음 다가갈 수 있다!

누군가가 이런 질문을 한 적이 있다.

"그렇다면 나의 본래의 모습을 버려야 한단 말입니까?"

사람은 누구나 저마다의 개성이 있다. 가령 성격이 솔직하고 거리낌이 없어서 무슨 말이든 직설적으로 내뱉는 사람이 있다. 모든 면에서 꾸밈이 없고 진솔해 보여 좋지만 때로는 상대방을 불쾌하게 할 수 있다. 때문에 이런 사람은 장소와 상대방에 따라 각기 다른 모습을 보여주며 관계를 훼손시킬 수 있는 모습은 최대한 가려야 한다.

그다음으로 외모를 가꾸는 것도 중요하다. 대충 후줄근한 모습으로 사람을 만나서는 안 된다. 이는 자신의 이미지만 훼손할 뿐이다. 상대방과 얼마나 자주 만나는지에 관계없이 상대방은 눈에 보이는 외모로 당신을 판단한다. 어제는 말쑥하게 차려입은 당신에게 좋은 인상을 받았다가도 오늘 '대충' 차려입고 나온 당신의 옷차림에 좋은 인상이 단번에 날아갈 수 있다! 때문에 항상 만날 때마다 당신의 외적 이미지 메이킹에 주의해야 한다!

그다음이 당신의 언행과 사고방식이다. 일단 외적 이미지에서 상대방에게 호감을 주지 못하면 당신의 '내재된 가치'의 영향력이 크게 줄어들어 상대방과 깊이 있는 교류를 할 수 없다.

동시에 말을 할 때의 목소리도 결코 무시할 수 없다. 우리의 목소리는 내면의 진실한 생각이 묻어나오기 마련이다. 만일 당신의 말과 속마음이 다르면 목소리를 통해 '거짓 신호'가 나오고, 상대방은 이를 포착하기 마련이다.

말할 때 소리의 운율과 높낮이에 주의하며 당신이 긴장하거나 두려워하거나 혹은 불쾌하다는 사실을 상대방이 눈치채지 않도록 주의해야 한다. 사람들은 자신과 비슷한 사람과 어울리기를 좋아하는데, 상대방을 판단하는 기준에는 목소리도 포함된다. 때문에 자기홍보를 할 때 상대방의 언어를 사용하며 그의 관점에 서서 자신을 동화시켜야 한다. 무작정 상대방에게 영향을 미치고 당신에게 동화하도록 만들어서는 안 된다.

상대방으로부터 신뢰를 얻으려면 당신이 진실한 말을 하고 있다고 느끼도록 해야 한다. 그러려면 단순히 위에서 설명한 방식만으로는 부족하다. 저마다 다른 사람에게 각기 다른 방식으로 교류하며 최대한 성의를 보여야 한다. 사소한 부분까지 세심하게 신경을 쓰며 내면의 가치를 충분히 보여줘야만 상대방이 당신의 가치를 인정하고 호감을 느끼게 된다.

2

최신 정보와
자신만의 루트를 확보하라

정보를 선별하여 접촉하라

성공가들의 배후에는 강력한 '정보망'이 있다. 다양한 루트를 통해 수집된 정보로 그들은 언제 어디서나 시장 동향을 파악한다.

이렇게 수집된 정보는 매우 특별하여 그 자체로도 큰 가치를 갖는다. 다시 말해서, 우리가 구축한 인맥 네트워크에서 정보와 루트를 확보하고 있는 사람은 그 누구도 대체할 수 없는 '정보원'이다. 그들과 돈독한 관계를 유지하며 원활한 소통을 이뤄야 한다. 이는 그 누구도 부인할 수 없는 인맥의 진리다.

다음과 같은 일화가 있다. 각기 다른 국적의 세 사람이 죄를 짓고 3년 형을 언도받아 감옥생활을 하게 되었다. 감옥으로 수감되기 전에 간수는 그들에게 한 가지씩 소원을 들어주겠다고 말했다. 이에 담배를 좋아하던 미국인은 시가 세 상자를 요구했다. 낭만을 중시하는 프랑스인은 여인 없이는 단 하루도 지내기 힘들다며 감옥 안에서 함께 생활할 수 있는 아름다운 여인을 요구했다. 그리고 유태인은 외부와 소통할 수 있는 전화를 요구했다.

그로부터 3년 뒤, 수감생활을 끝내고 세 사람이 출소했다. 미국인과 프랑스인은 잔뜩 의기소침한 모습이 20년은 폭삭 늙어 보인 듯했다. 오직 유태인만이 잔뜩 흥분한 모습으로 간수와 악수를 하며 말했다.

"감사합니다. 지난 3년 동안 날마다 외부와 전화 연락을 하게 해 준 덕분에 우리 회사는 무너지지 않고 수익이 200퍼센트나 늘어났습니다! 감사의 뜻으로 스포츠카 한 대를 선물하겠습니다!"

선택은 우리의 삶을 결정한다! 오늘 나의 삶은 3년 전의 선택으로 결정되었다. 또한 오늘 나의 관찰력과 그에 따른 결과는 앞으로 3년 후 나의 삶에 결정적인 영향을 미칠 것이다! 우리는 최신 정보를 선택하고, 접촉하며 최신 동향을 항상 주시해야만 자신을 위해 보다 나은 미래를 만들 수 있다.

사람은 누구나 중요한 정보 전달자다

사람들, 심지어 길을 지나는 행인이라도 우리에게는 소중한 정보 전달자다.

우리는 일상생활에서 정보를 수집할 뿐만 아니라 마치 무선 전파처럼 정보를 널리 퍼트린다. 다른 점이 있다면, 정보에 민감하게 반응하며 이를 포착하는 사람이 있는가 하면, 완전히 무시하는 사람이 있다는 것뿐이다. 때문에 동종 업계의 업무자, 제품 관련 소비자를 항상 주시하면 대량의 소중한 정보를 직접적으로 얻을 수 있다.

동시에 우리 주변의 친척, 친구, 옛 동창생, 오랜 부하, 이웃, 예전의 고객 등은 모두 당신의 정보 전달자다. 그들의 언행을 유심히 관찰하면서 그들이 제공하는 정보를 수집해야 한다.

물론 전제는 필요하다. 당신이 진심으로 그들과 친하게 교류할 수 있어야 한다!

미디어의 정보 제공에 주력하라

미디어 매체의 정보량은 거대하고 시시각각 바뀌어 눈이 빙빙 돌 정도다. 가령 라디오나 TV 뉴스, 신문, 잡지 등에는 가치 있는 정보가 매우 많다.

정계의 정보에 소홀하지 말라

대다수 사람이 정계의 정보에 소홀하다. 그 이유는 정계에서 흘러나오는 정보는 모두가 구태의연하기 때문이다. 하지만 이는 매우 심각하게 잘못된 생각이다. 예컨대, 정부기관 즉 세무, 통계, 물가 등을 주관하는 부처는 사회, 경제활동에서 매우 중요한 위치를 차지하고 있다. 그들은 관련 정보를 독점하고 있을 뿐만 아니라 정책 제정권까지 쥐고 있다.

그러므로 정계의 소식은 여느 정보보다 권위성이 높다! 이러한 정보를 무시한다면 크나큰 대가를 치르게 될 것이다. 대기업 총수들이 어떻게 하는지 살펴보면 당신도 쉽게 이해할 수 있을 것이다. 수많은 대기업 총수들이 날마다 아침에 일어나 맨 먼저 하는 일이 바로 관영 신문을 읽고 공영 방송국의 뉴스를 보는 것이다.

정계의 소식을 얻는 방식에는 다음 세 가지가 있다.

- 정기적 혹은 부정기적으로 정부의 공고 혹은 공개, 공표하는 정보를 찾아보라.
- 정보 서비스센터를 통해 검색하라.
- 정부기관을 방문하거나 조사 연구하라.

만일 당신이 창업을 준비하거나 혹은 이미 회사의 중요 직위에 있다면, 정부에서 추진하는 정책이 당신 업무에 큰 영향을 미치게 될 것이다. 이는 당신의 미래와 밀접한 관련이 있다. 때문에 정부 관련 정보를 면밀하게 살피고 분석해야만 정책 동향을 미리 예측하고 그에 대비할 수 있다.

책이나 혹은 기타 발표 자료를 읽어라

당신은 일주일에 몇 번 도서관이나 서점을 가는가? 만일 당신의 대답이 "매우 드물다" 혹은 "가지 않는다"라면, 지금 당장 시간을 쪼개 도서관이나 서점을 찾아가라고 조언하고 싶다. 왜냐하면 그곳에는 당신이 빌리거나 혹은 구매할 수 있는 관련 정보가 있다. 예컨대 행정법규, 정책, 전문지식, 경영전략, 기업 명단, 업종 소개, 업종 발전 추세 및 각종 통계자료가 있다. 특히 기본 정보가 부족한 사람에게는 매우 중요한 루트가 된다.

가령 우리는 도서관 혹은 우체국의 전문 플랫폼을 이용해 전화번호부를 구입할 수 있다. 여기에는 수만 심지어 수십만 명의 전화번호가 있고, 그들은 당신의 잠재적 고객이 된다. 또한 당신에게 특별한 방법이 있다면 고객의 휴대폰 번호도 얻을 수 있다. 이는 곧 거대한 시장을 의미하며, 그중에는 중요한 인맥이 숨어 있다.

업계 협회와 사교단체는 소중한 정보망이다

당신이 다양한 업종의 협회와 사교단체에 참가하든 참가하지 않든 그러한 단체로부터 유상 혹은 무상으로 상업 정보를 제공받을 수 있다. 그러한 플랫폼은 인맥을 넓히는 데 아주 좋은 사교 장소이자 방대한 정보가 모이는 곳이다. 당신은 이곳에서 가장 최신 정보를 얻을 수 있을 뿐만 아니라 여러 사람과 심도 있는 토론을 할 수 있다.

그러므로 가능하면 업종 협회에 가입하거나 혹은 최대한 많은 사교클럽에 참가하여 유용한 정보 네트워크에 융화되어야 한다. 이곳에서 당신은 안정적인 정보 제공 루트를 확보할 수 있다.

적극적으로 정보를 얻고, 시효성에 주의하라

GE의 전임 회장 잭 웰치Jack Welch는 한때 큰 위기에 처한 회사를 구한 적이 있다. 당시 직원들의 말을 들어보자.

GE 엔진사업부의 책임자였던 짐 맥너니Jim McNerney는 이렇게 말했다.

"이곳에서는 새로운 상황을 대면하고 적응할 줄 알아야 합니다. 가령 외부 환경이 24시간 안에 변화하면, 우리는 어제 결정했던 일련의 업무나 혹은 이제 막 시행하기 시작한 업무 방안에 대해 전혀 다른 결론을 내려야 합니다. 대부분 회사의 정책결정자들은 자신이 이미 내린 결정을 번복하기를 좋아하지 않습니다. 설령 잘못된 결정이라고 해도 회사에 큰 손실이 발생하기 전까지는 끝까지 고집하지요. 그래서 웰치 같은 경영자는 아주 보기 드뭅니다. 그는 개혁을 원동력으로 삼았습니다. 그로 인해 일정 시간 회사 내부에 혼란이 발생하더라도 말입니다."

GE 산하 BNC TV 네트워크 회장 라이트의 말은 한층 직접적이다.

"그는 특정 행동 방안이 더 이상 중요하지 않거나 혹은 그 효능이 하락하는 것을 매우 민감하게 통찰합니다. 회사의 활력을 유지하는 데 능력이 탁월하지요."

웰치는 정보를 감지하는 예민성이 매우 탁월했다. 만일 그가 없었다면 GE는 수차례의 위기를 견디지 못했을 것이다. 바로 그가 있었기에 GE는 근본적인 변화를 거쳐 세계 일류 기업으로 성장할 수 있었다.

당신도 잭 웰치처럼 적극적으로 정보를 포착하는 습관을 길러야 한다. 다시 말해서, 정보에 대한 예민한 관찰력을 길러야 한다. 중요한 정보가 출현했을 때 곧바로 포착하여 그것을 이용하거나 개발해야 한다. 우리는 저마다 다른 발전 단계에 있으며, 필요로 하는 정보도 제각각이다. 때문에 자신의 수요에 근거하여 정보를 선택적으로 포착해야만 적은 노력으로 더 많은 성과를 거둘 수 있다.

정보가 스스로 당신을 찾게 하라

당신이 필요로 하는 정보를 어디서 얻어야 하는지를 알아야 한다. 또한 당신이 얻은 정보 중에 진짜와 가짜를 판별할 줄 알아야 한다.

정보는 종종 매력적인 사람에게 자동으로 흐른다. 그들은 타인을 존중할 줄 알고, 매우 겸손하다. 그리고 항상 상대방의 입장과 감정을 배려하며 선의의 호응을 하면 상대방도 성의를 갖고 교류한다.

지나치게 이기적인 사람은 타인의 미움을 사기 마련이다. 동시에 사람들은 그와의 정보 소통에 굳게 문을 걸어 잠글 것이다. 그래서 이기적인 사람은 타인으로부터 유용한 정보를 얻을 수가 없다.

때문에 정보가 당신에게 자연스레 흘러들어오기를 원한다면, 업무를 처리하는 과정에서 당신의 행동에 주의해야 한다. 주위 사람을 흔쾌히 도와주고 그들이 당신과의 교류를 유쾌하게 여기도록 만들어야 한다. 그래야만 타인으로부터 진실한 정보를 얻을 수 있다.

또한 당신의 주변을 유심히 관찰해야 한다. 최근에 가장 인기가 많거나 크게 성공을 거둔 업종이나 회사 혹은 제품을 자세히 관찰하면 당신에게 유용한 정보를 얻을 수 있다. 떠도는 풍문이라도 그냥 지나쳐서는 안 된다.

포착한 정보는 다각도로 분석해서 어떤 정보가 당신에게 가장 정확한 정보인지, 잘못된 정보인지, 유용한 정보인지 혹은 쓸모없는 정보인지를 판별해야 한다.

우리의 조언대로 따른다면, 당신은 언제 어디서나 정보를 포착하는 좋은 습관을 기를 수 있다. 그리고 점차 주변 사람을 예민하게 관찰하고 있는 자신의 변화된 모습을 볼 수 있다. 아마도 그때쯤이면 당신은 날카로운 관찰력으로 수시로 정보를 포착하는 사람이 되어 있을 것이다.

당신만의 독특한 루트를 만들어라

루트는 사업가들에게는 없어서 안 될 소중한 자산이다. 상품을 판매하려면 점포가 필요하고, 또 상품 공급상과 판매망이 필요하다. 이러한 루트를 확보하기 위해 사업가들 사이에는 포탄이 날아다니는 전쟁터처럼 치열한 경쟁이 벌어진다.

개인에게 자신만의 독특한 정보 루트는 필수다. 정보를 얻고 그 가치를 드러낼 수 있는 자신만의 독특한 루트를 확보할 수 있느냐 여부에 따라 우리의 현재, 그리고 미래의 성공이 결정된다. 어떤 의미에서는 우리 인맥의 가치를 구현할 수 있는 근본이기도 하다.

구체적인 방법을 말하자면, 그러한 루트를 확보하려면 눈썰미와 전략이 실력보다 더 중요하다. 이 두 가지 중에 어느 것 하나도 없어서는 안 된다.

정보 루트는 워낙 변화가 심해서 일일이 그에 따른 전략을 설명할 수는 없다. 다만 우리가 강조하고자 하는 점은, 정보 루트를 대하는 당신의 태도다. 적잖은 사람들이 희소가치가 높은 정보를 가지고 있으면서도 이를 소홀히 대하거나 무시한다. 결국에는 기회를 놓치고 돌이킬 수 없는 손실을 입는다.

차이 선생은 미국에서 여러 해 동안 사업을 일군 화교 출신의 사업가다. 처음 레스토랑을 열고 2년 동안은 장사가 신통치 못했다. 그래도 차이 선생은 미국 각 지역에 레스토랑 체인점을 세우는 데 전력을 기울였다. 불과 1년 만에 미국 10개 주에 20여 개의 분점을 보유하게 되었다. 그러나 레스토랑을 찾는 고객이 많지 않아서 파리만 날릴 때가 많았다.

차이 선생은 이내 의기소침해지고 말았다.

"레스토랑의 인테리어가 촌스러운 건가? 아니면 음식이 맛이 없는 걸까? 아니야, 그럴 리가 없어. 우리 레스토랑은 최상의 서비스와 최고급 요리만을 내놓고 있다. 그런데도 미국인들이 좋아하지 않으니 대체 어쩌란 말인가?"

어느 날 화교 출신 기업가 모임에서 그는 내가 인맥경영을 다루는 교섭 기구의 책임자이며, 미국 정계에서 적잖은 로비활동을 펼쳤다는 말을 듣고 찾아왔다. 그리고 자신의 레스토랑에 대한 고민을 털어놓으며 미국인에 대한 편견 가득한 푸념을 늘어놨다. 차이 선생은 백인들이 일부러 중국인 레스토랑을 기피하고 있다고 여겼다. 또한 각 주정부에서도 그를 차별대우하고 있다고 생각했다. 그래서 그는 우리 회사를 통해 주정부와 소통할 수 있는 통로를 마련해 권력을 가진 미국인들로부터 '활로'를 얻고 싶어 했다.

나는 그의 말을 다 듣고 난 뒤 웃으며 말했다.

"차이 선생, 10여 개 주의 주정부를 설득해서 레스토랑의 고객을 유치하는 일을 할 수 있는 사람은 없습니다. 하지만 당신의 문제점이 어디에 있는지는 알겠군요."

차이 선생이 눈을 휘둥그레 뜨며 절박한 어조로 말했다.

"그럼 조언 좀 해주세요. 당장 따르겠습니다."

이에 내가 물었다.

"당신이 경영하는 레스토랑은 어떤 요리를 전문적으로 하는 곳입니까?"

"그야 물론 중국 요리지요!"

그는 강조하는 어조로 대답했다.

"그럼 중국 요리는 어떤 사람들이 즐겨 먹죠?"

"그걸 말이라고 합니까? 당연히 화교들이지요! 어, 앗!"

무심코 대답하던 차이 선생이 짧은 비명을 질렀다. 우리 주변에 있던 사람들조차 놀라서 쳐다볼 정도였다. 사실 문제는 아주 간단했다! 차이 선생은 중식 레스토랑의 사장으로 자신만의 정보 루트를 보유하고 있었다. 그는 중국인들의 입맛이나 즐겨먹는 요리가 무엇인지 누구보다 잘 알고 있었다. 하지만 그러한 정보를 이용하여 화교들을 집중적으로 공략할 생각은 미처 하지 못했다.

결과는 자명했다. 화교들 사이에서 그의 레스토랑은 그다지 알려져 있지 않았기에 식사를 하러 찾아오는 이도 드물었다. 게다가 미국인들 사이에서는 설사 유명한 레스토랑이라고 해도 간혹 특별식으로 중국 요리를 찾을 때를 제외하고는 딱히 흥미를 느끼는 이가 많지 않았다.

차이 선생은 한숨을 내쉬며 말했다.

"당장에 돌아가서 경영전략을 다시 세워야 할 것 같습니다. 이번에는 레스토랑 홍보를 잘해서 미국에 사는 모든 화교들에게 우리 레스토랑을 알려야겠어요!"

독특한 고유의 정보를 가지려면 먼저 위치 설정을 제대로 해야 한다. 그리고 정보망을 확보하고 그 안의 내재된 규칙성을 분석하여 당신의 목표를 세워야 한다. 합리적인 목표를 세우면 그 목표에 맞는 지향점을 찾아 정확한 정보를 수집해야 한다. 이는 당신의 목표에 자양분을 대줄 뿌리 역할을 하여 인맥과 재원이 끊임없이 당신에게 흘러들어오게 한다.

루트와 정보를 장악하는 것은 인맥의 숨통을 틀어쥐는 것과 마찬가지로서 당신의 사업을 구원한다. 고유의 루트를 중히 여기며 이를 개발하면, 정보를 필요로 하는 사람들이 항상 당신의 인맥 네트워크에 머물며 그에 상응하는 가치와 보답을 끊임없이 제공할 것이다.

3

당신은 상대에게
얼마나 보답할 수 있는가

당신의 이용가치는

만일 누군가의 도움을 바란다면, 먼저 그 사람에게 보답할 수 있는 능력을 갖춰야 한다. 그러한 능력은 바로 당신의 가치를 증명한다. 시쳇말로, 그것은 일종의 이용가치로서, 사람들이 우리를 필요로 하는 정도이기도 하다.

다른 사람이 당신을 위해 서비스를 제공해주기 원한다면, 그 서비스의 대가를 지불할 수 있어야 한다. 당신이 지불하는 대가의 액수에 따라 당신이 누릴 수 있는 서비스 품질이 결정된다.

한 사람의 이용가치는 다른 사람들이 그를 얼마나 필요로 하는지를 결정한다. 상품이 수요가 있어야만 판매할 수 있고, 수요가 없으면 자연스레 시장에서 도태되는 이치와도 같다. 그래서 공들여 예쁘게 포장해서 가장 눈에 띄는 곳에 진열해야만 날개 돋친 듯이 팔려나갈 수 있다.

수요는 자연적 수요와 인위적 수요로 나누어진다. 자연적 수요는, 가령 밥을 먹을 때 당신이 '밥'을 제공해줄 수 있다면, 그것이 바로 당신의 가치다. 인위적인 수요는 잠재적 수요를 자연적 수요로 전환시켜 이를 충족시켜줌으로써 가치를 갖는 것이다.

예컨대, 오늘날 시장에서 백화점이 차지하는 지위는 대형 마트에 의해 속속들이 대체되고 있는 추세다. 어떤 특별한 이유가 있는 걸까? 사실 그 원인은 매우 단순하다. 백화점의 가치가 소비자의 수요를 충족시키지 못하기 때문이다. 반면에 대형 마트는 넓고 쾌적한 공간에서 고객의 동선에 맞춰 넓고 긴 통로를 만들고 그 양쪽으로 상품을 배치하여 소비자의 수요를 자극한다.

본래는 쌀을 사러 마트에 갔는데, 진열대에 수북이 쌓인 신선한 과일을 보면 식사 후 디저트로 과일을 먹고 싶다는 충동이 생긴다. 충동에 따른 수요는 그 자리에서 새로운 구매 행위로 전환된다. 이러한 일련의 쇼핑 유도를 통해 대형 마트의 영업 수익은 자연스레 상승하기 마련이다. 반면에 백화점의 고리타분한 구조와 모식은 이러한 효과를 낼 수가 없다. 고객들은 백화점에 들어가면 곧장 매장으로 가서 원하는 물건을 구입하는 것으로 쇼핑이 끝나기 쉽다.

우리는 자신의 업무와 전공 방면에서 고객, 동료, 회사의 수요를 충족시키는 것 이외에도, 그들이 당신에게 원하는 새로운 수요를 창출할 수 있는지 살펴야 한다. 이는 가치의 상호작용을 구현하는 것이며, 동시에 인간관계에서 상호 수요의 본질을 나타낸다.

예를 들면, 당신이 자산관리사라면 고객에게 당신의 자산관리 운용 방법을 홍보하여 그들이 당신에게 자산관리를 맡기도록 계약을 체결해야 한다. 그렇다면 당신은 어떻게 해야 할까?

먼저 고객의 가정을 방문하여 그들이 무엇을 필요로 하는지 살펴야 한다. 그들의 수요를 충족시켜야만 당신은 이용가치를 구비할 수 있다. 그다음에는 당신이 필요로 하는 가치를 고객에게 제공 받을 수 있다. 가령 당신의 고객에게 대학 입시를 준비하고 있는 아들이 있다면, 그를 위해 학업 지도와 관련한 조언을 해주고, 이를 통해 고객은 당신에게 새로운 수요를 갖게 된다. 이로써 당신은 고객에게 그 무엇으로도 대체할 수 없는 중요한 가치를 지니게 된다.

인간관계에서는 이러한 수요와 공급의 관계가 있어야만 서로 오랫동안 친분을 유지하며 심도 있는 협력 관계를 구축할 수 있다.

그 누구도 대체할 수 없는 당신만의 전문성은

당신은 다음과 같은 일을 경험한 적이 있는가?

소속 부서에서 오랜 기간 열심히 일해 풍부한 경력을 쌓았다. 그래서 사장에게 연봉 인상을 요구하지만 사장은 그 요구를 들은 척만 척하며 아예 당신을 그림자 취급한다. 이런 상황에서 만일 당신이 사직을 무기 삼아 사장을 압박한다면, 미안하지만 당신이 사직서를 던져도 누구 하나 만류할 사람이 없을 것이다. 오히려 쓸모없는 짐 하나를 없앴다고 모두 안도의 한숨을 내쉴지도 모른다.

그렇다면 왜 사장은 당신에게 그처럼 몰인정한 걸까? 왜 당신은 사장의 마음속에 아무런 자리도 차지하고 있지 못한 걸까?

그것은 당신이 가치가 없기 때문이다. 당신보다 훨씬 나은 직원이 그 자리를 대체할 수 있기 때문이다. 당신이 떠나더라도 그 업무를 대신 할 사람은 100명도 족히 넘는다. 당신의 업무는 단순하기 짝이 없고 심지어 사장조차도 걸핏하면 이런 말을 했을 것이다.

"거리를 오가는 사람 아무나 데려다 3일만 훈련시켜도 그 일을 당신보다 더 잘해낼 것이다!"

만일 이러한 처지에 있다면 당신의 미래는 암담하기 짝이 없다. 이용할 수 있다는 것은 곧 이용가치를 의미한다. 하지만 사장이 일말의 망설임도 없이 당신을 해고할 수 있다면, 당신 스스로를 되돌아 볼 필요가 있다. 과연 나는 대체 불가성을 가지고 있는 사람인가 하고 말이다. 언제든지 해고될 수 있다는 것은 곧 상대방에게 당신은 쓸모없는 사람이라는 뜻이다.

보다 많은 사람의 힘을 빌려 당신의 목표를 실현하고 싶다면, 먼저 당신 자신에게 물어보라. '나는 그 사람에게서 어떤 이익을 얻을 수 있을까?'가 아니고 '나는 어떻게 해야 보다 많은 사람에게 이용될 수 있을까?'하고 말이다.

사람들은 명망이 높고 사회적 영향력이 큰 사람을 부러워한다. 그리고 강력한 힘을 발휘하는 강자를 숭배한다. 그들은 무엇을 하든 마음먹은 대로 되고, 또 곳곳에서 도움의 손길을 받는다. 왜냐하면 그들은 자원을 보유하고 있는 만큼 가치를 지닌다는 진리를 잘 알고 있기 때문이다.

그들은 다른 사람들을 위해 자원과 가치를 제공한다. 때문에 수많은 사람이 그들을 하늘처럼 떠받들며 그들이 만들어놓은 자원공유의 그룹을 떠나지 못한다. 이것이 바로 인맥의 관련 가치다. 성공의 표식은 그가 얼마나 강한 힘과 능력을 갖고 있느냐에 있지 않다. 다른 사람들을 강하게 만들어줄 수 있고, 또 그들로부터 에너지를 흡수하여 자신의 힘을 점점 더 키울 수 있느냐에 있다.

4

가치에 가격을 매기는 순간

당신의 가치는 얼마인가

사람은 누구나 자신만의 '가치'를 지닌다. 또한 상당수 사람들은 겉으로 드러나는 것보다 더 뛰어난 능력을 보유하고 있다. 하지만 그들의 '가격'은 '실제 자신'의 몸값에 못 미치는 경우가 많다.

언제 어디서든 당신 자신을 무시해서는 안 된다. 자신의 가치를 모두 구현해내야만 최종 가격을 산정할 수 있다. 당신이 어느 정도의 가치를 지니고 있는지가 중요하지만 실상은 밖으로 드러나는 가격이 더 중요할 때가 많다.

특히 오늘날의 사회에서는 더욱 그렇다. 우리는 가치를 지니고 있다는 것만으로는 부족하다. 가치는 내재된 것이기 때문에 모든 사람이 당신의 진짜 능력을 볼 수는 없다. 때문에 능력에 상응하는 가격대를 형성해서 시장에 내놓아야만 당신의 온전한 가치를 모두에게 보여줄 수 있다.

그렇지 않으면 가치는 있지만 가격대가 형성되지 않은 삶을 살게 될 것이다. 인맥관계도 그다지 좋지 않아 고급 인맥그룹에 진입하기가 어려워진다.

뉴멕시코의 산지에서 사과를 재배하는 과수농이 있었다. 그는 매년 우편 거래 방식으로 사과를 각지의 고객에게 판매했다. 자신이 재배하는 사과 품질에 자신이 있었기 때문에 고객에게 상품에 불만이 있으면 언제든지 반품이 가능하도록 하는 전략을 세웠다.

여러 해 동안 그의 사업은 순조롭게 진행되었다. 그런데 어느 해 겨울 보기 드문 우박이 쏟아지면서 사과에 상처가 생기고 말았다. 과수원의 사과 전체가 상품성이 훼손된 것을 보고 농부는 크게 낙담하고 말았다. 우울한 마음에 과수원을 거닐던 그는 우연히 사과 하나를 따서 입에 물었다가 뜻밖의 사실을 발견했다. 우박을 맞은 사과의 외관은 상품성이 떨어지지만 예전보다 훨씬 달고 식감도 훌륭했던 것이다.

농부는 혼잣말처럼 이렇게 중얼거렸다.

"참 아쉽구나. 이렇게 맛있는 사과가 볼품없게 되었으니, 어떻게 구제할 방법이 없을까?"

농부는 몇날 며칠을 고민하다 예전 방식 그대로 반점이 생긴 사과를 고객에게 판매하기로 결정했다. 대신 상자에 이런 편지를 붙여서 보냈다.

"이번에 보내드리는 사과에는 모두 반점이 있는데, 우박을 맞은 자국입니다. 이 사과가 뉴멕시코 고원지대에서 생산되었다는 확실한 증거지요. 고원지대에서는 가끔 기온이 급강하여 사과의 속살이 꽉 조여져 고랭지 재배 특유의 놀라운 맛과 향을 만들어냅니다."

사과를 받은 고객들 중에 반품하는 이는 아무도 없었다. 오히려 추가 구매하는 고객이 많아 전량 매진의 기록을 세웠다.

이와 같이 '결점을 특색'으로 전환시켜 위기를 탈출한 농부는 훗날 광고업계에 뛰어들었다. 이 농부가 바로 세계 최초로 '통신판매'를 고안한 장본인이자 '광고의 아버지'라 불리는 제임스 웹 영James Web Young이다.

우리는 누구나 독특한 가치를 지닌 유일무이한 존재다. 물론 저마다 단점도 있지만, 대부분은 '나 정도면 매우 훌륭한 사람이지!'라는 생각을 갖고 산다. 문제는 당신 혼자서만 그런 생각을 해봤자 인생에 아무런 도움이 되지 않는다는 점이다. 당신이 훌륭한지의 여부는 사람들에게 내보이는 가격에 달려 있다.

이것이 바로 내가 강조하고 싶은 말이다. 당신이 계획하는 인생길에서 자신의 잠재력과 강점을 최대한 발휘하여 인생가치를 실현해야 한다.

당신의 가장 큰 '판매가치'는 무엇인가

당신의 핵심가치는 바로 가장 크고 가장 독특한 판매가치이다. 또한 남들은 대체할 수 없는 가치다.

우리는 누구나 서로 다른 특징과 장점을 지니고 있다. 제아무리 어리석은 사람일지라도 그만의 특징과 장점을 지니게 마련이다.

워싱턴 정계의 정치인들이 과학에 능통할까? 아니다. 그들은 선거와 여론을 형성하는 데 능숙한 선전의 고수들이다. 또한 도시 계획에 대해서도 일가견이 있어 시장으로 당선된 뒤에는 워싱턴의 교통 체증을 해결할 수 있는 능력도 있다.

과학자는 컴퓨터 수리를 잘할까? 아니다. 컴퓨터 내부 구조에 대해서는 문외한이지만 우주선이나 비행기는 설계할 수 있다.

컴퓨터 엔지니어는 자동차 수리에 능할까? 아니다 그들은 컴퓨터의 달인이지만 자동차에는 문외한일 것이다!

물론 모든 분야에 골고루 지식을 갖춘 만능재주꾼도 있다. 하지만 그것은 그저 표면에 드러나는 현상일 뿐, 그들에게도 익숙하지 않는 분야가 분명히 있다. 다방면에 고루 재능이 있다고 해도 막상 진짜 전문가 앞에서면 말 한마디도 제대로 내뱉지 못할 것이다.

우리는 자기 자신을 위해 한 가지 원칙을 세워야 한다. 즉, 모든 기능에 정통할 필요가 없다. 자신의 장점을 최대한 발휘할 수 있는 분야 하나면 족하다! 대신 약점은 최대한 피해야 한다. 장점을 강화하여 최대의 가치와 가격대를 구비하고 있어야 한다.

당신이 가장 잘하는 일에 시간과 노력을 집중하면 업무 성과도 크게 향상되어 당신의 능력을 보여줄 수 있다.

대신 당신이 실현할 수 없는 목표는 추구하면 안 된다. 또한 취약한 분야에 여분의 시간을 낭비해서도 안 된다. 여러 사람으로부터 형식적인 인정을 받는 것보다는 특정 분야에서 높은 평가를 받는 것이 낫다!

앨런은 미국의 한 대학을 졸업한 후 오랫동안 직장을 구하지 못했다. 그는 백수가 되어 여기 저기 돌아다녔고, 부모는 그를 귀찮아했다. 그러던 어느 날, 마침내 한 회사에서 소프트웨어를 계측하는 일을 맡게 되었다. 하지만 이는 허드렛일로 모두가 탐탁지 않게 여기는 일자리였다.

앨런 역시 학교에서 측량이나 계측과 관련한 일을 전문적으로 배운 적도 없었기에 그 일자리가 마뜩찮기만 했다. 하지만 오랜 기간 백수로 지냈기 때문에 그에게는 선택의 여지가 없었다. 그렇게 회사에 입사하고 수년이 지난 뒤 그는 다른 회사로 이직했다. 비록 회사는 바뀌었지만 계측부 업무는 변함이 없었다. 그가 이직한 회사는 1,000명의 직원을 보유하고 있었지만, 그가 다시 다른 회사로 이직할 때 즈음에는 직원 수 3만 명의 대기업으로 성장했다.

계측부 분야에서는 남다른 노하우와 경력이 풍부했던 앨런은 어느 작은 회사의 팀장이 되었다. 회사의 규모가 점차 커지면서 그는 과장, 차장을 거쳐 계측부의 부장이 되었다. 그리고 수년 뒤 그의 회사는 상장사가 되었고, 얼마 지나지 않아 대기업에 합병되었다.

앨런은 고민을 하기 시작했다. 이젠 다른 사람 밑에서 일하는 것이 아니라 자기 자신을 위한 사업을 일구고 싶다는 생각이 들었던 것이다. 그래서 그는 창업 자금을 모으기 시작했다. 이때 앨런은 냉철하게 시장을 분석한 뒤에야 한 가지 사실을 깨달았다. 자신이 창업을 해서 성공을 거둘 확률이 가장 높은 분야가 발 측정 업종이라는 사실을 말이다. 그에게는 이 분야에서 수년간 일하면서 쌓아온 풍부한 경험이 있었다. 게다가 앨런은 계측 분야에 천부적 자질을 지니고 있었다.

그래서 앨런은 자금을 모은 뒤 계측회사를 세웠다. 그동안 쌓아올린 명성과 경험을 기반으로 그는 순조롭게 막대한 투자금을 유치할수 있었다. 그리고 지금까지 그의 회사는 안정적으로 운영되고 있으며, 매우 성공적인 기업으로 자리매김했다.

위에서 보듯이, 일부 사람들은 자신이 가장 잘하는 분야의 일로 성공을 거둔다. 그들이 성공의 행운을 얻을 수 있었던 이유는 자신의 가장 큰 '판매가치'를 정확히 선택했기 때문이다.

바꿔 말해서, 직장생활에서 성공하고 방대한 인맥을 소유한 사람들은 자신의 강점을 발휘하는 데 능숙하다. 또한 자신의 강점을 끊임없이 확대하고 강화하여 다른 사람들이 영원히 그를 떠나지 못하도록 한다.

자신의 장점을 경영하라

당신의 장점을 잘 경영하면 인생을 평가절상할 수 있고, 단점을 키우면 평가절하된다.

미국 정치가 프랭클린은 "보석도 잘못된 장소에 놔두면 쓰레기가 된다"라고 했다.

당신은 혹시 잘못된 곳에 버려진 보석은 아닐까?

최선을 다해 일을 성사시켰지만 성공을 거두지 못할 때가 많다. 그것은 대개 당신에게 맞지 않는 직업을 선택했기 때문이다. 잘못된 환경이 당신의 장점을 모두 매몰시켜버린 것이다. 쉽게 말해서, 자신의 몸에 있던 금은보화를 모두 던져버리고 갑절의 노력을 기울이며 자신의 단점을 키우고 있었던 셈이다.

미국의 시인 로웰은 이런 말을 했다.

"우리가 천부적으로 재능이 없는 일을 하는 것은 공연한 헛수고에 불과하다."

마치 그림에 재능이 있는 사람이 반평생을 서예를 연구하는 데 낭비한 것과 마찬가지다. 그 결과 이 세상에는 위대한 화가 하나가 줄어들고 대신 2류 급의 서예 애호가가 한 명 늘어났다!

인류 역사상 자신에게 맞지 않는 일을 하다가 파멸을 맞이하거나 평생 아무런 성취도 이루지 못한 사례는 부지기수다. 오직 당신만이 가진 대체 불가한 장점을 발휘해야만 자신의 사업이나 대인관계가 순조롭게 이뤄져서 성공에 한층 다가갈 수 있다.

살다보면 우리는 자신이 원하지 않는 현실에 맞닥뜨릴 때가 많다. 자신이 원하지 않는 일을 마지못해 해야 하고, 또 이 때문에 번민에 빠진다. 가령 상사의 지시, 친구의 부탁, 가족의 수요 등이다. 이때 가장 좋은 방법은 그 일을 하는 동시에 최대한 빨리 그 일로부터 벗어나 당신의 장점을 발휘할 수 있는 일을 찾는 것이다.

물론 이 세상에서 가장 불행한 사람을 꼽으라면, 자신이 무엇을 하고 싶은지도 모르는 사람일 것이다. 그들은 자신에게 맞는 일을 찾지 못해 그 어디에서도 입지를 세울 수가 없다. 그를 반겨주는 인맥그룹도 없고, 그 진정으로 인정해주는 친구도 없다.

미국에 근 40여 년을 구걸을 하며 살던 거지가 있었다. 그는 단 한 번도 자신의 생활을 바꿔서 좀더 행복한 삶을 가꿔나갈 생각을 하지 않았다. 왜냐하면 자신이 할 줄 아는 것이 하나도 없다고 여기고 있었기 때문이다. 그러던 어느 날, 빌 게이츠 집의 부근에서 구걸을 하다 우연히 빌 게이츠가 탄 자가용이 그의 옆에서 멈춰 섰다.

그것은 그야말로 하늘이 만들어준 우연한 만남이었다. 거지는 단박에 빌 게이츠를 알아보고 속으로 쾌재를 불렀다. 평소 빌 게이츠가 자선사업에 심혈을 기울이며 해마다 거액의 돈을 자선기관에 기부하고 있다는 사실을 익히 들어 알고 있었기 때문이다. 거지는 이 기회를 이용해 한밑천 얻어야겠다고 결심했다.

거지가 빌 게이츠에게 다가가 불쌍한 표정을 지으며 말했다.

"선생님, 저에게 적선 좀 해주십시오!"

빌 게이츠는 매우 상냥했지만 즉시 돈을 꺼내주지 않았다. 대신 거지에게 물었다.

"1달러를 원합니까, 아니면 1만 달러를 원합니까?"

"그야 물론 1만 달러지요. 선생님에게 1만 달러쯤이야 돈도 아니지요."

거지는 흥분하며 말했다.

그러자 빌 게이츠가 호주머니에서 1달러를 꺼내 거지에게 건네주고는 다시 가방에서 작은 노트 한 권을 꺼냈다. 이 모습을 지켜보던 거지는 너무 기뻐서 하늘로 뛰어오를 것만 같았다. 틀림없이 대부호인 빌 게이츠가 선심을 써서 수표로 1만 달러를 내주려는 것이라고 여긴 것이다.

빌 게이츠는 뭔가를 후다닥 갈기고는 그것을 찢어서 거지에게 주었다.

"자, 9,999달러 여기 있소."

거지가 크게 기뻐하며 종이를 받아 펼쳤는데, 그건 수표가 아니라 일반 종이쪽지였다. 그런데 자세히 살펴보니 그 종이 위에 세계 최고 갑부 빌 게이츠가 건네는 진심 어린 충고가 담겨 있었다.

"장점으로 돈을 벌고, 지식으로 정신을 무장하시오."

이 글귀를 본 거지는 무기력한 표정으로 말했다.

"나는 그 어떤 장점도 지식도 없습니다."

그러자 빌 게이츠가 웃으면서 이렇게 말했다.

"사람은 누구나 자신만의 장점과 지식이 있습니다. 당신이 아직 발견을 못했을 뿐이오."

거지는 갑자기 망치로 머리를 얻어맞은 듯 정신이 퍼뜩 들었다. 그는 곧장 관공서로 찾아가 회사를 등록하고 싶다고 신청서를 제출했다. 하지만 관공서에서는 그의 서류를 받아주지 않았다. 그러자 거지는 수많은 이유를 구구절절 늘어놓기 시작했다. 사업 발전의 필요성이나 경영 범위의 확대, 사회적 요구 등을 이야기했고, 결국 정부 관리를 설득하는 데 성공했다.

그가 세운 회사는 점점 규모가 커졌고, 그의 몸값도 수십억 달러에 달하게 되었다. 수년 뒤 거지는 칵테일 파티에서 우연히 빌 게이츠를 만났다. 그는 서둘러 다가가 감사의 인사를 했다.

"당신에게 큰 감사를 드립니다. 당신은 내가 장점을 발견하게 도와줬고, 또 내 인생을 바꿔주었습니다."

매번 사람들이 나에게 어떻게 해서 성공을 거두었는지, 또 어떻게 해서 유명 인사들과 친분을 쌓았는지 묻는다. 그럴 때마다 나는 이렇게 되묻곤 한다.

"당신은 어떤 일을 좋아합니까?", "당신이 가장 잘하는 일은 무엇입니까?"

당신의 장점을 근거로 자신에게 맞는 사업을 선택한다면 자신도 모르게 저절로 적극성이 발휘된다. 설사 그 일이 매우 까다롭고 힘든 일이라서 지치고 고되더라도 당신은 항상 신나게 그 일을 할 수 있다. 이처럼 유쾌한 심리상태에서는 그 어떤 위기에 부딪히더라도 쉽게 포기하지 않는다. 오히려 능동적으로 해결 방법을 찾으며 백절불굴의 정신으로 위기를 극복한다.

당신의 장점을 찾아내 영향력으로 만들어라

마지막으로, 객관적 입장에서 자신을 전반적으로 분석해야 한다.

첫째, 먼저 당신의 가장 큰 장점을 찾아라. 당신에게는 어떤 개인 자산이 있는지 살펴보라. 즉, 주위 사람들은 당신과 함께 지내는 것을 좋아하는가? 당신은 주변 환경에 대해 강렬한 호기심을 갖고 있는가? 당신은 다른 사람을 돕는 것을 즐기는가?

자신의 인격적 특질을 객관적으로 분석한 뒤 다섯 가지 장점을 나열하고 그중에서 가장 우수한 장점을 뽑아라.

둘째, 당신의 천부적 재능을 찾아라. 어떤 방면에 천부적인 특질이 있는지 찾아보라. 어쩌면 그것은 당신이 평생 동안 발휘해야 할 재능일지도 모른다. 가령 당신은 운동을 좋아하고, 건장한 신체를 가지고 있는가? 당신은 음악에 빠져 있고, 성량이 풍부한 목소리를 가지고 있는가? 당신은 글 쓰는 데 재주가 남다르며, 이미 여러 편의 글을 발표한 적이 있는가?

물론 창의적인 사고력을 갖고 있느냐의 여부도 매우 중요하다. 당신의 재능을 모두 찾아낸 뒤 이를 정리해보라. 그리고 그중에서 당신의 내면의 성향성에 가장 근접한 답안을 선택하라. 그것이 바로 당신의 '장점'이자 당신의 가치가 '영향력'을 발휘할 수 있는 근원이다!

제8장

가능성 검증

적을 포용하면 지속적인 발전을 이룰 수 있다.
적은 그 누구보다 당신의 약점을 잘 알고
심지어 당신에게 치명상을 입힐 급소까지 훤히 꿰뚫고 있다.
넓은 도량과 관대한 마음으로 남들보다 한층 품위 있는
인격을 갖추고 있어야만 적의 존중을 받을 수 있고,
그로 말미암아 진정한 적을 모두 사라지게 할 수 있다.

1

적은 당신을 꿰뚫고 있다

두려움을 극복하다

자신감은 손으로 만질 수도 눈으로 볼 수도 없다. 하지만 그 사람의 얼굴을 통해 확인할 수 있고 느낄 수 있다. 자신감의 중요성을 부정할 사람은 이 세상에 아무도 없다. 그런데도 우리는 실제 행동에서 '자신감을 상실한' 모습을 끊임없이 노출한다.

성공을 장담하는 일이라도 우리는 시작하기에 앞서 실패했을 때 닥칠 결과를 걱정하곤 한다. 하지만 성공에 대한 갈망은 그러한 걱정을 억누르고 실행에 옮기도록 해준다. 이는 우리가 무언가를 결심했을 때 일반적으로 겪는 과정이다. 무언가를 결심하고 그것을 끝까지 견지하는 마음가짐은 강자의 기본 자질이다.

끝까지 견지하는 마음가짐은 주위 사람들로부터 존중을 이끌어낸다. 그중에는 당신에게 전폭적인 지지를 해주는 사람들의 존중도 포함된다. 이는 당신이 인맥그룹 안에서 입지를 다지고 좋은 명성을 얻는 전제조건이기도 하다. 반면에 무슨 일을 하다가 난관에 부딪히면 쉽사리 포기하고 마는 사람은 존중을 받을 수 없다. 겁쟁이나 비겁자는 설사 좋은 대인관계를 유지하고 있다고 해도 점차 고급 인맥그룹에서 쫓겨나기 십상이다.

러시아 과학자가 긍정적인 심리치료에 관한 이론을 세웠는데, 이를 위해 '잔혹한' 실험을 진행했다. 그는 두 마리의 생쥐를 물이 담긴 용기 속에 집어넣은 뒤 반응을 관찰했다. 생쥐는 8분가량 용기 속에서 탈출하기 위해 필사적으로 발버둥을 치다 9분이 되자 체력을 소진하고 죽고 말았다.

과학자는 이어서 똑같은 용기에 또 다른 생쥐 두 마리를 집어넣었다. 역시 생쥐들은 살기 위해 발버둥을 쳤는데, 5분 쯤 지나자 과학자는 생쥐가 탈출할 수 있도록 작은 나무 발판을 용기 안에 집어넣었다. 그러자 생쥐 두 마리는 재빨리 발판을 이용해 용기를 탈출했다. 그로부터 며칠 뒤, 과학자는 지난번에 탈출에 성공했던 생쥐 두 마리를 다시 똑같은 용기 속으로 집어넣었는데, 몹시 놀라운 결과를 얻게 되었다. 생쥐들이 무려 24분을 용기 속에서 버텼던 것이다. 일반적으로 8분을 버티던 것에 비하면 무려 세 배나 늘어난 시간이었다.

왜 이러한 결과가 나왔을까?

그 생쥐 두 마리는 앞서 용기에서 탈출한 경험이 있었다. 그래서 언젠가는 발판이 용기 속으로 내려와 그들이 도망칠 수 있을 것이라고 믿었던 것이다. 강력한 '신념의 힘' 덕분에 생쥐들은 훨씬 오랜 시간을 용기 속에서 버틸 수 있었다.

이처럼 강력한 정신력은 긍정적이고 강한 마음가짐에서 비롯된다. 혹은 좋은 결과가 있을 것이라는 희망을 품고 있기 때문이다. 그래서 우리의 행동은 좀더 강력해지고, 끝까지 견지할 수 있게 되는 것이다.

'심각한 골칫거리'와 마주친 적이 있는가

영화 〈쇼생크의 탈출〉을 보면 인상 깊은 대사 한마디가 있다.

"바쁘게 살던가, 바쁘게 죽던가!"

이 말은 하나의 진리와도 같다. 우리는 무수히 많은 사례를 다루었는데, 그 사례 속 상당수 사람이 살아가는 동안 '심각한 골칫거리'와 마주친 적이 있었다. 여기서 우리가 말하는 심각한 골칫거리는 곧 인생의 막다른 골목을 의미한다. 이때 당신에게는 두 가지 선택만이 주어진다. 지난 수십 년 동안의 노력을 스스로 폐기하거나 아니면 모든 것이 무너져 내리는 것을 가만히 지켜보던가.

그러한 절망적 상황을 모두가 체험하는 것은 아니라고 생각할 것이다. 하지만 우리가 알고 싶은 것은, 당신이 그런 상황에 처했을 때 어떤 선택을 하느냐다. 당신이 그러한 절망적인 상황을 처리할 때 등 뒤에서 수많은 이들이 당신의 일거수일투족을 냉정하게 관찰하고 있다는 사실을 알아야 한다.

다른 사람의 불행에 가슴이 아프다면, 당신에게는 아직 희망이 있다! 만일 이 절망적인 사태를 처리할 방법을 조용히 생각할 수 있다면, 당신에게는 아직 희망이 있다!

희망은 이처럼 신기한 것이다. 사실 손으로 만질 수도 없고, 눈으로 볼 수도 없어서 실체 없는 개념이기도 하다. 하지만 희망은 분명 우리 마음속에 실제로 존재하고 있다. 때로는 왜곡되어 보이지 않기도 하지만 한 번도 우리 마음속에서 사라진 적이 없다.

희망은 우리의 영혼을 충실하게 해주고, 우리의 의지를 지탱해준다. 강자 앞에서 얼굴을 숙이지 않고 우리의 기본적인 존엄과 용기를 펼쳐보이게 해준다! 당신의 삶을 지탱해줄 모든 것을 잃어도 당신의 마지막 자산으로 남아 있다. 또한 당신이 다른 사람의 존중과 도움을 받을 가치가 있는 유일한 이유가 되기도 한다!

<u>2</u>

다른 사람의 말에 흔들리지 않는다

항상 당신의 생각을 우선시하라

"다른 사람이 뭐라고 하던 신경 쓸 필요 없어요, 당신의 생각이 중
요합니다."

내가 켈리에게 했던 말이다.

당시 켈리는 자신의 명예가 크게 실추되었다고 여기고 있었다. 회
사 사람들이 그녀를 흉보고 '뒷담화'를 일삼아 그녀의 일거수일투족
이 스캔들이 되다시피했다. 이 때문에 켈리는 대인관계에 절망을 느
겼고, 또 회사 내에서 입지를 세우는 데 어려움을 겪고 있었다. 하지
만 켈리를 더 절망적으로 만든 것은 앞으로의 회사생활에서 그 누구
도 그녀를 지지해주지 않을 것이라는 사실이었다.

일이 그 지경에 이르기까지는 매우 복잡한 사연이 있었다. 대다수 직장인이 직장생활에서 맞닥뜨리는 일이기도 했다. 사실 7개월 전에 켈리는 회사에서 그녀가 상상조차 못했던 큰 기회를 얻었다. 상사가 그녀에게 프레젠테이션 설명서를 펼쳐보였을 때 켈리에게는 이를 거절할 수 있는 1분간의 시간이 있었다. 사실 그녀에게는 그 일을 거절할 이유가 충분했다. 이제 막 프린스턴 대학교를 졸업하고 입사해서 업무 경력이 없었다. 또한 스물 세 살의 어린 나이로 고객들을 직접 상대하기에는 아직 미숙한 점이 많았다. 무엇보다도 그녀에게는 막강한 경쟁자가 있었다. 그 프로젝트도 본래는 그녀가 아니라 경쟁 관계에 있던 동료의 몫이었다.

하지만 켈리는 그 모험에 뛰어들었다. 그런데 3개월 전, 그녀의 프로젝트에 문제가 생기고 말았다. 하마터면 회사의 합작 기회를 망칠 뻔한 중대한 실수를 저지른 것이다. 그 일로 켈리는 근 수십여 일 동안 실수를 만회하기 위해 안절부절 애를 쓰며 고객과 회사를 오갔다. 회사에서 지근거리에 사는 부모의 얼굴조차 보기 힘들 정도로 말이다.

그런데 며칠 전 켈리는 처음으로 동료들이 자신을 뒷담화하는 장면을 목격했다. 회사의 휴게실에서 몇몇 동료들이 켈리의 무뚝뚝한 성격과 지기 싫어하는 업무 태도를 두고 흉을 보고 있었던 것이다.

"그 뚱뚱한 계집애 좀 봐, 뭐가 그렇게 거만해? 걔는 사장이 제 뒷배나 되는 줄 아나봐, 정말 웃겨."

"그러게 말이야, 아마 우리 회사에서 제일 인간관계가 엉망인 게 켈리일걸. 그런 줄도 모르고 사람들이 저를 좋아하는 줄로만 착각하고 있으니! 사실 사장이 걔한테 프로젝트를 맡긴 것도 망신이나 당하라고 그런 걸 거야!"

친구들도 그녀에게 프로젝트를 포기하라고 말렸다.

"네가 이대로 버티다가는 더 중요한 것을 잃게 될 거야! 켈리, 더 이상 망설이지 말고 당장 사장에게 가서 말해. 그럼 너의 사정을 이해하고 다른 경험 많은 사람에게 맡길 거야. 그렇지 않으면 넌 그나마 직장까지 잃게 될지도 몰라!"

켈리는 하늘이 무너지는 기분이었다.

'내가 정말 그렇게 엉망진창인 걸까? 왜 모두 나를 두고 저런 말들을 하지?'

급기야 켈리는 우리의 자문 기관을 찾아왔다. 그녀를 지지해줄 뭔가가 필요했던 것이다. 그래서 나는 이렇게 말했다.

"지금 당신에게 가장 필요한 것은 동료들을 찾아가 당신의 속마음을 털어놓고 오해를 푸는 것이 아닙니다. 당신이 옳다고 생각하는 일을 끝까지 해나가는 겁니다."

"어떤 게 옳은 일인데요?"

켈리는 내 말을 이해하지 못한 표정으로 물었다.

"당신이 맡은 업무를 끝까지 완수하는 겁니다. 상사가 그만두라고 할 때까지요."

켈리는 새로운 마음가짐으로 회사로 돌아가 그녀의 프로젝트를 완수하는 데 전력을 다했다. 그로부터 2주일 뒤, 그동안의 노력의 결과로 마침내 프로젝트 업무에 전환점을 마련할 수가 있었다. 고객이 직접 그녀에게 전화를 걸어 프로젝트 후반 계획에 대해 의논하기를 청한 것이다. 그러자 상사도 부서 회의에서 켈리의 노고를 크게 칭찬했다. 뿐만 아니라 저녁식사까지 초대해서 켈리에 대한 지지를 표시했다.

그제야 켈리는 그동안 자신을 괴롭힌 문제의 해결 방법이 이처럼 간단하다는 사실에 놀랐다. 주위에서 들려오는 그 어떤 말에도 흔들리지 않고 끝까지 견지하면 좋은 결과를 얻을 수 있다는 사실을 말이다. 그렇다. 자신의 생각이 가장 중요하다. 최선을 다해 그 일에 매진하면 좋은 결과를 얻을 수 있고, 주변 사람들의 의구심도 사라지고, 그들의 존중을 받을 수 있다.

각자의 사업을 끝까지 견지해가는 것도 두말할 필요가 없다. 주변 소리에 흔들리지 않고 자신의 마음의 소리에 귀를 기울이며 스스로를 사랑할 줄 아는 사람은 주위 사람들의 '사랑'을 얻을 수 있다.

외부의 간섭에서 벗어나야만 내면의 순수함과 안정을 유지할 수 있다. 이러한 영혼의 휴식 방법은 내면의 마음을 강하게 단련시키고, 당신의 에너지도 한층 강하게 발산시킨다.

견해를 견지하고 사유의 함정을 뛰어넘어라

햇볕이 쨍쨍 내리쬐는 무더운 여름날, 아버지와 아들이 당나귀를 팔러 시장에 나섰다. 아버지는 당나귀 고삐를 잡고 아들은 옆을 따라 걸었다. 그러다 어느 동네를 지나는데, 동네 아주머니들이 쑥덕거리는 소리가 들려왔다.

"이 무더운 날에 어리석게 당나귀를 끌고 가다니, 둘 중 한 사람은 타고 가도 될 텐데 말이야."

그 말을 들은 아버지는 재빨리 아들을 당나귀에 태웠다. 그렇게 한참을 걸어가는데 옆을 지나던 행인들이 두 사람을 두고 이렇게 수군거리는 것이었다.

"저 아들 좀 봐. 참으로 버릇없는 놈일세, 나이든 아버지는 걷게 하고 저는 당나귀를 타고 가다니?"

아버지는 행인들의 말에 괜스레 아들을 욕 먹일 수 있겠다는 생각이 들어 아들을 당나귀에서 내려오게 한 뒤 자신이 올라탔다. 그런데 두 사람이 작은 오솔길에 이르렀을 때 지나가던 행인이 또 수군거렸다.

"세상에 저렇게 어린 아들은 힘들게 걸어가는데 아버지란 작자는 편하게 당나귀를 타고 가다니, 아들을 사랑할 줄도 모르는 인간인가봐, 정말 말도 안 돼!"

듣고 보니 행인들의 말에 일리가 있었다. 그래서 부자는 의논한 끝에 두 사람이 함께 당나귀를 타고 가기로 했다. 하지만 두 사람의 체중을 이기기에는 체구가 너무 작았던 당나귀는 얼마 가지도 못한 채 숨을 헉헉거리며 괴로워했다. 그러자 옆에서 길을 걷던 사람들이 또다시 손가락질을 해댔다.

"정말 동점심이라곤 눈곱만큼도 없는 부자일세. 저렇게 작고 비쩍 마른 당나귀에 두 사람이 타고 가다니! 당나귀가 불쌍하지도 않소?"

아버지와 아들은 그야말로 이도저도 할 수 없는 상태가 되고 말았다. 당나귀를 타도 뭐라 하고, 안 타도 뭐라 하니 말이다. 도대체 어떻게 해야 한단 말인가? 결국 두 사람은 장대에 당나귀를 매달고 시장까지 걸어 갔다. 그 모습을 본 사람들이 손가락질하며 큰 소리로 말했다.

"세상에 저렇게 어리석은 사람들은 처음 보네! 멀쩡한 당나귀를 탈 생각도 않고 낑낑대고 메고 오다니. 정말 세상에서 제일가는 바보일세!"

사람들은 배꼽을 잡고 웃어대기 시작했다. 모두가 익히 아는 우화지만 나는 매번 이 글을 읽을 때마다 가슴이 철렁 내려앉는 느낌이 든다. 자신의 뜻을 견지하는 것이 얼마나 중요한지를 알려주기 때문이다. 조금이라도 마음이 흔들리면 이내 조소의 대상이 되기 쉽다.

지나치게 다른 사람의 눈을 의식하며 그들의 생각에 좌지우지된다면 당신의 입지가 흔들리고 생활이 고달파진다. 또한 남들에게 주관이 없는 사람이라는 인상을 주기 십상이다.

당신이 무슨 일을 하던 당신의 행동에 불만을 품는 사람이 있기 마련이다. 무슨 일을 어떻게 하는가는 남의 의견이 아니라 스스로의 뜻에 따라 결정해야 한다. 자신이 옳다고 생각되면 망설이지 말고 그 길로 나아가야 한다. 다른 사람의 의견은 도중에 난관에 부딪혔을 때 참고해도 늦지 않다.

용감한 사람들은 자신의 뜻을 끝까지 관철하지만 신념이 부족한 사람은 그러지를 못한다. 인류역사상 위대한 성취를 이룬 불세출의 영웅들을 보라. 그들이 최고의 지도자 자리에 올라 후손들의 숭배의 대상이 될 수 있었던 것은 자신의 생각과 관점을 끝까지 관철했기 때문이다.

워런 버핏은 이런 말을 한 적이 있다.

"무엇보다 자신의 주관이 뚜렷해야 한다. 나는 종종 영리한 사람들이 맹목적으로 남을 따라하는 모습에 난감할 때가 많다. 나는 다른 사람들과의 대화에서 영감을 얻은 적이 없다. 자신의 견해와 경험을 믿어야 한다. 만일 어떠한 사실을 통해 결론을 얻고, 그 판단이 믿을 만하다면 그대로 실행하라. 설사 다른 사람들은 그 방법에 의구심을 품거나 혹은 다른 방법을 사용해도 말이다. 다른 사람들이 당신의 관점과 다르다고 해서 당신이 옳거나 혹은 틀리다는 것을 의미하지 않는다. 당신의 자료와 추론이 올바르다면 당신이 판단이 정확한 것이다. 주식시장에서도 마찬가지다. 풍부한 지식과 신뢰할 만한 판단력 이외에, 용기야말로 당신이 가지고 있는 가장 소중한 재산이다."

성공은 바로 최고의 자신이 되는 것이다

만일 당신이 우리 회사에 와서 사람들과 어울리는 법을 배운다면, 나는 당신의 동료들과 필사적으로 경쟁하지 말라고 조언할 것이다. 다른 사람을 목표로 삼을 필요가 없다. 자신의 발전에 집중해야 한다.

당신이 무엇보다 중히 여겨야 하는 것은 어제, 그리고 오늘보다 더 나은 자신이 되는 것이다. 가장 훌륭한 최고의 자신이 되어야만 모든 것을 얻을 수 있고, 또 인간관계도 최대로 개선될 것이다.

모든 이들의 성공은 저마다 제각각이지만, 일단은 스스로에 대한 믿음이 있어야만 자신의 생각을 펼쳐나갈 수 있다. 성공은 다른 사람과 비교하는 것이 아니라 자신을 심도 있게 이해하고 자신의 능력과 자질을 발견하고 강화하는 것이다.

끊임없이 자신을 개선하고 발전시키면서 어제보다 더 나은 오늘의 내가 되어야 한다. 그런 하루하루가 쌓이다 보면 언젠가는 당신의 모든 것이 변해 있다는 사실을 발견하게 될 것이다.

3

빚이 또다른 동력이 된다

때로는 빚이 나를 부자로 만든다

우리가 흔히 생각하는 성공 원리는 우선 자신의 '첫 번째 황금'을 찾는 것이다. 즉, 돈을 벌어 재산을 쌓고 어느 정도에 이르면 창업과 투자 활동에 나서야 한다는 말이다.

하지만 유명 전기문이나 자서전을 보면, 진정으로 뛰어난 인물의 성공 모식은 우리가 생각하는 것과 조금 다르다는 것을 알 수 있다. 그들은 부채 방식으로 더 많은 자금을 모을 때가 많다. 다른 사람의 돈으로 자신의 사업을 키우는 것이다. 이러한 방법으로 더 많은 돈을 벌 수 있을 뿐만 아니라 무수히 많은 새로운 기회를 얻고, 자신의 인맥 네트워크를 훨씬 강력하게 확장시킨다.

후자의 경우 일련의 위험 부담이 따른다. 하지만 그 위험 부담을 충분히 감수할 수 있는 범위에서 모험을 한다면 그들의 성과는 한층 커지기 마련이다.

스위주史玉柱는 한때 중국 역사상 가장 유명한 실패자였다. 그는 저장浙江대학교를 졸업한 뒤 1991년 쥐런巨人그룹을 세웠다. 한때는 승승장구했지만 70층 건물을 완공하지 못해 파산하고 말았다. 회사에 위기가 발생하자 3억 위안에 달하는 미수금조차 회수하지 못했다. 당시 얼마나 참담한 상황에 몰렸는지 짐작하고도 남는다.

쥐런그룹이 파산했지만 스위주는 자신의 사업이 실패했다고 여기지 않았다. 사실 사방팔방 뛰어다녔지만 결국 쥐런그룹을 회생시킬 수 있는 방법이 없다는 사실을 알게 되었을 때 스위주는 오히려 마음이 후련해지는 느낌이었다. 그동안 회사를 꾸려가면서 여기저기서 조언을 구했던 것이 실패의 근본적인 원인이었다는 생각이 들었다. 그 후 몇 년의 시간이 지나고 스위주는 훨씬 적극적이고 낙관적이며 자신감에 넘치는 사람으로 변해 있었다. 그는 어떻게 하면 위기를 극복할 수 있는지에만 모든 생각을 집중했다. 그리고 마침내 나오바이진腦白金이라는 건강식품을 들고 다시 재기하는 데 성공했다.

스위주의 기적적인 재기는 그 누구도 상상하지 못했던 일이며, 또 아무나 할 수 있는 일이 아니었다. 파산하여 인생의 나락으로 떨어졌을 때 스위주는 혹독한 대가를 치르며 절망에 빠졌다. 하지만 2.5억 위안에 달하는 엄청난 빚에 그는 정신을 바짝 차리고 냉정을 되찾았다. 스위주는 신중하게 돌파구를 찾아다녔으며, 마침내 나오바이진을 발굴하여 다시 사업에 도전했다. 하늘은 스스로 돕는 자를 돕는다.

기적이 그를 찾아온 것이다. 그는 자신의 힘으로 2.5억 위안에 달하는 빚을 모두 청산했으며, 중국 비즈니스계의 거두로 자리매김하게 되었다.

"성공은 다시 일어나는 횟수가 넘어지는 횟수보다 한 번 더 많은 것이다."

이는 스위주와 같은 성공을 거둔 이들의 공통된 심정일 것이다. 문제는 당신은 어떻게 역경을 헤쳐나올 것이냐다.

살아가면서 모든 일이 항상 순조롭지는 않다. 우리는 숱한 난관을 겪게 되고 그 난관을 헤쳐나와야 한다. 이때, 당신은 어떻게 할 것인가?

난관에 부딪혔을 때 그 어떤 원망 없이 뒤로 물러서지도 않고 담담하게 웃으며 역경 속에서 교훈을 얻고, 거대한 빚을 재기의 원동력으로 삼아 마침내 성공을 거머쥐는 사람이 있다. 이는 빚쟁이가 재기에 성공하는 관건이기도 하다.

남의 힘을 빌려 부를 창출하는 부자들의 클럽

"만일 다른 사람보다 더 많은 돈을 벌고 싶다면, 당신이 해야 할 일은 수중의 자산을 지키는 것이 아니라 빚을 늘리는 것이다. 당신의 빚이 늘어날수록 성공에 한층 더 다가설 수 있다."

물론 이와는 정반대의 관점을 가진 사람도 있다. "벌기도 전에 돈부터 먼저 쓰는 사람은 그저 내일의 돈을 가불해 쓰는 것에 불과하다"라고 비판하면서 말이다. 하지만 이런 사람들은 부자들의 그룹에 속하기가 어렵다. 그들은 성공가 클럽의 문턱을 넘지 못하고 선망의 눈길로 주변만을 서성일 뿐이다.

다른 사람의 돈을 밑천 삼아 돈을 벌며, 대부분의 수익을 자신의 호주머니로 넣는 것은 성공가들이 부를 창출하는 가장 핵심적인 경영 원칙이다.

4

파격적인 포용

소인과 대인의 다른 사고방식

과거 혹은 지금 당신과 경쟁을 벌이는 경쟁자와 얼마나 심각한 갈등 상태에 있든, 혹은 서로 쟁탈하려는 것이 무엇이든 상관없다. 그저 당신에게 포용의 마음만 있다면, 그 어떤 '원한'도 당신의 관용과 자신감으로 녹일 수 있다. 소인물과 대인물의 가장 큰 차이점은, 대인물에게는 적이 없고 친구만 있다는 점이다.

어떤 정치가가 자신의 경쟁자에게 정치적 보복을 하고 싶다고 했을 때, 나는 그에게 고대 중국의 고사를 들려줬다.

중국 고대의 어느 작은 마을에 왕^王씨 집안과 호^胡씨 집안이 두 세대에 걸쳐 원수로 지내고 있었다. 두 집안사람은 길을 가다 우연히 마주치기만 해도 싸움부터 벌이기 일쑤였다. 그러던 어느 날 밤, 왕호王虎와 호일虎一이 우연히 길에서 마주쳤다. 두 사람은 싸움을 피한 채 서로 멀찍이 떨어져 일정한 거리를 유지하며 길을 재촉했다.

밤이 점점 깊어지는 가운데 한창 길을 걷던 왕호는 갑자기 앞에서 걸어가던 호일의 "아이고!" 하는 비명을 들었다. 알고 보니 호일이 어둔 밤길에 깊은 도랑에 빠지고 만 것이다. 이를 본 왕호가 서둘러 달려갔다.

'어찌 됐든 사람 목숨이 달린 일이다. 도랑에 빠져 죽도록 내버려 둘 수는 없다!'

왕호가 아래를 내려다보니 호일이 깊은 도랑 안에서 발버둥치는 모습이 보였다. 왕호는 재빨리 기다란 나뭇가지를 주워와 밧줄 삼아 호일을 도랑에서 끌어올렸다.

목숨을 구한 호일은 왕호를 의심의 눈초리로 쳐다보며 물었다.

"자네는 왜 나를 구해줬나? 설마 무슨 속셈이 있는 건 아니겠지?"

왕호가 진지하게 대답했다.

"은혜를 갚으려고 그랬네."

호일이 의아해하며 물었다.

"은혜를 갚다니? 내가 언제 자네를 도운 적이 있었나?"

그러자 왕호가 정중하게 예를 갖추며 말했다.

"오늘 이 길을 걸은 사람은 우리 둘밖에 없었네. 자네가 앞에서 걸어가다 도랑에 빠지며 '아이고' 하는 비명을 지르지 않았다면 나는 무심코 그 뒤를 따르다 자네처럼 도랑에 빠졌을 것이네. 결과적으로 자네 덕분에 무사할 수 있었으니 마땅히 감사를 해야 하지 않겠나?"

그제야 두 사람은 서로 손을 꼭 잡고 마음속의 앙금을 털어냈다.

무릇 포용심이 얼마나 크냐에 따라 당신의 세상 크기가 정해진다. 현실에서 우리는 종종 친구, 특히 당신의 의견에 항상 동조하고 따라주는 친구들에게 포용심을 발휘한다. 하지만 이는 진정한 포용이라고 할 수 없다. 진정한 포용은 당신의 원수까지 포용할 수 있어야 한다.

당신의 적보다 당신을 더 잘 아는 이는 없다

링컨은 1860년 공화당의 대통령 후보로 지명되어 경선에서 승리를 거두었다. 경선 과정에서 그의 강적이었던 에드윈 스탠턴^{Edwin} ^{Stanton}은 링컨을 극도로 증오했는데, '얼간이', '긴팔원숭이'라는 인신공격까지 퍼부으며 대중들 앞에서 링컨을 모독했다.

그런데 대통령으로 당선된 링컨이 새 내각을 짜면서 그 누구도 예상하지 못한 결정을 내렸다. 중요 요직이었던 참모총장직에 바로 자신에게 인신공격을 퍼부어댔던 스탠턴을 임명한 것이다. 이 소식은 일대 화제가 되며 정가를 떠들썩하게 만들었다. 이를 보다 못한 심복이 링컨을 찾아와 말했다.

"대통령 각하, 이번에는 사람을 잘못 뽑은 것 같습니다! 스탠턴이 그동안 각하를 어떻게 비방하고 다녔는지 정말 모르시는 겁니까? 제가 장담하건대 그를 장관에 임명한다면 앞으로 큰 골칫거리가 될 것입니다. 그러니 제발 심사숙고하십시오!"

그러자 링컨이 미소를 지으며 말했다.

"자네 말이 맞네. 스탠턴이 나와는 철천지원수라는 점은 인정하네. 하지만 그것은 어디까지나 대통령 경선 과정에서였네. 물론 그가 날조한 내용으로 나를 비판한 것도 잘 아네. 그러나 훌륭한 내각을 짜는 것은 국가의 미래가 달린 문제네. 참모총장직에 스탠턴보다 더 적합한 사람은 없네."

이렇게 링컨은 측근들의 만류를 제치고 과감히 스탠턴을 기용했다. 링컨의 모험은 성공적이었다. 스탠턴은 링컨을 실망시키지 않았으며 많은 공헌을 했다.

이것이 바로 내가 말하고자 하는 부분이다. 이 세상에 당신의 적만큼 당신을 잘 아는 이는 없다. 어떤 의미에서는 당신의 숙적이 당신의 지기知己라고도 할 수 있다.

때때로 두 사람의 관점이 판이하게 다르지만, 그러한 차이가 서로 일을 하는 데서 상대방의 능력을 인정하고 공감대를 형성하는 것에 지장을 초래하지는 않는다. 보다 큰 이익 앞에서 사적인 원한관계는 미미할 뿐이다. 대인물은 넓은 도량으로 적을 포용한다. 반면에 소인물은 적과 끊임없이 대립하고 투쟁하며 결국에는 둘 다 치명상을 입기 마련이다.

무엇이 성공이고 실패인가? 무엇이 얻는 것이고 잃는 것인가? 사실 그 어떤 성공이나 실패도 그저 잠시 동안의 현상에 불과할 뿐, 이 세상에 영원하고 절대적인 성공과 실패는 존재하지 않는다. 때문에 실패한 적을 포용하는 법을 배워야 한다. 그렇지 못하면 영원히 당신의 적을 이해할 수 없고, 또 당신 자신을 이해할 수도 없다.

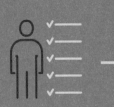

제9장

사귐의 원칙과
마지노선

매사 자신만 생각하고 상대방을 고려하지 않는다면
자신의 이익만 중시하는 이기적인 사람으로 간주되어
타인의 지지와 환영을 받을 수 없다.
그러므로 사람을 대할 때는 자신은 물론
상대방의 입장을 충분히 고려하며
각 방면의 이익을 함께 살펴야 한다.
이는 사람을 사귀는 원칙이기도 하다.

1

이익만을 좇지 말자

수단과 방법을 가리지 않는 사람이 되지 말라

욕심은 인간의 본성이지만 욕심을 누르는 것은 인성의 승화다. 물
론 욕심을 자제할 수 있느냐의 여부는 중요한 판단 기준으로 삼을만
한 좋은 인연을 가지고 있느냐에 달려 있다.

부당하게 다른 사람의 이익을 차지하는 것을 멀리하는 사람은 인
생에서도 손해를 보는 일이 없다. 하지만 대부분의 사람은 이러한
사실을 믿지 않는다. 그래서 단 한 푼의 돈도 놓치지 않고 이익을 취
하기에 급급하다. 그처럼 멀리 내다볼 줄 모르고 눈앞의 이익에만
급급하면 결국엔 손해를 보게 된다.

리자청李嘉誠은 자신의 성공 비결을 말할 때 딱 한 글자로 표현한

다. 바로 성실을 뜻하는 '성誠'이다.

"나는 성공을 위해서는 수단과 방법을 가리지 않는 것에 찬성하지 않습니다. 만일 그렇게 해서 요행으로 성공을 거둔다고 해도 오래가지 못하니까요."

'성'자가 무슨 뜻인지는 우리 모두 잘 알고 있다. 하지만 어떻게 구체적인 행동으로 옮길 수 있을까?

리자청은 처음 플라스틱 조화 사업으로 창업의 길에 들어섰다. 창업 초기 외국 바이어가 대량의 물건을 주문했는데, 리자청 회사의 물품 공급 능력을 확인하기 위해 실력 있는 공장의 보증서를 요구했다. 당시 맨 손으로 사업을 일군 리자청은 그를 도와줄 뒷배가 없었다. 오랜 시간 이곳저곳을 찾아다녔지만 그를 위해 제3자 보증을 해줄 공장은 어디에도 없었다.

만일 당신이 리자청과 같은 상황에 놓였다면 어떻게 난관을 헤쳐 나가겠는가. 나는 이와 같은 질문을 인맥경영 연수에 참가한 창업자들에게 물었다. 그런데 유감스럽게도 '부적당'한 수단으로 보증서를 만들어내 바이어의 신뢰를 얻겠다고 대답한 사람이 20퍼센트나 되었다.

수많은 사람이 성실과는 거리가 먼 것을 볼 수 있다. 이들은 그저 요행을 바라며 자신의 이익을 채울 궁리만 한다. 때문에 그들은 리자청과 같은 성공한 기업가가 될 수 없는 것이다. 그렇다면 실제로 리자청은 어떻게 문제를 해결했을까? 그는 성실하고 솔직한 말로 바이어를 감동시켰다. 바이어는 리자청에게 이렇게 말했다.

"솔직한 말을 들으면서 당신이 성실한 사람이라는 것을 알 수 있었습니다. 신뢰는 인간의 기본 도리이자 경영의 근본입니다. 다른 공장의 보증은 필요 없습니다. 지금 계약서를 작성합시다."

그러나 뜻밖에도 리자청은 바이어의 호의를 정중히 거절했다.

"저를 이렇게 믿어주셔서 정말 감사합니다. 하지만 지금 저희 회사에 자금이 부족해서 단기간 내에 이처럼 많은 주문량을 생산할 수가 없습니다. 그래서 유감스럽지만 계약서를 체결할 수가 없습니다."

외국인 바이어는 그야말로 소스라치게 놀라고 말았다. 흔히들 교활하지 않은 사업가가 없다고 하는 시대에 이처럼 성실한 사업가가 있다는 것이 믿기지가 않았던 것이다. 크게 감동한 바이어는 모험을 하기로 결심했다. 보기 드물게 솔직하고 성실한 리자청을 믿고 계약을 하기로 결심한 것이다.

"당신 같은 사업가와는 모험을 해볼 만한 가치가 있습니다!"

바이어는 선급금을 미리 지불하여 리자청이 제품을 대량으로 생산하는 데 충분한 자금을 마련해주었다. 외국 바이어의 전폭적인 도움 아래 리자청은 생산 규모를 확대하고 판매망을 확장했다. 그리고 덕분에 순조롭게 성공으로 향하는 길을 닦을 수 있었고, 마침내 홍콩 최고의 플라스틱 왕이 되었다. 훗날 그는 수십 년 동안 홍콩 최고 갑부의 자리를 꿰찼다.

타인을 성공의 발판으로 삼지 말라

스탠리 매크리스털Stanley Allen McChrystal은 본래 미국의 4성급 장성이

자 특수부대의 총사령관이었다. 그는 웨스트포인트 사관학교를 졸업한 뒤 주로 특수부대에서 활동했으며, 사담 후세인을 생포하여 각광을 받은 인물이다. 오바마가 대통령직에 오른 뒤에는 아프간 주둔 미군 사령관으로 임명되었다. 이처럼 뛰어난 인물이 2010년 6월 기자들 앞에서 오바마 대통령과 조 바이든 부통령, 그리고 고위관료의 아프간 정책을 공개적으로 비판하는 우를 범했다. 결국 그는 자신의 능력을 과시하려다 끝내 경질되었고 계급마저 박탈당했다.

직장이나 대인관계에서 매우 악랄한 본성을 드러내는 사람들이 있다. 그들은 자신을 높이 추켜세우고 과시하기 위해 다른 사람을 짓밟거나 출세의 발판으로 삼는다.

언젠가 중국에 있던 친구가 뉴욕으로 출장을 나와 우리는 오랜만에 회포를 풀게 되었다. 그때 친구가 중국에서 유행하는 '나무 타기 이론'을 들려주었다.

"경쟁은 나무를 타고 올라가는 것과 똑같아. 나무의 가지를 꽉 움켜쥐고 기어 올라간 다음에는 다시 그 가지를 밟고 올라서야 더 높은 곳으로 계속해서 올라갈 수 있네. 동시에 앞을 가리는 나뭇가지들은 거침없이 잘라내서 통로를 만들어야 해. 그래야만 나무 꼭대기까지 올라갈 수가 있어."

그래서 내가 물었다.

"그것은 직장인들이 믿는 일반적인 관념인가 아니면 정계에서 통용되는 일종의 규칙인가?"

친구는 고개를 가로 저으며 자세한 설명을 해주지 않았다.

아마 자기 말의 의미를 내가 충분히 이해했으리라 여겼을 것이다.

그렇다. 우리는 성공을 향해 한 걸음 한 걸음 나아갈 때마다 그 속력을 더해줄 발판이 필요하다. 적어도 이론상으로는 그렇다. 하지만 정작 실제 생활에서는 다르다. 그렇게 성공의 발판을 찾다보면 '제 꾀에 제가 넘어가는' 결과가 나오기 십상이니까 말이다.

타인을 성공의 발판으로 삼는 사람은 성공은커녕 실패의 나락으로 굴러떨어지고 만다.

상대를 희생양으로 삼지 말라

한푸취(韓復渠)는 중국 역사상 가장 복잡하고 논쟁이 많은 인물이다. 그는 한때 펑위샹(馮玉祥)의 심복으로, 국민혁명군의 제2집단군의 제6군 군장을 맡았고, 허난성 정부 주석직에도 올랐다. 그러나 장제스(蔣介石)와 펑위샹 간에 내전이 벌어졌을 때, 장제스는 사람을 보내 한푸취를 매수했다. 군자금 100만 위안을 현금으로 건네고, 허난성 주석직을 보전해주는 동시에 매달 60만 위안의 군자금을 대주겠다는 조건을 내걸었다.

파격적인 조건에 한푸취는 그 자리에서 장제스의 조건을 수락했다. 장제스를 토벌하는 선봉에서 하룻밤 새 펑위샹을 토벌하는 주력부대로 바뀐 것이다. 이 소식을 전해들은 펑위샹은 하야를 선언하고 자신의 실패를 인정해야만 했다.

펑위샹을 배신한 한푸취는 그 뒤로 승승장구했을까? 그렇지 않다! 그는 장제스 집단에게 배척당하다 나중에는 전쟁 중에 무단으로

군을 철수했다는 죄목으로 장제스에게 처형당했다. 한순간의 이익을 탐하다 결국에는 목숨을 잃고 만 것이다!

요즘 시대에는 한푸취와 같은 사람들이 매우 많다. 중국이든 유럽이든 마찬가지다. 도처에 이익을 위해 수단과 방법을 기리지 않는 사람들이 있다. 그들은 일단 기회가 생기면 추호의 망설임도 없이 친구나 지인을 배신하고 자신의 이익을 취한다.

다른 사람을 배신하면 잠깐 동안의 이익을 얻을 수 있다. 그러나 주위 사람을 배신하는 순간 자신의 인격과 존엄도 바닥으로 곤두박질한다는 사실을 알아야 한다. 다른 사람의 존경이나 신뢰를 얻을 수 없고, 그 누구에게도 중용되거나 협력할 수 없다.

어느 시대든 또 어떤 사람이든 타인을 배신하거나 그를 발판으로 삼아 이익과 명성을 얻으려는 행위는 가장 참담한 결과를 초래한다. 위인들의 성공 역사를 자세히 살펴보면 당신도 쉽게 알 수 있을 것이다. 그들은 주변 사람을 배신하는 따위의 수치스러운 짓은 절대로 하지 않는다. 설사 자신의 목숨이 위태롭거나 전 재산을 잃게 되더라도 절대로 그런 행동은 하지 않는다.

남을 배신해서 이익을 얻어봤자 나중에는 열 배 아니 백 배의 대가를 치러야 한다는 사실을 잘 알고 있기 때문이다.

2

호의에는 인색함이 따라오지 않는다

'성공'의 정의를 다시 내려라

"남들에게 대우를 받고 싶으면 당신도 똑같이 그들을 대우하라!"

내 사무실 책상에서 가장 눈에 띄는 곳에 붙여진 글귀다. 나는 물론이거니와 사무실에 들락거리는 사람 모두가 볼 수 있도록 해놓았다. 나는 물론, 부하직원들과 고객들도 항상 이 말을 기억했으면 하는 바람 때문이다.

이는 《성경》에 나오는 말로 2,000여 년 동안 무수히 많은 사람들의 처세에 영향을 미쳤다. 당신이 주위 사람들을 고귀한 사람처럼 대한다면 그들도 똑같이 당신을 대할 것이다.

"성공이란 도대체 무엇인가?"

이는 우리가 가장 먼저 명확하게 파악해야 할 명제다. 성공이 무엇인지 제대로 이해하지 못한다면 인맥의 정의도 내릴 수가 없다.

어느 기업 행정팀의 대리인 랄프가 '성공'에 대한 견해를 들려준 적이 있다.

"성공은 더 많은 물질을 얻는 겁니다. 미국 사회에서 돈이 없으면 무시를 당하게 됩니다. 우리가 지금 물질만능주의 시대에 살고 있잖아요. 돈이 있다는 것은 곧 성공을 의미하고, 수많은 사람의 부러움과 추앙을 받지요. 내가 지금 고급 인맥을 끌어모으지 못하는 것도 나의 사회적 지위가 높지 않아서입니다. 언젠가 하와이와 지중해에 별장을 살 만한 위치에 오르면 내가 여는 파티에 참석하는 사람들이 점점 많아지겠지요."

그래서 내가 물었다.

"그렇다면 성공은 수표나 고급 자가용, 별장의 숫자와 같단 말입니까?"

그는 고개를 끄덕이며 말했다.

"그럼요."

당시 랄프는 캔자스 주에서 워싱턴까지 오가며 나의 연수 강좌를 3기째 수강하고 있었다. 나는 그와의 대화에서 물질만능주의에 젖은 사고방식을 여실히 느낄 수 있었다. 그에게 성공은 물질적인 풍요를 의미했다. 다시 말해서, 그에게 좋은 '인맥'은 가장 좋은 '물질'의 부속품에 불과했다.

하지만 현실에서 랄프는 큰 실수를 저지르고 있었다. 나는 상당 기간 '치료 과정'을 통해 그가 오랫동안 오해하고 있던 사실들을 일깨워줬다. 즉, 그의 잘못된 관점 때문에 친구들은 그와 거리를 두며 멀리했고, 가족들마저 그에게 경계심을 품고 있었다는 사실을 말이다. 그의 물질만능주의 사상은 주변의 사람과 사물을 냉대하는 지경까지 만들어놓은 것이다.

랄프는 모든 사물을 공리적인 기준에서 바라봤다. 가령 "이 일은 나에게 아무런 이익도 안 되는데 내가 왜 그 일을 해야 하지요?", "그 일을 하면 어떤 이익이 생기는데요?", "돈으로 그 일의 가치를 환산해보세요" 등의 식이었다.

랄프는 그의 은행 예금을 부풀려주거나 혹은 승진에 도움이 되지 않는 일에는 항상 수수방관하기만 했다. 다른 사람에게 매우 중요하고 또 그들이 간절하게 도움을 바라는 일이더라도 그에게서는 우호적인 도움을 기대할 수 없었다.

랄프의 모친은 나에게 한 가지 일화를 들려주었다. 언젠가 그들의 이웃인 스티스 부인의 집 수도관이 파열되었다. 남편이 집에 없는데다 마땅한 공구를 찾지 못한 스티스 부인이 랄프의 집을 찾아왔다. 그녀는 랄프와 그의 모친을 집으로 초대했다. 풍성한 과일과 간식을 접대한 뒤 랄프에게 수도관을 고쳐달라고 조심스럽게 부탁했다.

랄프의 모친은 흔쾌히 수락하며 말했다.

"별것도 아닌 일인데 너무 예를 갖추시네요. 좀 있다 댁으로 가서 고쳐드릴 테니 너무 걱정 마세요."

그런데 한 시간이 지나도록 랄프는 자신의 방에 틀어박혀 꼼짝도 하지 않았다. 그의 모친이 여섯 번이 넘게 그를 부르고 10분마다 한 번씩 방문을 두드리며 재촉했다. 스티스 부인의 집은 그의 집에서 불과 30미터도 떨어지지 않았고, 수도관을 고치는 것도 20분이면 끝날 수 있는 간단한 일이었다.

"얘야, 왜 아직도 머뭇거리고 있는 거니?"

랄프의 방은 굳게 닫힌 채 차가운 대답만이 들려왔다.

"지금 주가 현황을 살펴보고 있어요. 이웃집 수도관 고치는 것보다 훨씬 중요한 일이라고요!"

이런! 참으로 실망스러운 모습 아닌가?

랄프는 성공을 하려면 먼저 주위 사람들에게 즐거움을 안겨주고 환영받는 사람이 되어야 한다는 사실을 전혀 모르고 있었다. 그는 자신의 인맥이 넓지 못한 이유는 아직 '성공'하지 못해서라고 착각하고 있었다. 사실 랄프는 남들이 보기에는 이미 상당히 '성공'을 거둔 업계 유명 인사였다. 매스컴에서도 관심을 갖는 인물인데 왜 그의 인맥은 그처럼 형편없는지 그 이유를 랄프는 전혀 깨닫지 못하고 있었다.

4기 연수 강좌가 끝난 뒤에야 랄프는 자신의 어떤 점을 바꿔야 하는지를 비로소 깨달았다. 그래서 나는 그에게 이렇게 말했다.

"너무 많은 것을 하려고 애쓰지 말아요. 일상생활에서 남들에게 약간의 호의만 베풀면 됩니다. 호주머니의 돈을 꺼내 남에게 줄 필요도 없고, 은행 통장에 단 1달러도 축나는 일이 없을 거예요. 날마다 주위 사람들에게 환한 미소를 보여주며, 힘이 닿는 데까지 도움을 베풀어주면 됩니다. 가령 이웃의 수도관을 고쳐준다던가, 주말에 친구들을 집으로 초대한다던가 말입니다."

성공에 대한 새로운 정의를 내린 후 그의 소극적인 인맥은 근본적인 변화가 일어났다. 사고의 전환으로 행동이 개선된 것이다. 그는 약간의 노력만으로 일상생활을 크게 바꾸었다. 훗날 랄프는 나에게 이메일을 보내 이렇게 말했다.

"저는 예전과는 사고방식이 많이 바뀌었습니다. 주변의 일상이 얼마나 아름답고 행복한지 새삼 깨닫게 되었거든요. 감사합니다!"

인맥은 '인심'을 저축하는 통장이다

마쓰시타의 직원이었던 미에코는 미국에 출장을 나와 가전제품 전시회에 참가했다. 점심식사는 전시관 지하식당에서 해결할 참이었다. 마침 정오 때라서 식당 안은 사람으로 북적였다. 미에코가 간신히 빈 탁자를 찾아 자리에 막 앉는데, 누군가 다가와 물었다.

"여기에 함께 앉아도 되겠습니까?"

그녀가 고개를 들어 쳐다보니 나이가 지긋한 미국인이 식판을 들고 그녀 앞에 서 있었다. 미에코는 서둘러 맞은편의 빈 의자를 가리키며 말했다.

"그럼요, 앉으세요."

그러고는 일어나서 그를 위해 나이프와 포크, 냅킨을 가져다주었다. 고령의 노인이라서 찾지 못해 힘들어할까 봐 도와준 것이다.

노인이 싱긋 웃으며 감사 인사를 하자 미에코가 서둘러 말했다.

"천만에요, 제 것을 가져오는 김에 함께 가져온 겁니다. 젊은 사람이 마땅히 해야 할 도리지요."

식사가 끝난 뒤 노인이 명함 한 장을 내밀며 말했다.

"나중에 도움이 필요하면 내게 연락해요."

미에코가 무심코 명함을 받아들어 보니 뜻밖에도 시카고의 대형 가전회사의 회장이었던 것이다. 그는 전시회 주최 측 대표로서 전시회에 참가하고 있었던 것이다.

그로부터 2년 뒤, 미에코는 마쓰시타를 그만두고 미국으로 건너왔다. 창업의 꿈을 안고 시카고에 작은 규모의 가전제품 대리판매 회사를 세웠다. 그러나 1년도 채 지나지 않아 그녀의 회사는 큰 위기를 맞이했다. 주요 협력사가 갑자기 제품 공급을 중단하고 나선 것이다. 아직 경험이나 실력이 풍부하지 않는 신설 회사로서 규모까지 작았기에 새로운 협력사를 찾는 일이 매우 어려웠다.

설마 이대로 파산해야 한단 말인가? 미에코는 절망에 빠지고 말았다. 그런데 이때 갑자기 몇 년 전에 전시회에서 명함을 줬던 노인이 떠올랐다. 미에코는 실낱같은 희망을 품고 노인에게 이메일을 보냈다. 그런데 다음 날 오전 9시, 대형 전기회사의 판매부 팀장이 직접 그녀의 사무실로 찾아왔다. 그는 회장의 서명이 체결된 협력 계약서와 판매 대리 계약금까지 챙겨왔다. 마치 산타할아버지가 선물을 가져다 준 것 같은 파격적인 조건에 미에코는 어안이 벙벙해지고 말았다.

"저희는 규모가 매우 작은 신설 회사인데, 저희를 믿고 계약하실 수 있겠습니까?"

그러자 팀장이 웃으며 말했다.

"저도 그런 질문을 회장님께 했습니다. 그런데 회장님께서 말씀하

시기를, 인심은 그 어떤 재물보다 더 큰 가치가 있다고 하셨습니다! 당신이 회장님께 보인 따뜻한 인심이야말로 당신의 가장 큰 자본입니다. 회사의 규모는 전혀 중요하지 않습니다!"

당시 전시회에서 베푼 작은 친절이 이처럼 큰 보답으로 돌아올 줄 미에코는 상상조차 하지 못했다.

인심은 통장과도 같다. 인심이 차곡차곡 쌓인 통장을 열어보면 그 안에 얼마나 많은 수익이 저축되어 있는지 알 수 있다.

사람과 사람의 관계는 일종의 '인심'을 저축하는 것이다. 여기에는 당신이 베푸는 선의가 저축된다. 그 어떤 요행이나 투기행위도 끼어들 수 없다. 선의는 인생에 빛이 되어준다. 때로는 남을 도와준 사소한 호의가 거대한 신뢰로 돌아와 당신이 출세하는 자산이 돼주기도 한다.

지금 당신이 무엇을 얻고 혹은 무엇을 잃었든 간에 반드시 기억해야 한다. 당신의 선량한 마음을 기본 바탕으로 삼는다면, 다른 사람들의 호의를 얻고 인맥을 넓혀 불가사의한 '기적'을 만들어낼 수 있다는 사실을 말이다.

3

한 잔의 커피로 1억 달러를 버는 법

시기는 충분조건, 가치는 필수조건

앞의 미에코처럼 우리는 일상생활의 디테일한 부분까지도 선의를 갖고 최선을 다해야 한다. 사실 사소한 친절 자체는 신기할 것이 없다. 정작 신기한 것은 그 사소한 친절 속에 내포된 '선의'가 엄청난 위력을 발휘하며 '연쇄반응'을 일으킨다는 사실이다. 연쇄반응을 통해 성공의 요소 혹은 실패의 요소를 무한 확대시킨다.

그러므로 당신이 디테일한 부분까지도 정성을 다한다면, 성공과 인맥을 넓힐 수 있는 기회를 거머쥐어 다른 사람들은 따를 수 없는 막강한 경쟁력을 가질 수 있다.

2005년 나는 스미스 씨와 함께 회사 설립 이래 최대 규모의 융자를 계획했다. 오랜 친구이자 골드만삭스의 직원이었던 루이스의 도움 아래 우리의 융자 계획을 골드만삭스의 고위층에게 전달하여 정식 면담 기회를 얻을 수 있었다.

지금 돌이켜 보면, 당신 우리가 처했던 상황은 '위기' 그 자체였다. 나는 사실 융자금을 얻을 자신이 없었다. 하지만 따듯한 온정이 묻어나는 디테일의 힘으로 우리는 골드만삭스의 신뢰를 얻을 수 있었다. 그들은 정치적 불안정에 따른 위험 부담을 잠시 내려놓고 우리에게 과감한 투자를 하기로 결정했다.

그 30분 동안의 면담에서 상대방은 10여 명의 관계자를 인솔하고 우리 회사에 대한 시찰을 진행했다. 우리가 면담을 나눌 회의실은 겨우 8명을 수용할 수 있을 정도의 좁은 공간이었다. 그래서 골드만삭스의 융자고문 몇 명은 회의실 밖에서 기다려야 했다. 이런 상황에서 나는 직접 휴게실에 가서 커피를 타 그들에게 한 잔씩 갖다 주고서는 밖에 나가 잠시 쉬라고 권했다.

아주 일상적인 디테일에 불과했다. 하지만 나는 그런 사소한 부분에까지 신경 쓰는 것을 잊지 않았고 덕분에 1억 달러의 투자금을 유치할 수 있었다. 그들 고문은 우리 회사의 위기관리 능력에 매우 높은 점수를 주었던 것이다. 물론 우리 회사의 안정적인 운영이 그들의 마음을 움직이는 데 결정적인 역할을 했을 것이라 믿지만 말이다.

그렇다면 그 한 잔의 커피는 어떤 가치가 있었을까? 그날 합작 계약을 체결한 후 나는 융자고문들과 친한 친구가 될 수 있었다.

다음에 소개할 일화도 선의를 베풀어 큰 보답을 얻은 이야기다.

성공철학의 거장 나폴레온 힐Napoleon Hill이 어느 대학의 초청강연에 초대되었다. 그는 학생들의 열렬한 환영과 호응에 큰 감동을 받았다. 그래서 강연료로 지급한 100달러를 사절했다.

다음 날 아침, 그 대학의 총장은 학생들에게 이런 말을 했다.

"이 학교의 총장직을 맡은 지 어느덧 20년이 다 되어갑니다. 그동안 수십 명의 유명 인사를 초청강연의 연사로 초대했습니다. 하지만 강연료를 사절한 사람은 단 한 사람밖에 없었습니다. 그는 이곳의 강연에서 자신 스스로도 얻은 것이 많아 사례금을 받지 않아도 충분하다고 했습니다. 그분은 유명 잡지사의 편집장입니다. 나는 여러분들이 그의 잡지를 읽으며 미덕과 능력을 본받았으면 합니다. 그러한 미덕과 능력은 여러분이 학교를 떠나 사회생활을 하는데 꼭 배워야 할 점입니다."

얼마 지나지 않아 나폴레온 힐이 편집장으로 있는 잡지사는 학생들로부터 6,000여 달러에 달하는 구독료를 받았다. 그 후 2년 동안 그 대학교의 학생과 그들의 친구들이 잡지를 구독한 비용은 총 5만 달러에 달했다.

나폴레온 힐이 사절했던 강연료 100달러와 잡지 판매량을 비교해 보라! 아무런 대가없이 베풀었던 작은 온정이 생각지도 못했던 크나큰 보답으로 돌아온 전형적인 사례다.

사람들은 항상 이익만을 좇으며 항상 더 많은 부를 쌓고자 애쓴다. 하지만 뭇사람들이 진심으로 존경하고 또 꼭 보답하려고 애쓰는 대상은 고상한 품성과 좋은 명성을 가진 이들이다.

'디테일'이 당신의 성공을 결정한다

품격 있고 현명한 사람은 사소한 행동을 통해 한 사람의 내면의 가치를 관찰하고 판단한다. 이것이 바로 '디테일이 운명을 결정한다'는 말의 의미다.

언젠가 베이징으로 출장을 갔을 때 한 친구가 최근에 그의 회사 채용 사례를 하나 들려줬다. 이제 막 대학교를 졸업한 학생이 대우가 좋은 재무팀장 구인직에 응모했다. 그 학생은 다방면으로 능력이 출중했다. 학위증서, 회계사 자격증, 명예증서 등 다양한 자격증을 모두 갖춘 학생은 자신이 넘쳐났다.

"하지만 난 그 사람을 채용하지 않았네."

"왜 그랬나?"

뛰어난 능력을 갖춘 그 학생은 왜 면접시험에서 떨어졌을까? 바로 와이셔츠 단추 하나를 까먹고 채우지 않았기 때문이다. 남성인데다 와이셔츠 단추 하나 까먹은 것이 업무 능력과는 아무런 상관이 없을 것이라고 생각할 수도 있다. 하지만 내 친구의 판단은 이랬다. 즉, 재무팀장을 맡기엔 부족하다는 것이었다.

내가 말했다.

"그렇지, 재무팀장직은 세심함이 아주 중요해. 그 학생의 실수는 사소한 것에 불과한 것 같지만 실제로는 아주 중요한 실수를 저지른 것이지. 그가 업무에 제아무리 뛰어난 능력을 보여도 채용할 수는 없어."

이 사례로 미루어, 여러분도 왜 자신이 번번이 승진 심사에서 누락

됐는지 어렴풋이나마 눈치챌 수 있을 것이다. 당신의 상사는 왜 당신을 주목하지 않는 걸까? 그것은 당신이 메시지를 남기거나 비즈니스 메일을 작성하거나 혹은 보고서를 작성할 때 걸핏하면 오자가 나오는데도 정작 본인은 전혀 그런 사실을 눈치채지 못하기 때문이다. 사실 이러한 것들은 세부적인 업무 처리 능력과 밀접한 관련이 있다.

사실 당신의 상사는 줄곧 당신을 관찰하고 있었지만 당신은 미처 깨닫지 못했다. 그러므로 당신의 운이 나쁘거나 혹은 인맥이 나쁘다고 탓할 필요가 없다. 충분히 잘해낼 수 있는 능력을 온전히 보여주지 못한 당신 탓이니까.

일상생활의 자질구레한 일에서 그 사람의 교양이나 학식이 가장 잘 드러난다. 영혼 깊숙이 잠재되어 있는 것들이 당신 운명을 결정짓는 관건이 된다. 한마디로 '디테일한 부분에 대한 관찰'과 '디테일한 부분에 대한 처리' 이 두 가지 능력은 당신의 사업상의 성과와 인맥의 품격을 결정짓는다고 해도 과언이 아니다.

4

몸을 낮추면 더 높이 날 수 있다

더 큰 도약을 위해 더욱 인내하라

언젠가 고객에게 로스차일드 가에 대한 이야기를 들려준 적이 있다. 금융제국을 세운 이 가문에 유명한 교훈이 있다.

"내가 쭈그려 앉거나 무릎을 꿇는 것은 좀더 높이 뛰어오르기 위해서다."

꾹 참고 견디는 것은 현실에서 총명한 타협 태도이며, 타인에 대한 일종의 존중이다. 이른바 '뛰는 놈 위에 나는 놈 있다'라는 속담이 있다. 우리는 그 누구의 능력도 무시하거나 우습게 여겨서는 안 된다. 교만은 당신의 인맥과 사업을 망치는 독소라는 사실을 기억해야 한다.

높이뛰기 대회에서 선수가 훌쩍 날아 뛰어오르기 위해서는 먼저 무릎을 구부리고 한껏 몸을 움츠려야 한다. 바닥을 구르는 다리 힘으로 뛰어올라야 하기 때문이다. 이러한 동작은 '꾹 참고 견디는 것'에서부터 '폭발'하기까지의 과정을 가장 완벽하게 설명해주고 있다.

당신이 아직 충분한 실력과 힘이 없을 때는 인내라는 품성을 최대한 발휘해야 한다. 고개를 숙이고 몸을 웅크린 채 묵묵히 실력을 쌓아야 한다. 인내심을 발휘하면 당신에게는 운신할 수 있는 공간이 더 커지고, 지원군을 얻어낼 수 있다!

고개를 숙일 줄 알아야 성공할 수 있다

누군가가 허겁지겁 달려와 소크라테스에게 물었다.

"선생님, 당신은 세계 최고로 학식이 높은 사람이니 좀 알려주세요. 하늘과 땅 사이의 거리는 얼마나 됩니까?"

소크라테스는 일말의 망설임 없이 곧바로 대답해주었다.

"3척 길이밖에 되지 않네."

상대방이 반박하며 물었다.

"하늘과 땅의 거리가 3척밖에 안 되다니요? 사람의 키가 대부분 5척이 넘는데, 그럼 하늘에 구멍이 뻥 뚫리게요?"

그러자 소크라테스가 말했다.

"내 말이 그 말일세. 하늘과 땅 사이에서 온전히 서 있으려면 고개를 숙일 줄 알아야 한단 말이네."

고개를 숙이는 것은 일종의 지혜이자 처세의 경지이기도 하다. 머리를 숙이면 발아래 놓인 길을 명확하게 볼 수 있고, 또 사람들이 당신을 쉽게 받아들인다. 특히 곤경에 빠졌을 때 고개를 숙이고 부탁을 할 줄 아는 사람은 언젠가는 반드시 성공하게 된다!

강한 펀치를 날리려면 한껏 팔을 움츠렸다 힘차게 내뻗어야 상대방을 때려눕힐 수 있다! 미국 정계와 재계의 유명 인물들은 모두 그렇게 하고 있다. 아마 당신은 그들이 난폭하게 날뛰는 모습을 본 적이 없을 것이다. 왜냐하면 그들은 모두 타협과 인내를 하며 가장 좋은 최적의 기회를 찾고 있기 때문이다.

만일 자신의 재능과 능력을 감출 줄 알고, 이 보 전진을 위해 일보 후퇴를 할 줄 모르는 사람은, 사람을 대할 때나 일을 할 때 적절한 책략이나 방법을 사용할 줄 모르고 당장 눈앞의 성공에만 급급하다. 그 결과 자신의 재능을 제대로 발휘할 기회도 얻지 못하고, 또 인간관계도 엉망이기 쉽다. 모두 그를 멀리하며 함께 일하는 것을 피하기 일쑤다. 그래서 난관에 부딪히면 도움을 받기는커녕 그 틈을 타서 뒤통수에 돌을 던지는 사람들만 있을 뿐이다.

겸허한 자세는 상대방이
당신을 도울 '기회'를 준다

만일 당신이 매사 승승장구한다면 상대방은 어떤 태도를 취하고, 또 어떤 대책을 강구할까?

몇 년 전, 맥케슨 코퍼레이션McKesson Corporation에 레이라는 하버드 대학교 출신의 직원이 있었는데, 그의 경력은 한때 업계의 화제가 되었다. 레이는 재학시절 당시 사회 문제에 적극적으로 뛰어든 학생 운동권자였다. 졸업하고 맥케슨에 입사한 뒤에는 야심만만하게 회사를 한바탕 들쑤시는 큰일을 벌였다. 입사한 지 한 달도 채 되지 않아 자신의 직속상사에게 불만을 품고 회사 고위급 임원에게 장문의 건의서를 제출했다. 직속상사의 관리 문제를 성토하고 그 밖의 고위급 간부의 관행과 폐단을 모조리 폭로했다.

레이의 눈은 정확했다. 그의 관찰력은 매우 날카롭고 건의사항 역시 구구절절 옳았다. 하지만 결과는 어땠을까? 직속상사의 분노는 두 말할 나위가 없고, 맥케슨의 고위급 간부들도 단체 메일로 발송된 레이의 건의서를 읽고 그날 밤잠을 이루지 못했다.

그로부터 며칠 뒤, 레이는 맥케슨으로부터 '인턴 과정을 통과 못 했다'는 이유로 해고되었다. 그 후 레이는 여러 대기업이 배척하는 바이러스 같은 존재가 되고 말았다. 구인광고를 보고 찾아가는 기업마다 그에게 퇴짜를 놓았다. 심지어 일부 면접관은 아예 면접시험 기회마저 주지 않으려고 사전에 응시자 명단에 '레이'라는 이름이 있는지 여부를 확인까지 했다.

위의 사례에서 보듯이, 당신이 고개를 숙이고 자세를 낮춰야만 상대방도 당신에게 발전 기회를 준다. 그렇지 않고 뻣뻣하게 고개를 세우고 강경한 태도를 보이면 모두 당신을 죽이지 못해 안달할 것이다. 그런 그들이 어찌 당신에게 기회를 주겠는가?

중국에서 나에게 이런 질문을 던지는 사람이 많다.

"리 선생, 난 며칠 전에 회사의 중간관리자로 승진했습니다. 앞으로 어떻게 해야 계속 승승장구할 수 있을까요? 회사를 위해 실속 있는 일들을 해야 할까요? 회사의 실적을 크게 올리던가 아니면 회사 내부의 문제점을 해결하여 나의 가치를 증명하면 됩니까?"

그럴 때면 나는 이렇게 묻는다.

"좀더 구체적으로 설명해보시겠습니까?"

이때 돌아오는 대답은 대부분 비슷하다. 먼저 부서 체제를 개혁해서 부하직원들의 정신 상태와 업무 효율성을 바꿔놓겠다라든지, 혹은 회사 내부의 폐단을 고쳐서 회사 전체 발전을 위해 공헌하고 자신의 단호하고 신속한 이미지를 세우겠다라든지 말이다.

나는 그들에게 정반대의 조언을 한다.

"만일 정말로 계속해서 승진하고 싶다면 유방과 주원장이 어떻게 했는지 역사서를 한번 읽어보세요."

유방과 주원장은 중국 역사상 내로라하는 영웅호걸로 두 사람은 막강한 실력을 갖추고 있으면서도 항상 자신을 낮은 곳에 두었다. 포부는 크지만 그 꿈을 이룰 능력이 부족한 사람처럼 가장하여 자신의 경쟁자의 감시에서 벗어나 발전 공간을 얻어냈다.

자신을 낮출 줄 아는 사람에게는 많은 '인재'들이 도움의 손길을 내민다. 우리 역시 마찬가지다. 자신을 낮추어 겸손한 모습을 보여라, 그러면 더 많은 사람이 당신에게 다가올 것이다.

5

무일푼일 때
자신의 모습을 바라보라

자수성가의 비밀

동서고금을 막론하고 어느 시대, 어느 나라든 자수성가한 성공가가 있기 마련이다. 그들은 고군분투하며 고난을 헤치고 성공을 거둔 사람이다. 그들의 생애를 살펴보면 이른바 아메리칸 드림을 이룬 사람들의 이야기보다 훨씬 감명 깊고 느끼는 점이 많을 것이다.

일레기스그룹Allegis Group의 회장 스테판 비스코티Stive Bisciotti는 이미 위대한 업적을 세운 인물이다. 그는 여덟 살 때 아버지를 여의고 홀어머니 아래서 형제자매들과 함께 가난하고 고달픈 성장 과정을 겪었다.

비스코티는 명실상부한 자수성가한 사람이다. 돈이든 인맥이든 그는 제로 상태에서 시작하여 하나씩 하나씩 쌓아올렸다. 그는 일을 하며 학비를 벌어 대학교를 다녔고, 미래의 창업에 필요한 자금과 인맥도 스스로 쌓았다.

대학을 갓 졸업한 비스코티는 아웃소싱 회사를 차려 창업의 길에 발을 디뎠다. 그리고 현재, 《포브스》의 발표에 따르면, 가난한 빈민 출신의 비스코티는 현재 13억 달러의 순자산을 보유한 대갑부가 되었다.

우리는 인맥강좌에서 미국 부동산 갑부 레온 차니^{Leon Charney}의 성공 역정을 분석하여 우리의 관점이 옳았다는 것을 증명한 적이 있다. 돈 한 푼 없는 사람이 인맥세계에서 존재감을 과시하려면 남들보다 고귀하고 특별한 품성을 지니고 있어야 한다. 일반 사람들은 이기기 힘든 유혹과 난관을 극복하고 강자의 주목을 받아야만 성공을 거둘 수 있다.

레온 차니의 부모는 이민자였다. 설상가상 아버지마저 일찍 돌아가시고 나자 남은 가족들은 혹독한 가난에 시달려야 했다. 레온 차니도 비스코티처럼 스스로의 힘으로 학비를 마련해 대학교를 졸업했다. 처음 창업했을 때 그는 맨해튼의 타임스퀘어 광장 등의 성공적인 투자를 함으로써 10억 달러에 달하는 이익을 얻었고, 변호사 사무소도 개업했다. 현재 레온 차니는 개인 보유 자산이 30억 달러를 넘는 대갑부가 되었다.

이들은 어떻게 해서 상류사회에 성공적으로 진입할 수 있었을까?

자수성가한 사람 대부분은 유명 브랜드의 옷을 입거나 고가의 손목시계를 차지 않는다. 그들의 사생활을 엿볼 수 있는 기회가 주어진다면 아마 새로운 사실에 깜짝 놀라고 말 것이다. 억만장자 절반 이상이 고급 저택에 살고 있지 않다는 사실에 말이다. 게다가 그중 절대 다수는 그해 새로 출시된 새로운 디자인의 자가용을 좋아하지 않으며, 겸허하고 자중하는 삶을 살고 있다.

우리가 조사한 통계에 따르면, 부호들이 일상적으로 사용하는 자가용의 평균 가격은 수만 달러에 남짓했다.

설문 조사에 참여한 대상은 대부분 10억 달러 이상의 자산가였다. 그들은 일반 사람들과 마찬가지로 과거에 특별한 재산이나 탄탄한 인맥도 없었다. 약간 과장해서 말하면, 그들은 가난뱅이 신세에서 시작하여 스스로의 노력으로 거액의 자산가가 되었다.

부자가 된 비결에 대한 질문에 응답자 중 95퍼센트는 첫 번째 조건으로 부지런함을 내세웠다. 열심히 일해야만 주변 사람들의 존중을 받을 수 있는 본전을 모을 수 있다고 대답했다. 응답자의 83퍼센트가 꼽은 두 번째 조건은 효과적인 투자였다. 투자에 성공하려면 안목이 중요하다고 여기고 있었다. 그리고 81퍼센트의 응답자가 반드시 필요한 조건으로 근검절약을 꼽았다. 그밖에 67퍼센트는 젊은 시절 많은 도전을 해야 한다고 강조했다. 창의적인 사고방식을 가진 사람이 남들보다 뛰어나다고 말했다. 물론 행운도 간과할 수 없는 중요한 요소로서 41퍼센트의 억만장자가 이를 강조했다.

통계에서도 보듯이 부지런함과 근검절약이 얼마나 소중한 품성인지 알 수 있을 것이다. 만일 당신이 돈도 없고 막강한 가정 배경도 없다면 어떻게 할 것인가? 부지런함과 근검절약 등 소중한 품성은 당신이 성공을 이룰 수 있는 비결이 될 것이다. 또한 보다 나은 인맥그룹에 들어갈 수 있는 보증서가 된다.

무일푼일 때 어떻게 인맥그룹을 찾아야 할까

젊은 시절에는 단돈 1달러도 없어 끼니도 제대로 때우지 못하는 처지에 있더라도 자신의 고급 인맥을 세우기 위한 준비를 차근차근 해야 한다.

물은 어떤 그릇에 담기느냐에 따라 모양이 달라진다. 인간의 운명도 얼마나 많은 돈을 가지고 있느냐가 아니라 어떤 친구를 사귀느냐에 따라 달라진다.

이 세상에서 인맥의 힘없이 이룰 수 있는 사업은 없다. 마찬가지로 돈으로만 이룰 수 있는 사업은 없다.

우리는 누구나 빈손으로 성공을 향한 여정을 시작할 수 있다. 대신 제로 상태에서 시작할 줄 아는 지혜가 필요하다! 여정에 오른 순간부터 당신은 자신의 입지를 세울 수 있는 공간을 찾고, 의기투합할 수 있는 전우를 찾아내 동맹을 결성하고 함께 부를 창조해야 한다!

무일푼일 때, 당신이 반드시 지켜야 할 원칙이 있다. 즉 주변 사람들이 고마워하는 사람이 아니라 언제 어디서나 필요로 하는 사람이 되어야 한다.

한두 번 일시적인 도움을 베푸는 사람은 금세 잊혀지기 마련이다. 반면에 언제나 그들이 필요로 하는 사람은 항상 관심의 대상이 된다.

가난한 사람이 다른 사람에게 영원히 잊지 못할 강렬한 인상을 주는 방법이 무엇이냐고 물어올 때, 나는 한 가지 원칙을 알려준다. 즉 당신의 선량함과 순진함을 꾸준히 보여준다면 당신의 인기는 지속적으로 치솟을 것이다!

이 세상에 제아무리 가난한 사람일지라도 기본적인 교류 네트워크가 있기 마련이다. 이 교류 네트워크는 당신 인맥의 출발선이다.

무일푼의 사람이라고 해도 사실 따지고 보면 결코 가난하지 않다. 이 세상에 완전한 무일푼의 사람은 없다. 그저 더 이상 부자가 되고 싶지 않은 사람이 있을 뿐이다. 수많은 사람이 지금 당장 돈이 없는 것은 자신이 보유하고 있는 자원을 부로 전환시키는 데 성공하지 못하기 때문이다.

자신의 두뇌를 충분히 운용하여 강점을 최대한 발휘한다면, 어딘가에 꽁꽁 숨어 있던 재물이 당신의 생활 속으로 물밀 듯이 밀려들 것이다. 또한 당신의 인맥그룹은 점점 확대되고, 당신의 사업도 한층 발전하게 된다.

제10장

삶의 높이를
결정하는 안목

'양의 무리' 속에서 뛰쳐나와야만 '양의 우두머리'를
제치고 모두가 선망하는 숭배의 대상이 될 수 있다.
그리고 남들과는 다른 에너지와 매력을 갖추고
성공의 비결을 얻을 수 있다.
그리하여 잘못된 판단으로 인한 실패를 면할 수 있다.

1

눈에 보이는 만큼 가질 수 있다

안목의 높낮이가 사물에 대한 판단을 결정한다

안목의 높낮이는 인맥경영에 영향을 미친다. 어떠한 인맥그룹을 가지느냐를 결정하고, 또 운명의 방향을 결정한다.

안목이 뛰어난 사람은 생활 품질에 대한 기준도 높다. 그는 남들보다 더 먼 곳까지 바라보고, 추구하는 경지도 일반 사람들과는 다르다. 그의 삶은 자연스레 자신이 설정한 목표를 향해 전진한다. 좌절에 부딪혔을 때도 의기소침하거나 포기하지 않고 방법을 강구해서 적극적으로 문제를 해결한다.

반면에 안목이 낮은 사람은 사물의 배후에 있는 본질과 규칙을 파악하지 못하고 표면적인 모습에만 휘둘린다. 그래서 좋은 방법도 생각해내지 못하고 또 높은 이상도 추구하지 못한 채 그저 눈앞의 이익에만 급급하다. 그들은 견식이 짧아서 "이게 가장 좋겠군!" 등의 얄팍한 만족감만 드러낸다. 때문에 그들의 인생은 보잘것없어서 주위 사람들의 찬사를 받을 만한 성취도 이루지 못한다. 대인관계도 평범하기 그지없어서 낮은 품질의 인맥그룹 안에서만 생활한다.

한 부자가 5성급 호텔 앞을 지나다가 매우 고급스러운 외제차를 발견했다. 사실 우리도 흔히 맞닥뜨리는 상황이다. 고급 호텔 앞에서 초호화 외제차를 봤을 때 만감이 교차하는 경험을 모두 해봤을 것이다.

이때 아들이 별것 아니라는 듯 이렇게 말했다.

"아버지, 저런 차를 타는 사람들은 분명 머릿속이 텅 빈 무식한 사람들일 거예요!"

그러자 아버지가 웃으며 말했다.

"그런 말을 하는 사람은 주머니가 텅 비어 있겠지."

아버지의 대답은 매우 현명했다. 그는 아들이 질투나 시기심을 버리고 먼 미래를 내다보기를 바랐다. 사실 부러움이나 질투는 매우 천박하고 위험한 정서다. 이러한 감정은 상대방이 부자라는 사실을 증오하는 것 이외에는 달리 방법이 없다는 것을 의미한다.

사물을 바라보는 관점에는 내면의 솔직한 태도가 반영된다. 또한 그것은 당신 인생의 품격과 인맥의 품질을 결정짓는다.

이런 이야기가 있다. 타이완의 단체관광 두 팀이 일본 이즈반도伊豆半島로 여행을 갔다. 길이 비포장인데다 곳곳이 패여 있어 차를 타고 가기가 매우 힘들었다. 그러자 한 팀의 가이드가 나서서 말했다.

"길이 곰보 자국처럼 여기저기 패여 있는 탓에 불편을 끼쳐 죄송합니다."

또 다른 한 팀의 가이드도 사과를 하고 나섰는데, 그의 말은 판이하게 달랐다.

"관광객 여러분, 지금 여러분이 지나고 있는 길은 이즈반도의 대표적 명소인 보조개 도로입니다!"

이들의 각기 다른 소개는 두 단체관광팀이 똑같은 길을 지나면서도 전혀 다른 느낌을 갖게 해주었다. 사람과 사람 사이의 차이는 서로 다른 태도에서 비롯된다. 어떻게 생각하느냐는 당신의 마음이 결정한다. 눈에 보이는 것이 추악한 광경인지 아니면 아름다운 광경인지, 혹은 절호의 기회인지 아니면 최대의 위기인지는 당신 자신에게 달려 있다.

나는 다양한 사람들과 여행을 즐긴다. 그중에는 고객도 있고 친구나 친척도 있다. 그들 대부분은 여행을 즐기는 사람들로 배낭여행 경험도 풍부하다. 나는 그들과 여행을 다니는 과정에서 제각각의 교양을 가진 사람들의 저마다 다른 모습을 엿볼 수 있었다. 가령 외국의 아름다운 풍경을 몸과 마음으로 느끼는 사람이 있는가 하면, 여행에서 보고 느낀 것을 하나하나 의미를 담아 깊게 사색하는 이도 있고, 사회 발전의 관점에서 외국 도시의 면모를 꼼꼼히 살펴보는 이도 있으며, 여행 내내 불편함을 호소하는 이도 있었다.

그중에 우리의 고객인 찰리가 하와이의 해변에서 잔뜩 눈살을 찌푸린 채 이렇게 말한 적이 있다.

"날씨가 너무 더워요. 모래밭도 펄펄 끓는 가마솥처럼 뜨거워서 내 피부가 모두 타버릴 것 같아요!"

그러고는 빈 음료수 병을 한쪽으로 내던졌다. 공중도덕이라고는 찾아볼 수 없는 그의 행동에 주변의 관광객들이 언짢은 표정을 지었다.

나는 그에게 다가가 젊잖게 말했다.

"그렇다면 지금이야말로 바다수영을 하기에 안성맞춤인 것 같군요. 바닷속으로 들어가 수영을 하면 훨씬 시원하고 기분도 좋아질 겁니다."

그러자 찰리가 말했다.

"오, 하느님 맙소사. 내가 왜 그걸 생각하지 못했지? 참 좋은 아이디어입니다."

낙천적인 마음가짐과 성숙한 지혜는 당신의 '안목'에서 비롯되며, 당신의 교양 수준을 결정한다.

사람은 저마다 목표도 다르고 삶의 추구도 다르다. 때문에 똑같은 광경을 봐도 저마다 다른 느낌을 가지는 것이 당연하다. 서로 다른 그룹의 사람들은 사물을 바라보는 안목과 마음가짐에서도 큰 차이를 드러낸다.

안목의 높낮이는 내면의 크기를 결정한다. 사람도 동물과 마찬가지로 눈에 보이는 세계와 마음가짐에 따라 운명이 결정된다.

안목이 삶의 질을 결정한다

중국에서 베스트셀러가 되었던 호설암^{胡雪岩}의 소설이 있다. 나는 미국 연수 강좌에서 그 소설을 여러 차례 소개한 적이 있는데, 그 책에 보면 이런 말이 있다.

> 당신이 1개 현縣을 바라보는 안목이 있으면 1개 현 규모의 장사를 할 수 있다. 또한 1개 성省의 안목을 가지고 있으면 1개 성 규모의 장사를 할 수 있다. 반면에 천하를 바라보는 안목이 있으면 당신은 세계적인 규모의 장사를 할 수 있다. 안목이 넓을수록 더 많은 돈을 벌 수 있다.

안목은 당신이 사물을 대하는 마음속 도량의 문제일 뿐만 아니라 부, 그리고 운명과도 직결된 문제다. 당신의 안목이 얼마나 높으냐에 따라 당신이 가질 수 있는 부와 인맥도 결정된다!

커튼을 전문적으로 만들어 파는 상점이 있었다. 장사가 그리 잘되지 않아서 근근이 입에 풀칠만 하는 정도였다. 상점 사장은 이대로 가다가는 장사가 망할 것이라는 두려움에 장사의 고수를 찾아갔다. 업종을 바꾸거나 아니면 새로운 제품을 개발하고 싶어서 자문을 구했다.

"무슨 장사를 하십니까?"

"커튼을 만들어 팝니다."

"아니오, 당신은 사람들을 위해 햇빛을 조절하는 일을 하고 있습니다."

그제야 사장은 정신이 퍼뜩 들었다. 고수의 간단한 조언 한마디에 커튼 장사의 방향은 크게 바뀌었다. 어떻게 하면 많은 커튼을 만들어 팔 수 있을까에서 어떻게 하면 다양한 소재를 이용해 햇빛을 차단할 수 있을까로 관점이 바뀐 것이다. 덕분에 그의 장사는 나날이 성황을 이루게 되었다.

때로 안목은 우리의 생각을 바꿔서 거대한 에너지를 발산하도록 돕는다. 그래서 위기를 기회로 바꾸어준다.

성공은 인생, 시장 혹은 모종의 중요 사물에 대한 그 사람의 인식이 얼마나 정확한지, 그리고 장기적인 안목을 갖고 있는지에 달려있다. 사물을 철두철미하게 분석하면 특별한 수요를 발견할 수 있고, 무모한 모험을 하려는 충동과 행위를 자제하여 이성적인 결정을 내리게 해준다.

안목이 높은 사람은 작은 회사에서 대기업으로 발전시킬 수 있고, 심지어 전혀 새로운 업종을 만들어낼 수도 있다.

안목이란 무엇인가

내가 학생들에게 항상 강조하는 말이 있다.

"생각의 방향이 옳으면 출구가 보입니다. 방향이 옳으면 당신의 미래를 위해 견실한 토대를 마련할 수 있습니다. 올바른 방향을 선택하는 것이 최선을 다해 일하는 것보다 더 중요합니다. 올바른 일을 하는 것이 어떤 일을 완벽하게 처리하는 것보다 더 중요합니다."

미국 오대호 지역의 운송업자인 콜비는 성공적인 사업가로 이름을 올릴 만한 인물이다. 그가 처음 일을 시작할 때만 해도 수중에 돈이 넉넉하지 못했다. 한동안 성실하게 직장생활을 하던 그는 자신의 일에 회의를 느끼기 시작했다. 비록 충실하게 최선을 다했지만 기계적으로 일하는 것 외에는 미래를 꿈꿀 수가 없었기 때문이다. 이대로는 자신의 원대한 꿈을 실현하기 힘들 것 같았다. 어떻게 해서든 상류층으로 올라가야만 운명을 바꿀 기회를 얻을 수 있을 것 같았다.

콜비는 직장을 그만두고 존 헤이즈 대사 밑으로 들어가 일을 시작했다. 존 헤이즈 대사는 훗날 미국 국무장관, 주영대사까지 역임한 인물이다. 콜비는 일찍이 존 헤이즈의 인물 됨됨이를 알아보고 그와 함께 일을 도모하여 적극적인 협력을 이끌어내 성공의 토대를 마련했다.

이것이 바로 '옳은' 일을 하는 것이다. 안정적인 울타리 안에 머무는 것보다는 좀더 높은 곳을 향해 나아갈 수 있어야 한다. 간단히 말해서, 우리는 "인생을 어떤 높이에서부터 시작해야 할까"라는 문제를 진지하게 고민해야 한다.

대개 사람들은 일을 시작할 때 자주 범하는 실수가 있다. 그들은 배불리 먹고 사는 것만으로도 충분하다고 여긴다. 그래서 "이곳에서 그다지 오래 머물지는 않을 거야"라는 말로 스스로를 위안하면서도 그 생활 속에 그대로 안주한다.

인맥도 마찬가지다. "언젠가는 더 좋은 인맥을 쌓을 수 있을 테니 일단은 여기서 친분을 잘 쌓아보자"라고 생각하며 그 인맥의 울타리 안에서만 머문다.

유감스럽게도 대부분의 사람은 처음 시작 단계에서 더 이상 발전을 이루지 못한다. 그 단계의 생활에 동화되거나 혹은 잠시 동안의 필요에 의해 머물면서 점차 안일한 삶에 익숙해지고 만다. 그들이 진정으로 원하는 삶이 아닐지라도 이미 그의 몸속에서는 현재의 생활을 그대로 유지하고 싶은 타성이 생기는 것이다.

이 문제에 대해 나폴레온 힐은 이렇게 말했다.

"낮은 단계에서부터 시작해 점차 높은 단계로 올라가려는 생각은 표면적으로 매우 정확하고 올바르게 보입니다. 하지만 문제는 낮은 단계에서부터 시작한 사람은 고개를 들고 위로 올라갈 수 있는 기회를 얻지 못합니다. 그래서 영원히 그 낮은 단계에 머물 수밖에 없습니다. 낮은 곳에서 바라보는 풍경은 그다지 밝지도 않고 또 스스로를 분발하게 하는 자극도 없습니다. 오히려 안주하고 싶은 타성만 늘어날 뿐이지요."

얼핏 보기에는 매우 실속 있는 생각이나 견해 같지만 본질적으로는 근시안적인 생각일 때가 있다. 안정적인 생활이 항상 옳은 것은 아니다. 위험해 보이지만 보다 높은 곳으로 올라가려는 도전이 때로는 '옳은' 일이기도 하다.

중국의 대다수 대학생들은 졸업 후 '착실하게 살면 된다'는 핑계로 스스로를 위로하며 저급한 일자리나 인맥그룹 안에서 오랜 시간을 머문다. 그러다 점차 처음 세웠던 이상과 열정을 잃고 끝내 미래의 방향까지 잃고 만다.

날마다 반복되는 똑같은 업무와 자신과 동등한 인맥그룹 안에서의 생활에 익숙해지면, 이러한 생활방식에서 벗어날 욕망마저 사라지기 때문이다.

안목이 높은 사람은 꾸준히 보다 높은 단계로 올라가려고 애쓴다. 콜비처럼 자신의 운명에 결정적인 영향력을 미칠 인맥을 적극적으로 찾아내거나, 혹은 발전 전망이 있는 업무에서부터 첫걸음을 시작한다. 이로써 최저층의 단조로운 생활을 피할 수 있고, 좁은 생각과 비관적인 논조에 빠질 위험이 없으며, 또 무엇보다 자질구레한 경쟁을 피할 수 있다.

최저층의 사람들에게는 자원과 기회가 제한되어 있다. 게다가 각자의 능력 또한 제각각이고, 이익을 위한 경쟁도 매우 격렬하고 적나라하다. 이들에게 인맥그룹은 그저 서로 이용하고 쟁탈하며 힘을 과시하는 장소에 불과해서 서로를 돕는 기능을 전혀 발휘하지 못한다. 인맥의 기능을 논할라 치면 그저 비웃음의 대상이 될 뿐이다.

언젠가 국내 대학에서 이러한 내용을 화제로 삼은 적이 있다 그때 한 교수의 비유가 지금도 생생하다.

"사회의 최저층에서는 사람과 사람 관계의 본질이 서로의 장점을 배우는 것이 아니라 누가 더 부패하고 망가지는지 비교하는 것에 불과합니다."

그래서 이들 대다수는 좀더 높은 단계로 오르기도 전에 모든 동력을 상실하고 만다. 무의미한 인간관계의 늪에서 너무 많은 열정을 쏟아부은 탓에 전진할 동력을 잃어버린 것이다.

마흔 살의 나이에 MBA 과정에 도전한 사람이 이런 말을 했다.

"이 나이에 MBA 과정을 시작한 것은 사고의 수준을 한층 높이고, 보다 우수한 인물과 친분을 다져서 고급 인맥그룹과의 거리를 좁히기 위해서입니다."

그래서 나는 이렇게 말했다.

"그게 바로 당신이 정신이 깨어 있는 사람이라는 증거입니다."

그가 전에 일하던 회사는 매우 보수적인 곳이었다. 생기라고는 찾아볼 수 없고, 나이와 연차에 따른 계급의식이 팽배하던 곳이었다. 미국에서는 매우 별종에 속하는 회사이기도 했다. 특히나 화교 출신이었던 그에게 회사의 업무 환경이나 대우는 그리 좋지 않았다. 그는 능력이 있었지만 항상 잡다한 업무만 처리했다. 10년 가까이 일하면서도 중요한 업무를 맡은 적이 없고, 자신을 단련할 만한 그 어떤 기술도 배우지 못했다.

그래서 그는 회사를 떠나기로 결심했다. 그리고 지금은 어쩌면 평생 접촉할 기회조차 없었을 단계를 뛰어넘어 그의 인생의 '목표'를 향해 질주하고 있다. 비록 MBA 과정이 매우 혹독하고 힘들지만 그는 즐겁게 임하고 있다. 힘들고 고된 과정 뒤에 무엇이 있는지 잘 알고 있기 때문이다.

훗날 그가 나에게 이메일을 보내왔다. MBA 과정을 순조롭게 마치고 대기업의 고위급 관리가 되었다는 소식이었다. 과거 연봉 20만 달러가 고작이었던 그가 지금은 200만 달러 이상의 연봉을 받고 있었다.

안목의 변화 덕분에 그는 자신에게 가장 적합한 자리를 찾았고, 또 고급 인맥그룹에 성공적으로 진입할 수 있었다.

이제 당신도 지금 당장 무엇을 해야 할지 알 수 있을 것이다! 당신에게 능력이 충분하다고 생각된다면 당신의 목표를 좀더 높게 설정하고 보다 나은 인생을 계획하라.

자신이 앞으로 어떤 사람이 되고 싶은지를 명확하게 알고 있어야 한다. 그래야만 인생의 출발선부터 그 목표를 향해 직진할 수 있다.

2

인생의 목표는 명확하게 세워라

분명한 목표가 명확한 의미를 만든다

명확한 인생목표를 세우지 않은 사람은 망망대해를 표류하는 조각배와도 같다. 거대한 풍랑을 헤치고 숱한 폭풍우를 견뎠지만 시종일관 목적지에 도달할 수가 없다. 결국에는 존재 의미마저 잃고 만다.

인생목표는 그 사람의 인생의 높이와 궁극적인 품질에 영향을 미치고, 심지어 운명을 결정짓는다.

인생목표가 없으면 도대체 무엇을 위해 노력하는지 알 수가 없다. 그저 혼돈 속에서 자신을 더욱 곤혹스럽게 만들 뿐이다. 친구들의 이해를 구할 수도 없고 가족들은 의구심마저 품게 된다. 또한 일을 통한 즐거움을 누릴 수도 없고, 삶에 대한 열정도 없다.

설사 그가 박학다식하고 총명하며 풍부한 인생 경험이 있다고 해도 아무런 도움이 되지 않는다. 그저 저급하고 천박한 인생의 '함정'에 빠져 무의미한 문제를 놓고 씨름만 할 뿐이다. 아주 간단한 일을 하려고 할 때도 마치 철학자처럼 스스로에게 묻는다.

"이일이 도대체 무슨 의미가 있는 거지?"

그는 이미 자신의 가치를 상실한 것처럼 그 어떤 일에서도 의미를 찾지 못한다. 당신 주위에 그런 사람이 있다면 한번 살펴보라. 그의 대인관계가 얼마나 형편없는지 알 수 있을 것이다.

당신의 목표는 무엇인가

누군가가 비장한 표정으로 이렇게 물은 적이 있다.

"리 선생, 나는 정말 성공하고 싶습니다. 내 인생의 목표를 세우고 최선을 다하고 싶은 마음이 간절합니다. 하지만 도대체 무슨 일을 어떻게 해야 할지 알 수가 없습니다. 난 어떻게 해야 할까요?"

이 질문에 대한 대답에 앞서, 우리는 먼저 인생목표가 무엇인지 정확히 알 필요가 있다.

이른바 인생목표란 당신이 원하는 그 어떤 것이 아니라 당신이 내심 도달하고 싶은 어떤 상태로서, 여기에는 구체적인 계획과 행동이 따른다!

하버드 대학교의 통계에 따르면, 이 세상에서 명확한 인생목표를 가진 사람은 3퍼센트에 불과하며, 이들만이 각 분야에서 놀라운 성공을 거둔다. 그밖에 13퍼센트는 비록 목표는 있지만 뚜렷하지 않고 모호해서 일반 사람보다 두 배 혹은 서너 배의 성공만을 거두지만, 그들 역시 대단한 성공가임에는 틀림없다. 나머지 84퍼센트의 사람은 인생목표는커녕 모호한 목표조차도 없었다. 이들 대다수는 많은 대가를 치르지만 그에 상응하는 성취를 이루지도 못하고, 또 주위 사람들의 존중도 얻지 못한다.

목표를 확립해야만 우리는 내면의 비좁은 세상에서 탈출할 수 있고, 또 좀더 의미 있는 인생을 살 수 있다. 발걸음을 한 걸음 한 걸음 내디딜 때마다 우리의 삶은 한층 특별한 의미를 갖게 된다.

하지만 목표가 없는 사람은 눈을 가린 당나귀처럼 아무런 희망 없이 쉴 새 없이 연자방아를 돌리는 신세에 불과하다.

부의 방향을 명확히 정하라

지금 자리에 앉아 초조한 마음을 가라앉힌 뒤, 부와 성공을 거둔 사람들을 하나씩 하나씩 분석해보라. 워런 버핏, 마윈, 리자청처럼 세계적인 기업가 혹은 당신의 성공한 이웃도 상관없다. 비록 세계적인 명성을 이루지는 못했지만 특정 방면에서 당신이 본보기로 삼기에 충분한 성공을 거둔 사람이라면 누구라도 좋다.

그들이 성공을 이룬 원인을 꼼꼼히 살펴보면, 한 가지 사실을 알 수 있을 것이다. 즉, 그들은 일찌감치 자신의 인생목표를 세웠다는 점이다. 그들은 자신이 무엇을 원하는지를 명확히 알고, 그 목표만을 향해 직진한다.

만일 당신이 성공가의 자서전이나 평전을 즐겨 읽는다면 진실한 사람들만이 공유하는 정보를 발견할 수 있을 것이다. 가령 왕용칭, 워런 버핏, 빌 게이츠와 관련한 글을 읽다보면, 그들이 어린 시절부터 뚜렷한 인생목표를 세웠다는 것을 알 수 있다. 또한 목표로 세운 분야에서 성공을 거둘 때까지 결코 포기하지 않았다는 사실도 알 수 있다.

왜 '반드시 목표를 세워야 하는지' 그 필요성을 깨달았다면 당신 스스로에게 물어보라. 나는 특별히 이루는 성과도 없이 하루 종일 눈 코 뜰 새 없이 바빠 살고 있지는 않은지?

명확한 목표가 없는 사람은 위와 같은 상태에서 벗어나기 힘들다. 내게 이런 질문을 하는 사람들이 많다.

"리 선생, 나는 부자가 되어 많은 돈을 버는 것이 목표입니다. 그래서 날마다 돈을 벌기 위해 동분서주하는데도 왜 지금까지 이 상태에서 벗어나지 못하는 걸까요? 난 왜 나를 도와줄 후원자를 찾지 못하는 걸까요?"

그들의 한탄에는 곤혹스러움과 분노까지 깃들어 있었다. 나는 그들에게 이렇게 대답을 해주곤 한다.

"그것은 일종의 방법일 뿐 목표라고 할 수 없습니다. 목표와 방법이 다른 점은, 목표는 구체적인 수치, 시간, 기간 그리고 상세하고 이성적인 계획이 있어야 합니다. 또 그것을 위한 효과적인 노력과 행위가 따라야 합니다. 중요한 것은, 당신이 매일, 매주, 매달 목표를 향해 노력해 나가는 진도를 정확하고 공정하게 측정할 수 있어야 합니다."

세계적인 동기부여 전문가 브라이언 트레이시[Brian Tracy]는 이런 말을 했다.

"당신의 목표가 당신에게 의미 있는 일이고, 그 목표를 달성했을 때 비로소 성공했다고 말할 수 있다."

사실 우리의 진정한 목표를 명확히 세우려면 시간이 필요하다. 이는 매우 중요한 일이기에 충분히 그럴 가치가 있다. 앞으로 5년 뒤혹은 10년 뒤에 당신은 어디에 있을까? 그때쯤에는 어떤 성취를 이루고, 또 사회적으로 어떤 위치에 올라 있을까?

어느 회사의 대리가 내게 이런 말을 한 적이 있다.

"나는 지금의 위치에 계속 머물고 싶지 않습니다. 내년에 승진심사를 통과하지 못하면 이 회사를 그만둘 생각입니다!"

그렇다. 승진도 일종의 목표다. 하지만 그 목표를 위한 구체적인 계획을 세웠는지 궁금하다. 인생목표는 결코 묘연한 꿈이 아니다. 지극히 현실적이고 또 당신을 분발하게 만드는 동력이다.

목표를 정하는 데 많은 시간과 공을 들여라

목표를 정하는 데는 사실 상당한 시간을 들여 심사숙고 할 필요가 있다.

자신의 인생목표와 관련한 상세한 목록을 작성하라

인생목표에 대해 상당수 사람들은 자신 마음대로 이룰 수 없는 일

이라고 무의식적으로 생각한다. 하지만 그렇지 않다. 상세한 계획을
세우고 이를 엄격하게 실행하며 모든 힘과 노력을 기울인다면 인생
목표를 실현할 수 있다.

당신이 정말 원하는 것은 무엇인가?

잘 생각해보라. 그러한 것들이 바로 당신의 인생목표다. 목표를
하나하나 적은 뒤에는 자세한 실천 과정을 써라. 나는 이 목표를 어
떻게 실현할 것인가? 목표를 설정했으면 계획을 세워서 실행에 옮겨
야 한다.

인생목표를 세우기 전에 먼저 당신에게 물어보라.

"나는 누구인가? 나는 어떤 사람인가?"

나의 성격, 장점, 단점, 나의 인격적 특성, 나의 인맥자본, 사람들
의 눈에 보이는 내 모습, 남들에게 높은 평가를 받을 만한 점은 무엇
이고, 또 개선해야 할 점은 무엇인지 모두 명확히 파악하고 있는가?

이러한 질문들에 구체적으로 답할 수 있다면, 성공의 기회는 크게
늘어날 것이다.

당신이 학교 선생님이 되고 싶든 혹은 사업을 일구고 싶든 상관없
다. 다만 당신의 인생목표를 명확하게 설명할 수 있어야만 당신의
노력 방향을 설정할 수 있다.

기억하라. 인생이 암흑과 같아도 목표는 있기 마련이다. 그 목표
가 일시적일 수도 있고, 또 다른 것으로 바뀔 수도 있다. 하지만 내가
단언하건대, 일단 목표가 있으면 다람쥐 쳇바퀴 도는 듯한 삶에서
벗어날 수 있다.

당신의 목표를 자세히 적어 목록을 작성하고 나면 갑자기 가슴이

후련한 느낌이 들 것이다. 그리고 더 이상 방황하는 일은 없을 것이다. 왜냐하면 당신은 자신이 나아가야 할 방향을 명확히 알고 있으니까.

각각의 목표에 대해 적절한 시간을 설정하라

시간 설정이 너무 짧으면 현실성이 없고, 또 너무 길면 스스로를 독려하는 의미가 없어진다. 5년 혹은 10년 계획이 비교적 적합하다. 물론 구체적인 실현 과정에서 6개월 혹은 1년 단위로 쪼개서 단계별로 기간을 설정하는 것도 좋다. 한 단계 한 단계 작은 목표들을 하나하나 이뤄가다 보면 큰 목표를 실현하게 된다.

그밖에 의외의 요소도 고려해야 한다. 가령 건강이나 경제적 조건, 연령이 미치는 영향을 사전에 고려해야 한다. 동시에 친구들과 당신의 계획에 대해 함께 의논하며 성공가들로부터 조언을 받아라. 당신의 계획을 인맥그룹에 융화시켜 그들이 당신의 꿈을 모두 알게 해야 한다. 그래서 그들의 자원을 빌려 쓰고 지지를 얻어야 한다. 이는 당신의 목표 실현에 큰 도움이 된다.

3

예지력과 판단력을 길러라

자신을 일깨우는 능력

대부분의 위기는 자기 자신으로부터 비롯된다. 때문에 스스로를 일깨우는 능력이 매우 중요하다.

한 사람의 판단력은 오랜 시간 의식적인 훈련을 거친 결과다. 명철하고 빠른 판단력을 가지면, 골치 아픈 문제를 제때에 정확하게 처리하여 실수를 줄일 수 있다.

예지력은 아직 일어나지 않은 일을 사전에 정확하게 판단하는 능력으로, 앞을 내다볼 수 있는 선견지명의 성질을 띠고 있다.

워런 베니스Warren G. Bennis는 세계 최고의 리더십 전문가로서 그는 1985년 90명의 세계적인 비즈니스 거장을 대상으로 연구를 진행했다. 그는 '예지력'을 리더의 첫 번째 능력으로 꼽으며, 이를 '주의력 관리'라고 칭했다.

나는 초인적인 예지력으로 돈을 벌었다

우리는 여러 성공가들을 관찰하면서 그들에게서 공통적인 특징을 발견했다. 즉 성공가들은 자신의 주변에 발생하는 모든 사안에 대해 비범한 예지력을 지니고 있었다.

월 스트리트 최고의 투자가 존 템플턴 경Sir John Templeton은 자신이 부를 쌓는 비결을 이렇게 설명했다.

"나는 모든 투자의 실제 가치를 계산해내는 능력을 가지고 있다. 그러한 초인적인 예지력으로 돈을 벌었다."

존 템플턴은 지난 50여 년 동안 투자 범위를 세계적으로 확대하여 활발한 투자활동을 하며 글로벌 펀드라는 새로운 분야를 개척했다. 그의 능력은 세계 그 누구도 따를 자가 없었다. 고객들은 앞다퉈 그에게 투자를 맡겼는데, 최대 금액이 1억 달러에 달하기도 했다. 존 템플턴과 친분을 쌓고 그의 도움을 받으려는 부호들이 줄을 섰다. 일단 그의 고객이 되거나 친구가 된다는 것은 곧 끝도 없는 부의 원천을 얻게 되는 것과 마찬가지기 때문이다.

존 템플턴은 예지력이 탁월하여 시장에서 일어날 모든 일들을 미리 예측했다. 그에게 시장은 투명한 유리와도 같다. 그 안에 흐르는 혈액의 흐름과 근육의 움직임까지 훤히 꿰뚫어 본다. 그래서 어떻게 하면 돈을 벌 수 있는지 잘 알고 있다. 그러한 능력은 결코 천부적으로 타고난 것이 아니다. 그가 그만큼 시장에 대해 철저히 분석하고 파악하고 있었기에 가능하다.

담력과 예지력으로 성공했다

기업의 생존은 예지력이 있는데, 주로 기업을 이끄는 지도자와 그의 핵심 임원들의 두뇌 속에 집중되어 있다.

기업의 지도자는 기업이라는 거대한 배를 조종하는 조타수다. 기업이 안전하게 운행하기 위해서는 지도자가 날카로운 예지력으로 정확한 방향을 알려줘야만 가능하다.

세계적으로 성공한 비즈니스 인물 중에 뛰어난 예지력으로 손꼽히는 인물로는 워런 버핏과 빌게이츠를 제외하고도 최소한 두 명의 기업가가 더 있다. 바로 GE의 잭 웰치와 소니의 창업자 모리타 아키오 盛田昭夫다.

소니가 처음으로 생산한 제품은 트랜지스터 라디오였다. 본래 트랜지스터 라디오는 미국의 벨연구소에서 발명했지만 상품성이 없다고 여겨 제품으로 개발하려는 사업가가 없었다. 그러나 모리타 아키오는 탁월한 안목으로 트랜지스터 라디오의 상품성을 한 눈에 알아봤다. 그는 일본 정부의 과학기술부를 설득하고 또 자신의 아버지에게서 당시로서는 천문학적인 액수였던 2만 달러의 돈을 빌려 그 기술을 손에 넣었다.

일본 국내에서는 모두 모리타 아키오의 행동을 이해하지 못했다. 심지어 가문의 전 재산을 말아먹을 위험한 인물로 여겼다. 하지만 소니는 1957년 휴대용 라디오를 출시하면서 전 세계적인 인기를 끌었다. 일본과 미국의 기업가들이 그제야 자신들의 실수를 깨달았지만 이미 시장은 소니가 독차지한 뒤였다.

이후 소니는 세계 최초의 8인치 TV와 최초의 소형 카세트를 연달아 출시했다. 덕분에 일본산 제품은 싸구려라는 고정관념에서 벗어나 고품질의 상징이 되었다. 또한 '소니'라는 회사명 역시 모리타 아키오의 창조력과 예지력의 대표적 산물이다. 그가 '도쿄통신공업주식회사'라는 회사명을 소니로 바꿀 때, 한 가지 중요한 사실에 주목했다. 회사명이 언제 어디서나 낭랑하게 울려퍼져야 하고, 또 그 이름을 들을 때마다 회사와 제품의 브랜드 가치를 떠올리도록 해야 한다는 점이었다.

이러한 담력과 예지력이 없었다면 모리타 아키오는 성공하지 못했고, 또 지금의 소니도 존재하지 않았을 것이다.

맹목적으로 시류를 좇지 않는 소중한 자질

대부분의 사람은 한 마리 양과 같다. 만일 우두머리 양이 신선한 풀을 마음껏 뜯어먹을 수 있는 비옥한 초원을 발견하면, 우르르 몰려들어 앞다퉈 풀을 뜯어 먹는다. 바로 옆에 늑대가 호시탐탐 노리고 있다는 사실도 미처 모른 채, 또 조금 만 더 가면 더 비옥하고 드

넓은 초원이 나타난다는 사실도 모른 채 말이다.

마찬가지 이치다. 치열한 경쟁이 벌어지는 업계에서 선구자가 큰 성공을 거두면 전체 업계의 모든 사람은 '우두머리 양'의 일거수일 투족을 흉내 낸다. '우두머리 양'이 움직이는 대로 졸졸 따라다니며 '풀'을 뜯어 먹는다.

그것이 바로 인간 본성의 약점이다. 우리는 맹목적으로 시류를 좇고 대중의 판단을 따른다. 하지만 그러한 본성을 떨쳐내고 두각을 나타내는 사람이야말로 위대하다. 그들은 강력한 예지력과 판단력, 그리고 비범한 용기를 갖추고 있다.

당신도 '양의 무리' 속에서 뛰쳐나와야만 '양의 우두머리'를 제치고 모두가 선망하는 숭배의 대상이 될 수 있다. 그리고 남들과는 다른 에너지와 매력을 갖추고 성공의 비결을 얻을 수 있다. 그리하여 잘못된 판단으로 인한 실패를 면할 수 있다.

성공의 문을 여는 10가지 비밀

우리가 살아가고 있는 시대는
협력의 시대이자, 공동 이익의 시대이다.
이 점을 무시하는 사람은 예외 없이 도태된다.
때문에 평범한 사람이든 성공한 사람이든 꼭 명심해야 한다.
당신이 대가를 치르기를 마다할 때
누군가는 흔쾌히 대가를 치른다!
그들이 할 수 있는 일을 당신은
하지 못하기 때문에 패자가 될 수밖에 없다.

1. 눈덩이 인맥경영

인맥이론에서 '눈덩이 굴리기식 인맥경영' 모식이 있다. 이 이론에서 우리는 인맥을 '구르는 눈덩이'에 비유할 수 있다. 처음 시작할 때는 작은 눈뭉치지만 비탈길을 따라 구르는 과정에서 점점 커져 마지막에는 거대한 눈덩이로 변한다. 우리의 인맥도 이런 과정을 거쳐 발전한다. 처음 한 사람과 친분을 쌓으면 한 사람이 두 사람으로 늘어나고, 두 사람이 다시 네 사람, 네 사람은 그보다 훨씬 더 많이 늘어난다. 눈덩이가 구르는 것처럼 친분을 쌓는 사람이 점점 늘어나는 것이다.

7년 전에 알게 된 마크라는 친구가 있다. 로스앤젤레스에서 구직 사이트를 운영하는 사업가인데, 그가 항상 입버릇처럼 달고 다니는 말이 있다.

"헤드헌터가 되려면 많은 친구를 사귀어야 합니다. 친구의 친구는 곧 내 친구가 되고, 친구가 많아질수록 나에게는 더 많은 기회가 생기지요."

그가 그런 말을 할 때면 난 마크가 혹시 중국 사람이 아닌가 하는 착각이 들 정도다. 하지만 그는 나이 마흔이 다 되도록 미국 땅을 한 번도 벗어난 적이 없는 토박이 미국인이었다. 그러나 그의 인맥이론은 중국인의 관계학과 매우 흡사했다.

이는 인맥그룹의 확대 법칙이다. 한 그룹의 인맥을 발판으로 삼아 또 다른 그룹으로 들어가서 두 그룹의 인맥을 상호 교차하며 한층 긴밀한 인맥 네트워크를 형성하는 것이다.

2. 그룹은 당신의 미래를 결정한다

• 돈은 없어도 괜찮지만 인맥이 없으면 안 된다.
• 능력이 부족해도 괜찮지만 친분이 없으면 안 된다.
• 자본이 없어도 괜찮지만 인맥그룹이 없으면 안 된다.

이는 인맥그룹이 갖는 가치다. 그 어떤 상황에도 고유의 인맥그룹이 있기 마련이다. 가령 스포츠계에는 스포츠인 그룹이 있다. 그 안에는 스포츠 업종 종사자, 운동선수, 코치, 스포츠 관련 매체, 각종 스포츠클럽 관계자 등이 있다. 이 그룹에 속한 사람들은 모두가 약속이나 하듯 동일한 문화적 특성을 지니고 있다.

인맥그룹에 속하는 사람들은 종종 그룹 내의 사람들에 의해 운명이 결정된다,

그룹은 배타성을 지니고 있다. 그룹 내의 사람들은 자발적으로 다른 그룹 사람들을 배척하기 마련이다.

인간은 사회적 동물로 한 그룹 안에서 군집생활을 한다. 기존의 그룹에서 벗어날 수 있지만 결과적으로 그룹만 달라질 뿐 군집생활에는 변함이 없다.

어떠한 그룹에 속하느냐에 따라 당신의 미래가 결정된다. 수준 높은 그룹이 없으면 고품격의 인생을 살 수가 없다. 다시 말해서, 한 사람의 성장과 성숙은 낮은 수준의 그룹에서 높은 수준의 그룹으로 올라가는 과정이라고 할 수 있다.

물론 이것은 권세와 이익을 숭상하라는 뜻이 아니다. 비록 그룹 문화에는 사적인 감정의 낙인이 뚜렷하지만, 그것은 인간과 인간의 관계가 본래 사적인 감정을 배제할 수 없기 때문이다.

그러므로 우리는 비판적인 마음으로 적극적으로 대면하고 직시하며 그룹 안에 융화되고, 다시 인맥그룹 본연의 긍정적인 작용에 힘입어 보다 나은 그룹으로 발전해 올라가야 한다.

3. 편안한 안락지대에서 뛰쳐나와라

사람은 장소에 따라 심리상태도 다르다. 이는 심리학에서 말하는 '편안한 안락지대'를 뜻한다. 우리는 자신에게 익숙한 장소와 친숙한 사람들 무리 속에서 안정감을 느낀다. 반면에 낯선 장소나 생소한 무리 속에서는 불안감을 느끼게 된다.

이러한 심리적 요인 때문에 우리는 '편안한 안락지대'에 대한 의존성이 강하다. 익숙한 환경에 머물기를 바라며 새로운 환경을 개척하기 원하지 않는다. 미지의 영역은 위험하고, 무슨 일이 일어날지 알 수 없기 때문에 자신에게 익숙한 곳에 머무르려고 한다.

익숙하고 오래된 그룹 안에서는 스트레스도 받지 않고 긴장감도 없다. 때문에 마음이 느슨해지면서 게을러진다. 향상심도 결여되어 새로운 사물에 대한 흥미도 느끼지 못한다. 그의 잠재적 능력 역시 새로운 자극을 받지 못해 발휘할 기회조차 없다.

이때 필요한 것은 자아의 심리적 한계를 돌파하여 기존의 그룹에서 뛰쳐나와 새로운 인맥그룹 안으로 들어가는 것이다. 안락한 기존 그룹에 대한 의존성을 버리고 새롭고 낯선 인맥을 다음 목표로 삼아야 한다. 도전정신으로 무장하여 새로운 친구를 사귀며 완전히 새로운 환경으로 들어가야 한다.

하지만 대부분의 사람은 빈번한 대인관계 속에서도 자신과 비슷한 사람과 교류하며 폐쇄된 세계에서 생활한다. 그들은 이렇게 강조하곤 한다.

"나는 친구 사귀는 것을 좋아하지 않아요. 낯선 사람과 이야기하는 것이 싫거든요. 낯선 사람을 만나면 골치부터 지끈거려요! 난 친한 친구들과 이야기를 나누고, 밥을 먹고, 쇼핑하는 것이 편해요. 이렇게 살아가는 것도 괜찮지 않나요?"

만일 친구가 많은 사람들이 그런 말을 한다면 충분히 이해할 만하다. 하지만 낯선 사람들과 교류하는 것을 무서워하고 친구도 별로 없는 사람이라면 매우 비관적인 말로 들린다. 내 생각에는 대인기피증이라고밖에는 볼 수 없기 때문이다.

성공은 끊임없이 두려움을 극복하는 것이다. 인맥을 넓히는 것은 자신의 인맥그룹에 지속적으로 신선한 혈액을 공급하는 것과 같다.

만일 당신이 익숙한 인맥그룹 안에서만 생활한다면, 친한 친구들 사이에서 편안함을 느끼는 동안 당신의 인맥그룹은 점차 고갈될 것이다.

편안한 안락지대에서 오랫동안 생활하며 새로운 친구를 만들지 못한다면 그것은 밀폐된 공간에 갇혀 외부로부터 신선한 공기를 공급받지 못하는 것처럼 당신이 얻는 정보도 점차 바닥을 드러낼 것이다. 오랫동안 알고 지낸 친구들과의 사이에서 당신은 정보 전파 기능을 잃게 될 것이고, 생활 모식도 점차 단조로워질 것이다. 그리고 어느덧 반백의 나이가 되어 거울을 쳐다보다 이렇게 외칠 것이다.

"아, 내가 언제 이렇게 늙어버렸지? 내가 신선한 바깥공기를 쐬지 못한 게 도대체 얼마나 되었지?"

4. 서로 다른 그룹을 융합해 폭발적 시너지를 발현하라

인맥을 확장하는 것은 더 이상 간단한 생활방식이나 생존도구가 아니다. 시대가 발전하면서 인맥 확장은 보다 광범위한 의미를 지니게 되었다. 그것은 우리가 성장하고 성공하는 데 매우 중요한 수단이 된다.

친구를 많이 사귀고, 다양한 인맥그룹에 들어가는 사람은 성공으로 향하는 길이 훨씬 순탄하고, 사업 성장 속도도 한층 빠르며, 인생역시 보다 높은 수준으로 발전한다. 그들은 긍정적인 마음가짐으로 인맥을 대한다. 인맥 확장을 자신의 성장을 위한 훈련으로 여긴다. 그들에게 인맥 확장은 생존과 경쟁을 위한 도구가 아니다.

마크는 이런 말을 했다.

"나는 각기 다른 그룹의 사람들과 친구가 되는 것을 좋아합니다. 가령 우리 아파트 단지의 이웃과 테니스를 치면 하루 사이에 네다섯 명의 친구를 사귈 수 있고, 또 새 친구를 통해 보다 많은 사람을 사귈 수 있습니다."

당신의 새 친구와 관계가 돈독해지면 그들은 자연스레 자신들의 친구를 당신에게 소개한다. 그렇게 인맥그룹이 교차하는 가운데 인맥의 곱셈 효과가 최대화를 이루게 된다.

쾅쯔핑鄺子平은 한때 인텔의 투자사업부 중국 총책임자였고, 과거 시스코를 다닌 적도 있다. 그의 사업이 성공을 거둔 가장 큰 요인은 그가 다양한 그룹을 통해 인맥을 쌓았기 때문이다. 그는 그룹 간 융합의 효과를 잘 아는 고수였다.

인맥그룹의 역량은 무궁무진하다. 창업을 해서 성공을 하느냐 못하느냐의 여부는 당신이 얼마나 많은 지식과 능력을 갖추고 있느냐에 달려 있지 않다. 바로 당신을 도와줄 관계자를 찾아낼 수 있고, 또 자신의 인맥그룹으로부터 대가 없는 협조를 얻을 수 있느냐에 달려 있다.

성공가들의 자녀는 태어난 순간부터 그들 고유의 고급 인맥과 수많은 기회를 얻는다. 그들 중에는 부모가 대신 일궈준 인맥그룹을 마다하고 직접 자신만의 인맥그룹을 개척하는 이가 있다. 그들은 자신이 속해 있는 본래의 그룹에서 뛰쳐나와 보다 높은 안목으로 자신의 대인 관계를 발전시킨다.

본래의 인맥그룹에서 뛰쳐나와 새로운 그룹으로 들어간 뒤에 과거와 현재의 그룹을 융합하여 하나의 공동체로 만들 수 있다면, 무궁무진한 기회와 자원을 얻을 수 있다.

5. 이미지는 인맥경영의 핵심이다

언젠가 나는 미국의 TV 토론에서 어느 IT 기업의 CEO, 미국 재정부 정책 담당자와 토론을 벌인 적이 있다. 재정부 관리는 토론 내내 공격적인 태도로 상대방의 말을 도중에 끊거나, 혹은 무례하게 끼어들어 화제를 가로채기 일쑤였다. 그의 주장은 일리가 있지만 너무 과격했다. 토론 중에 수세에 몰리면 인상을 찌푸리며 강렬한 불만과 금방이라도 화를 터뜨릴 것 같은 충동적인 모습을 보였다. 결과적으로 그는 매우 미성숙하고 속이 좁고 승부욕이 강한 사람이라는 나쁜 인상을 주었다.

반면에 재정 관리보다 나이가 어린 IT 기업의 CEO는 시종일관 미소를 띤 채 침착하게 대응했다. 그는 상대방과 격렬한 논쟁을 벌이지도 않았고 오히려 유머러스한 화술과 미소로 토론 분위기를 장악했다. 상대방이 도발적인 공격을 해와도 그는 감정적으로 치우치지 않고 침착하게 대응했다.

토론이 끝난 뒤 무대를 내려와 나와 악수를 할 때 CEO는 내게 말했다.

"예전과 달리 마음이 한층 여유로워졌답니다."

사실 IT 기업의 CEO 요크는 반년 전만 해도 쌈닭에 버금가는 인물이었다. 걸핏하면 사무실에서 버럭버럭 소리 지르며 화를 냈고, 커피잔이나 서류들을 내던지기 일쑤였다. 직원들에게는 공포의 대상과도 다름없었다. 심지어 요크는 2011년 7월 매스컴에서 그해 여름 가장 '포악한' CEO로 선정되었다. TV 평론가들은 그를 평가하기를 "양복을 걸친 원숭이가 발광한다"고 표현했다.

심각한 이미지 위기였다! 이에 큰 위기감을 느낀 요크는 자신을 바꾸기로 결심했다. 사실상 자신의 잘못된 점을 고치고 새롭게 이미지를 구축하지 않으면 직원들의 잇따른 사직 행렬을 막을 수 없을 만큼 최악의 지경에 이르러 있었다. 지난 한 해 동안 벌써 절반 이상의 부서 책임자들이 이직을 선언했다. 이대로 가다가는 60퍼센트 이상의 중간관리자들이 사표를 던질 것이 분명했다. IT 기업에게 이는 파산을 불러일으킬 만한 심각한 위기임에 틀림없었다.

요크는 우리의 연수 강좌에 참여했다. 우리의 학습 프로그램을 통해 자신의 단점을 고치고 새롭게 바뀌고 싶었던 것이다. 그렇게 반년에 걸친 학습 끝에, 이번에 개최된 TV 정책포럼에서 요크는 완전히 새로운 이미지로 매스컴에 모습을 드러내며 시청자들에게 큰 호감을 얻을 수 있었다.

TV 토론과 같은 공개된 장소에서 개인 이미지를 망가뜨렸을 때, 당신이 상대방을 나가떨어지게 할 수 있을지라도 당신 역시 돌이킬 수 없는 손실을 입게 된다. 수억에 달하는 잠재적 지원을 잃어버렸으니 말이다!

TV 토론을 통해 요크는 승자가 되었다. 그는 회사 직원들의 마음을 되돌리는 데 성공했다. 그가 출연하는 TV 토론이 방송되었을 때 회사의 임원들은 TV 앞에서 벌어진 입을 다물지 못할 정도였다. 완전히 새로운 요크를 보는 듯했으니까.

6. 개인 브랜드의 포장술

이미지 포장은 단순히 외모와 차림새만을 의미하지 않는다. 당신의 말과 행동, 취미도 모두 이미지 포장 범위 내에 있다. 그러한 것들을 모두 종합하여 만들어지는 것이 당신의 개인 브랜드다.

다시 말해서 개인 브랜드의 포장 목적은 훌륭한 정신적 면모를 갖춰서 타인과 만났을 때 상대방에게 편안하고 즐거운 느낌을 주는 데 있다. 가장 뛰어난 개인 브랜드는 타인에게 '만나지 않고도 명성을 익히 알고 있는' 효과를 발휘한다. 덕분에 당신은 명함을 들고 자신을 알리는 사람들보다 월등한 우위를 차지하고 인맥사회에서 승기를 잡을 수 있다.

대통령은 아무나 될 수 없는 것처럼, 좋은 개인 브랜드가 있다고 해서 빌 게이츠처럼 세계인의 추앙을 받는 명사가 되는 것은 아니다. 하지만 당신이 어떤 사회 계층에 속하든 개인 브랜드의 정확한 포장술을 배운다면 최소한 불이익은 당하지 않을 것이다.

각 분야의 재계 영수들은 자신만의 독특한 브랜드 효과를 만들어내려고 애쓴다. 가령 말쑥한 정장 차림으로 잡지의 표지 인물이 되거나, 혹은 SNS를 통해 자신의 기발한 아이디어를 알리는 행위를 통해 자신을 홍보한다.

오늘날 재계 유명 인사들은 시간이 지날수록 점점 유명 연예인처럼 변하고 있다. 그들이 원해서가 아니라 인기 경쟁의 현실적 수요가 그들을 그런 방향으로 이끈 것이다. 아무튼 성공가나 혹은 성공을 눈앞에 둔 이들은 자신의 이름과 긍정적인 이미지를 모든 이들에게 알리고 싶어 한다. 대중의 지지를 얻어 자신의 인맥그룹을 확장하기 위해서다.

개인 브랜드의 좋은 포장술은 눈에 띄는 이점을 가져온다. 이름과 개인적 기질이 결합하고 여기에 다시 자신의 제품이 결합되어 보다 강력한 브랜드가 된다.

리처드 브랜슨Richard Branson은 영국 버진그룹의 창업자로서 이미지 포장의 대가다. 그는 자서전과 방문 취재를 통해 과장된 언어로 자신을 기발한 아이디어의 개척자로 묘사하곤 했다.

"나는 경솔하면서도 대담한 사람입니다. 한때 바다에서 표류한 적이 있고, 총상을 입기도 했고, 또 야생동물과 격투를 벌였으며, 열기구 사고가 날 뻔도 했지요. 그럴 때마다 나는 번번이 살아났습니다!"

사건의 진상을 모르는 이들은 그의 말만 믿고 영웅처럼 숭배하기 시작했다. 브랜슨은 불사조와 같은 대단한 생존력을 가진 모험가의 이미지가 확립되자 이를 이용해 다양한 사업을 벌였다. 그리고 마침내 200여 개 회사를 보유한 상업제국을 세워 자신의 꿈을 이루었다. 사람들은 너나할 것 없이 그와 친분을 나누기를 원했고, 또 그것을 영광으로 여겼다. 그는 상류사회의 총아로서 셀 수 없이 많은 지지자를 거느렸다.

7. 감정 공격과 심리적 홍보

조금이라도 세심하게 주의를 기울인다면, 각계각층의 유명 인사들이 대중 앞에 나섰을 때 그들이 보이는 행동 하나하나가 결코 단순하지 않다는 것을 발견할 수 있다. 그들의 말 한마디, 행동 하나에는 깊은 뜻이 담겨 있으며, 이는 전문적인 기획과 엄격한 연습을 통해 만들어졌다. 그야말로 고도의 이미지 포장술의 일면이다. 폭로나 노출과 같은 그들의 과장된 행동 역시 자신을 대중에게 홍보하고 노출시키기 위한 과정일 뿐이다.

유권자의 호감이 절대적으로 필요한 정치가는 이미 오래전부터 그러한 이치를 파악했다. 그들은 한마디로 이미지 포장의 달인이다.

자신의 포장된 이미지를 대중에게 선보일 연극 시기를 정확히 파악하여 노련하게 해낸다. 대통령 후보든 주지사 후보든 한결같이 이미지 포장의 이치를 훤히 꿰뚫고 있다.

대중 앞에 나타날 때, 그들은 패션 스타일이나 말의 속도까지도 세심하게 관리한다. 물론 어느 순간에 눈물을 흘려 무대 아래 관중들의 마음을 울려야 하는지도 치밀하게 계산한다!

가령 힐러리는 민주당 경선에서 열세에 처했을 때 '눈물 전술'을 성공적으로 활용한 적이 있다. 힐러리는 연단에서 눈물을 흘리며 울먹이는 목소리로, 여성이 대통령 후보자 경선에 나서는 것이 얼마나 힘든 일인지를 설명하며 자신의 연약한 모습을 내보였다. 눈물을 머금은 그녀의 사진이 TV와 신문에 대서특필되었을 때 어떤 결과가 나왔을까? 그녀는 위기를 돌파하고 기적적으로 선거인단의 지지를 얻어냈다.

그동안 '철의 여인'이라는 이미지를 갖고 있던 정치가가 배후 대중마케팅팀의 정교한 설계 아래 자신의 약하고 부드러운 모습을 불시에 대중에게 폭로했다. 이러한 이미지 전략은 선거인단에게 막강한 영향을 미쳤다. 그 누구도 감정 공격을 막아내지 못한 것이다.

8. 이미지 포장에는 지출이 필요하다

가장 중요한 순간에는 돈을 지출하는 것을 망설여서는 안 된다. 당신이 돈을 수단으로 여긴다면 지금이야말로 그 수단을 활용할 때다. 이미지 포장을 위해 돈을 지출하면 그보다 갑절의 효과를 얻을 수 있다는 사실을 모두 잘 알고 있을 것이다.

오바마가 대통령 경선을 치를 때 그의 모금액은 3억 달러에 달했는데, 그중 상당 부분을 이미지 포장에 지출했다. 가령 웹사이트를 구축하여 대중이 클릭만 하면 그와 관련한 동영상을 볼 수 있도록 하거나, 오바마의 모습이 새겨진 상품을 제작하여 판매했다. 또한 오바마의 연설 목소리가 담긴 휴대폰 벨소리를 제작하여 전화가 오면 그의 연설 일부를 들을 수 있도록 만들기도 했다.

이 모든 것은 천재가 설계하고 구상한 것일까? 아니다. 바로 돈의 힘이 만들어낸 것이다!

대통령 경선 당시 오바마 캠프에서 일했던 사람들 대부분은 나도 잘 알고 있는 이들이다. 그들은 사람의 마음을 끌어모으는 방법을 잘 아는 고수들이었다. 그들은 오바마가 막대한 돈을 들여 참신한 웹디자이너를 영입하게 했다. 그리고 미국 성조기 사이로 떠오르는 붉은 태양을 통해 변화는 자신의 신념이라는 오바마의 구호를 널리 알리도록 했다.

돈은 인맥경영에서 막강한 힘을 발휘한다. 이러한 힘은 경선자가 선거인단으로부터 호감을 얻도록 해주었고, 그 과정에서 자신의 정치적 주장을 널리 알릴 수 있게 도왔다.

우리는 미국 정치가들을 위해 서비스를 제공하면서 그들의 요구사항을 잘 알게 되었다. 그들은 벼락부자처럼 값비싼 명품을 절대로 걸치지 않는다. 자신만의 전문 디자이너가 세심하게 만들어준 몸에 잘 맞는 양복을 입는다.

조르주 드 파리는 '백악관의 재단사'로 불리는 인물이다. 그는 총 여덟 명의 미국 대통령 양복을 만들었는데, 양복 한 벌을 만들 때마다 최소 3일의 시간이 걸렸다. 바늘 한 땀 한 땀까지도 자신이 직접 만들기 때문에 양복 한 벌당 가격이 5,000달러 이상으로 매우 비싸다. 물론 이는 '디자인' 비용이 빠진 순수 원가에 불과하지만 말이다.

어쩌면 당신은 돈으로 이미지를 포장할 필요가 없다고 강변할지도 모른다. 돈을 지출하지 않으려면 최소한 '값비싼' 정력을 쏟아부어 이미지 포장에 공을 들여야 한다. 당신이 미처 발견하지 못한 자신의 개성을 찾아내어 단련시켜서 '서프라이즈' 방식으로 대중 앞에 선보일 수 있어야 한다.

9. 자신의 브랜드를 구축하라

이런 경우가 있을 것이다. 사람들이 모두 당신 이웃의 집을 보고 감탄하면서도 당신 집에는 아무런 관심이 없다. 그런데 따지고 보면 이웃집은 그저 개성 넘치는 안테나 하나가 더 많을 뿐인데 말이다. 그럼에도 마을 사람들은 그 집을 매우 개성적이고 독특하다고 칭찬을 아끼지 않으며 부러워한다. 또한 그 독특한 안테나를 떠올릴 때면 자연스레 그 집 주인을 떠올리곤 한다.

이것이 바로 브랜드의 마력이다. 나이키나 아디다스의 상표, BMW나 롤스로이스의 엠블럼처럼 말이다. 이들 브랜드가 대중 앞에 나타났을 때 여느 상표와의 가장 큰 차이점은 자신만의 고유한 품격을 지니고 있다는 사실이다. 이는 이미지 경쟁에서 우위를 차지하게 해준다.

미국 전임 대통령 부시는 한때 미국 예능프로그램의 조롱 대상이었다. 그가 재임하는 동안 TV에 등장할 때면 사회자는 부시의 아이큐나 학력을 조롱하곤 했다. 가령 이런 식이었다.

"이것 좀 보세요. 불법이민 문제를 해결하기 위해 국회가 법안 하나를 통과했답니다. 미국과 멕시코 국경지대에 1,000여 킬로미터의 장벽을 세운다는군요. 이건 부시 대통령에게 수학 문제를 풀게 한 결과입니다!"

순식간에 부시의 이름 세 글자는 미국 연예계에 자주 등장하는 '단골손님'이 되었다. 부시와 관련한 농담을 피하고 싶어도 그럴 수 없을 정도였다.

만일 당신이 그의 정계 맞수라면 당신도 덩달아 부시를 조롱할까? 아니다, 아마 질투를 했을 것이다! 이는 부시가 매우 성공적으로 이미지 구축을 했다는 의미니까 말이다.

부시 가문은 총 다섯 차례에 걸쳐 국회의사당의 레드카펫을 지나 미국 대통령 선서를 했다. 두 차례는 부대통령, 세 차례는 대통령으로서 말이다. 이처럼 어마어마한 정치가 가문이지만 부시는 아이큐가 낮은 시골 촌놈의 이미지를 구축하는 데 성공했다!

부시의 일거수일투족은 이렇게 말하고 있다.

"나는 사투리가 심해 영어 실력이 별로니까 나를 너무 과대평가하지 마라. 나는 아이큐가 낮아서 농담도 잘 못한다. 미국 전역의 예능 프로그램에서는 내가 추태를 부리기를 기다리고 있을 것이다."

그러나 막상 부시가 자신의 진가를 보였을 때 그는 결코 우스꽝스러운 저능아 대통령이 아니었다. 만일 눈에 보이는 대로 곧이곧대로 믿었다면 그야말로 큰 실수를 저지르는 셈이었다. 《뉴욕타임스》에서 지적한 그대로다.

부시가 미국인들의 지지 아래 이라크 전쟁을 시작한 그날부터 유사 이래, 가장 논쟁이 많은 대통령은 모두가 모르는 또 다른 일면을 보이기 시작했다. 그것은 강인함, 과감한 판단력, 미국인 지상주의 수호자의 모습을 보여주었다.

만일 당신의 이미지를 포장하거나 이미지 향상을 준비하고 싶다면, 당신의 브랜드는 어떠한지 또 자신을 위한 고상한 이미지는 어떻게 설계해야 할지 생각해보라. 여기서 당신이 고려해야 할 점은 당신의 최대 이점을 합리적인 방식으로 대중에게 보여주고, 동시에 당신의 개인적 매력을 최대한 내보일 수 있는 브랜드 이미지는 어떻게 만들어야 하는가다.

10. 대조의 중요성을 신뢰하라

대조의 중요성을 잘 알아야 한다. 비록 당신에게 실질적인 혜택을 가져다주지 않더라도 그 중요성을 잘 파악해야 한다.

뛰어난 고수들이 많은 그룹사회에서 두각을 나타내려면 대조와

비교의 효과가 필요하다. 당신이 다른 이들과의 '차이점'을 보여줘야
만 당신의 우수한 점을 부각시킬 수 있다. 크게는 계층과 그룹, 작게
는 고객과 소비자마다 자신들이 필요로 하는 것이 있다. 이때 당신
이 그 수요를 만족시키는 것이다.

이 방면에서 가장 성공적인 정치가가 바로 영국의 전임 총리 마가
렛 대처다. 그녀는 대조의 고수였다. 자신과 다른 사람을 대조시킬
뿐만 아니라, 때로는 '어제와 오늘'의 서로 다른 자신의 이미지를 대
조시켰다.

보수당 대표 경선에서 그녀의 이미지 자문이었던 고든은 사교 장
소에서 마가렛 대처의 이미지를 철저하게 바꿔놓았다. 과거 '철의 여
인'의 이미지와는 완전히 정반대의 이미지를 만든 것이다.

그날 대처는 일반 가정주부와 같은 모습으로 등장했다. 대중과 매
스컴 앞에서 자신의 헤어스타일과 옷 사이즈, 피부 케어 방법 등을
화제로 열띤 대화를 나누었다.

이러한 이미지 대변신은 놀라운 효과를 발휘했다. 대중들에게 여
성으로서 인간적 면모를 보이며 여성 유권자의 지지를 이끌어냈다.

미국 전임 대통령 클린턴은 '대조를 부각'시키는 방면에서 매우
노련한 고수였다. 그는 부시와 대통령 경선을 치를 때, 두 사람의 차
이점을 부각시키기 위해 '서민 노선'을 선택했다. 부시의 '엘리트 집
단' 배경과 비교하며 노동자와 중산층 계급의 전폭적인 지지를 이끌
어냈다.

클린턴은 심지어 이렇게도 말했다.

"나의 존재로 인해 여러분은 더 이상 엘리트층에게 착취당하지 않

을 것이며, 그들의 거짓말에도 속아 넘어가지 않게 될 것입니다."

실상은 클린턴이 엘리트 집단보다 더 '고귀'한 출신이었으며 또 대중과의 약속을 실현할 방법도 심지어 생각조차 없었지만, 사실상 그는 자신의 이미지와 가치를 포장하여 중산층과 노동자층을 움직이는 데 성공했다. 클린턴은 그들 모두에게 신뢰받는 '새로운 우상'이 되어 자신의 목표를 실현했다.

옮긴이 하진이

원광대학교 중문과를 졸업하고 북경사범대학교에서 석사 학위를 받았다.
대만 사범대학교에서 수학, 현재 번역 에이전시 엔터스코리아에서 출판기획 및 중국어 전문 번역가
로 활동하고 있다. 주요 역서로는 『어떻게 원하는 삶을 살 것인가』, 『삼국지 조조전 1-15권 시리즈
(공역)』, 『단순하게 느긋하게 행복하게』, 『적을 만들지 않는 인간관계의 비밀』, 『어떻게 사람을 얻는
가』, 『나를 깨우는 또 하나의 멘토링』, 『공자 어질게 경영하라』, 『대륙의 리더 시진핑』등이 있다.

만사형통

1판 1쇄 인쇄 2018년 1월 31일
1판 1쇄 발행 2018년 2월 12일

지은이 리웨이원
옮긴이 하진이

발행인 양원석
본부장 김순미
편집장 김건희
디자인 RHK 디자인팀 남미현, 김미선
해외저작권 황지현
제작 문태일
영업마케팅 최창규, 김용환, 정주호, 양정길, 신우섭, 이규진, 김보영, 임도진, 김양석

펴낸 곳 ㈜알에이치코리아
주소 서울시 금천구 가산디지털2로 53, 20층 (가산동, 한라시그마밸리)
편집문의 02-6443-8902   **구입문의** 02-6443-8838
홈페이지 http://rhk.co.kr
등록 2004년 1월 15일 제2-3726호

ISBN 978-89-255-6317-6 (03320)